核心素养导向的
教与学

上海市浦东新区观澜教育联盟
教育改革实践探索

金维萍 / 主编

上海教育出版社
SHANGHAI EDUCATIONAL
PUBLISHING HOUSE

前　言

　　浦东新区观澜教育联盟创建于 2016 年 3 月，由"同学段、跨区域的小学"组成，观澜小学为领衔学校。联盟现由八所小学组成，分布在浦东新区祝桥新镇(祝桥小学、东港小学、盐仓小学)和浦东新区川沙新镇(观澜小学、实验小学、新城小学、六团小学、川沙中学南校一小学部)两个大镇。

　　观澜教育联盟坚持在坚守中不断创新，遵循"各美其美、美人之美、美美与共、和而不同"的理念，以"尊重"为核心，以"学以致用、为做而学"为行动准则，遵循"问题导向、需求导向、目标导向"的工作原则，以项目化方式加强组织建设、聚焦课程开发、紧密师资队伍、教育科研和评价等多维度多模块行动。联盟以"三步创优"的行动模式起步，在取得长足进步的同时，以"五联"机制成功创建浦东新区首批紧密型集团。

　　立德树人，是教育的根本任务。观澜教育联盟把促进教师专业成长作为提升学校办学质量的基本保障，促进教育优质均衡发展的根本使命。

　　助力提升联盟教师的教科研能力，为联盟教师提升教科研水平搭建平台，服务教师的专业素养和内涵自主发展是联盟一直坚持并花大力气做的一项工作。从创立之初的培训开始到近年来连续为教师编撰出版教科研论文集，助推了联盟教师从事教育科研的激情。从 2020 年开始，联盟每年汇编一到两本联盟教师论文集、经验案例集等，先后完成了《首届"观澜教育联盟"教学节案例集》《2020 年观澜教育联盟论文集》《"双减"背景下的教学智慧》《"双新"背景下的教育智慧》等四本主题专辑。

　　为落实《义务教育课程方案和课程标准(2022 年版)》，推进《上海市教育委员会关于实施项目化学习推动义务教育育人方式改革的指导意见》《浦东新区义务教育项目化学习三年行动计划(2021—2023年)》,深入推进"双减"工作,加强学科实践,变革育人方式,深化教育教学改革,全面提高教育质量,2023年观澜教育联盟开展了"核心素养导向的教与学"主题征文活动,旨在引领广大教师学习领会新课程精神,把握新课标,以项目化学习为载体,努力开展课堂教学实践,深化课堂教学改革,提升教育教学质量,实现师生共同成长。

本次征文活动得到了各校领导与教师的大力支持。联盟校教师以论文、案例或经验总结等形式阐述了加强学科实践、变革育人方式的实践研究。从大单元设计到单课学案设计,从整本书阅读到识字教学,从项目化学习到协同育人,多视角叙述了教育教学新思考、新实践、新探索。本书从筹备启动到最后截稿经历了半年时间,联盟教科研核心团队协同专家等从近百篇征文中遴选出50篇具有一定参考价值的征文编辑成书并由上海教育出版社出版,以记录学习实践轨迹,也为教育改革提供学习实践资源。

忆往昔,峥嵘岁月稠;看未来,任重而道远。

观澜教育联盟追求的是"走得快""走得稳"与"走得远"的整合,我们每一个人都"遇见了更好的自己",我们的学校都"遇见了更好的学校",我们的"联盟"也"遇见了更好的联盟"!

余雄峰

2023年12月24日

目　录

第一章　立德树人·向美而行

第二章　减负提质·绿色课堂

第三章　关注素养·优化方式

第一章

立德树人·向美而行

全员导师制背景下党员"双重导师制"的实践与思考

——以祝桥小学为例

上海市浦东新区祝桥小学　汤　华

【摘　要】　全员导师制背景下,党员教师双重导师制的实施,促进了党建与业务深度融合,支部"核心引擎"作用和党员"先锋模范"作用进一步显现。党员做教师的导师,党员与教师建立既引领示范又互助合作的党群关系,构建凝心聚力、深入推进全员导师制工作的机制,彰显密切联系群众、帮扶结对共进的风貌;党员做学生的导师,党员教师与学生建立良师益友的师生关系,将全员导师制工作做得更扎实有效,高质量领跑全员导师制工作,为教师树标杆、立形象。它是加强党对教育全面领导、落实立德树人根本任务的有益实践,也是党员密切联系群众的积极探索,还是落实"双减"的有力保障,更是推进全员导师制工作的重要举措。

【关键词】　双重导师制　全员导师制　党员教师

上海市浦东新区祝桥小学在开展全员导师制过程中,注重发挥党员教师先锋模范作用,实施党员教师"双重导师制",即让党员做教师的导师、做学生的导师,进一步加强党支部对教育工作的领导,深入推进全员导师制工作在教育之路上砥砺深耕。

一、背景

2020年,上海市教育委员会印发《关于推行中小学全员导师制的试点方案(讨论稿)》,以建立和完善中小学生身心健康守护网和现代学校治理体系为目标,推进中小学全员导师制的试点工作。从2021学年秋季学期起,上海市中小学全面推行。

2021年9月,上海市浦东新区教育局印发《浦东新区全面推行全员导师制工作方案》,从2021年秋季开学起全面开展全员导师制工作。

2023年7月,上海市教育委员会印发《上海市中小学生全员导师制工作方案》,深入贯彻党的二十大精神,把全员导师制纳入教育综合改革和育人方式改革全局,提高全体教师的育人意识和能力,健全学校家庭社会协同育人机制,有效发挥全体教师促进每一个学生健康成长和全面发展的育人功能。

祝桥小学因地制宜制定工作方案,按照一定机制为全校学生匹配教师导师,开展导师制工作。但是,在实际贯彻实施过程中,学校发现在思想与认识、知识与能力等方面,教师个体间的发展是不均衡的,因此导师工作落实参差不齐,存在一定难度和差异,成为学校深入推进全员导师制工作的高原和瓶颈。

为此,祝桥小学党支部总揽全局,从实际出发,提出了党员教师要做全员导师制工作的"领头羊"的要求,实施党员教师双重导师制。党员教师在率先做好学生导师工作的同时,按照一定机制与学校中其他教师进行匹配。通过与教师建立凝心聚力的党群关系,与教师在思想和工作上互助共进,推动党员教师成为教师实施导师工作的示范者、合作者,努力探寻学校深入落实全员导师制工作的有效机制和突破口。

二、做法

(一) 构建组织领导,强化党的领导,突显支部核心作用

以党支部为核心,成立由书记校长任组长的党员教师双重导师制领导小组,主要负责党员教师双重导师工作的顶层设计和实施监督反馈。不定期组织研究工作,及时调配力量,调整工作节奏,开展分类指导,发挥党支部核心作用。

原有的各党小组作为党员教师双重导师制工作小组,具体负责党员教

师双重导师制工作的落实,充分发挥党小组的战斗堡垒作用,发挥党员教师的先锋模范作用,引领党员教师践行"立德树人""教书育人"的教育职责,做实做好全员导师制工作。在领导小组的统领下,各党小组开展双重导师工作部署检查、本组优秀党员导师推介、工作做法经验交流等,发挥党员教师的引领示范、攻坚克难力量。

(二) 做好匹配工作,一个不落,实现师生全覆盖

我校党员教师双重导师制工作实行相对静止和相对动态相结合的匹配方式,即在保持上一学年度相对固定匹配的前提下,以学年度为时间界限,根据人数变化、工作岗位变化等因素进行新一轮微调。一学年度中,匹配情况保持相对固定,但在此期间,以更适合导师与匹配对象的发展成长为前提,根据党员教师、教师、学生之间导师工作实际开展情况,匹配情况也作相应调整。

目前,我校全体党员按照一定机制与师生进行匹配,基本形成"1+2+15"双重导师匹配模式,即1名党员与2名教师、15名学生结对匹配,成为拥有双重身份的导师。

我校现有学生1 218名,教师(包括党员)83名。党员教师无条件认领由学校德育处按照师生1∶15的比例统一划拨的15名左右的学生,按照学校要求与学生建立良师益友的师生关系,对学生进行全面发展指导,开展有效家校沟通,高质量落实学校部署的各项工作任务,促进学生健康成长,做学生健康成长的引领者、指导者。

我校现有教师83名,其中党员24名。在党小组的协调下,党员公布自身信息,供全体教师自由选择,以1∶2的比例,在优先满足教师自主选择的前提下开展有限双向选择,与全校59名教师进行匹配,实现教师全覆盖。党员与教师建立凝心聚力的党群关系,对教师进行思想、工作帮扶共进,重点开展全员导师制互助互惠活动,促进教师健康成长,做教师职业发展的示范者、合作者。

(三) 明确职责任务,规范加个性,做好教师导师工作

在全员导师制工作中,党员其实和其他教师相比在工作经历和经验上并无高明之处,面对新事物,大家都在同一起跑线上,摸索前行。《中国共产

党章程》指出,党员必须履行"带动群众为经济发展和社会进步艰苦奋斗,在生产、工作、学习和社会生活中起先锋模范作用"的义务。作为党员教师,面对全员导师制的挑战,要发挥党员的先锋模范作用,带领大家攻坚克难,要先学一步、先行一步、先思一步,摸着"石头"闯出一片天地,为教师推进全员导师制工作树立标杆,提供经验,并以此在循环往复中实现自身工作螺旋上升。

党支部要求在推进全员导师制过程中,党员教师要主动跨前一步,结对教师,打通联系群众"最后一公里",做好"党群沟通"工作,成为教师推进全员导师制工作的"良师益友"。领导小组要求党员导师能全过程与匹配教师建立联系,随时开展点对点工作沟通交流,并对教师导师工作设置三项基本任务,作为规定动作。

任务一:一次谈心谈话。匹配完成后,由党员主动联系匹配教师进行一次面对面或者在线视频谈心谈话,表明工作意图,了解双方匹配学生的基本情况,了解匹配教师对全员导师制工作的想法等,统一思想,相互鼓劲,提升做好全员导师制工作的思想认识与境界,为后续共同做好全员导师制工作奠定基础。

任务二:一次工作探讨。党员主动与匹配教师就推进全员导师制过程中产生的所思所想进行交流,特别是交流自己在实施过程中好的做法,并挖掘总结匹配教师的优势与好的做法,分析碰到的实际困惑、匹配学生的特点和工作实际,开展头脑风暴,利用各种途径解决各项问题,提高导师开展学生指导和家校沟通工作中解决具体问题的专业能力。

任务三:一次书面反馈。党员在学期末,要梳理导师工作的得与失,并寻求匹配教师的认同,以期在下一阶段全员导师制工作中加以改进,实现互帮互助、共享共赢。

在此基础上党员也可根据自身与匹配教师的实际,自行设置个性动作,以满足匹配教师在推进全员导师制过程中的个别需求。

(四)明确主攻方向,做深做细,领航学生导师工作

浦东新区教育局推出了学生导师工作的两项关键职责,即教师成为"良师益友",做好"家校沟通";出台了"群育计划""玩伴计划""谈心计划"三大

推进全员导师制的主要路径;规定了"三个一"基本任务,即一次学生家访、一次交心谈话、一次书面反馈。我校结合实际制定了本校工作方案,积极贯彻上级精神,并开展校本化落实。如何有效落实两项关键职责、"三大计划"和"三个一"任务,实现整体推进,没有现成的经验可以参照借鉴。在这一过程中,党支部号召全体党员要争当学生导师工作推进的标杆,履行双重责任——既要做学生的"良师益友",关心指导学生全面发展,疏解学生压力,增强成长信心,也要成为家校沟通的桥梁,缓解家长养育焦虑,引导家长树立正确的教育观,督促党员教师在学生导师工作上能先行一步、做实一步、做精一步、领先一步、示范一步,并探寻可复制、可推广的做法经验供教师学习借鉴,充分发挥党员教师的先锋模范作用。

(五)开展经验分享,加强协同,整体推进学校全员导师制

在开展全员导师工作过程中,党员做教师的导师的最终目的是更好地做好学生导师工作。导师个体具备的专业知识和能力是有限的,要提升育人效能,特别是在碰到疑难问题时,需要依靠团队的力量,需要同伴互助、结伴研讨。党支部积极创设支持平台,将形成的经验智慧进行分享,倡导多元合作、协同发展,从而高效能落实全员导师制工作。

党支部组织,选定主题,由各党小组层层推荐落实,基于学校"毓秀小论坛"开展全员导师制工作宣传交流工作,将好的做法经验在群体中分享,从而整体推进学校全员导师制工作的深入开展。经验分享分为两个层面:

在党支部层面,针对全体党员,主要开展基于教师导师工作的学习交流以及做精做实学生导师工作的学习分享活动,帮助全体党员胜任教师导师工作,更好地做好学生导师工作。

在当前党组织领导的校长负责制背景下,党支部以"三会一课"和主题党日等为载体在党员群体中开展全员导师制工作学习培训、问题探析、经验分享等活动,组织开展了"手拉手搞好党群关系,携手做好导师工作""做好学生导师工作一二三"经验介绍等活动。

在学校层面,针对全体教师,主要开展基于学生导师工作的学习培训、经验交流等活动,让教师在学生导师工作上有学习标杆,有可借鉴的做法等,帮助全体教师不断做好自己的学生导师工作。

此外,党支部携手德育处、教导处开展了导师在线育人分享会。目前已经组织开展了"用好指导手册,规范导师工作"经验分享活动,介绍学习和运用市全员导师制项目组编制的《师生关系建构指导手册》和《家校沟通指导手册》的心得体会;组织学习区全员导师制工作组编制的《全员导师制"三大计划"实施意见》,开展交流沟通等,得到了全体教师的欢迎与肯定。当前,"如何'育'出良师益友的情感链接——'群育计划'我能行""如何'玩'出亲朋好友的情感联系——'玩伴计划'我要做""如何'谈'出平等共学的情感交流——'谈心计划'我想说"等活动正在紧锣密鼓地稳步推进当中。这些活动的开展进行,正日益成为全体教师落实好全员导师制工作的"法宝"。

三、成效

(一) 双重导师,彰显了党员先锋作用

党员双重导师制工作成为祝桥小学落实浦东新区教育局关于推进全员导师制工作的推进器,成为党支部发挥党员先锋模范作用的重要举措。全员导师制背景下,党员双重导师制的开展,提高了党员育德能力和指导力,促进党员争做全员导师制工作标杆,营造出党员人人是导师的氛围,让党员成为实践全员导师制的生力军与领跑者,进一步加强党支部对学校教育工作的领导,发挥党支部政治核心作用和党员先锋模范作用。

(二) 双重导师,推动了工作整体发展

党员双重导师制,让党员做学生的导师,起先锋作用,成为学生导师工作的试验者、实践者,更好地落实学生导师工作,为全体教师树立了工作标杆;让党员做教师的导师,起模范作用,传授导师工作经验,为教师解决导师工作过程中的急难愁盼问题,让每一位教师都能胜任导师工作,不让一个教师"掉队",保障了学校全员导师制的全面整体推进。

(三) 双重导师,增进了党群关系融洽

在推进全员导师制过程中,党组织对全体教师的人文关怀得到进一步加强。党员导师在思想上的"导"、在工作上的"领",确保了教师始终保持积极的工作心态和对学校的归属感、认同感。党员和教师在全员导师制纽带下,彼此间的联系交流更频繁,关系变得更密切。党员和教师在工作的一来

一往中,推进工作的智慧火花不时迸发,彼此成了"合作协跑者",学校凝聚力得到进一步提升。

(四)双重导师,形成了新型的师生关系

全员导师制,拉近了人际交往距离,使得家校沟通更顺畅,师生关系更融洽。在学生眼中,教师不再仅仅是传道授业的老师,也可以是无话不谈的好朋友、生活好帮手、情感倾听者、推心置腹的"同龄人"。很多导师在工作交流中表示,学生更乐意把自己作为平等的朋友、可信任的伙伴,有的问题、秘密愿意和导师倾诉,听取导师的意见和建议。

四、探讨

(一)双重导师,使党对教育的领导更直接有效

在党组织领导的校长负责制背景下,发挥党组织的组织领导作用,充分发挥党支部的战斗堡垒作用和党员的先锋模范作用,在全力推进全员导师制工作进程中把抓好党员双重导师制作为学校党建的基本功,着力构建党的领导纵到底、横到边、全覆盖的工作格局,使学校教育成为坚持党的领导的坚强阵地。

(二)双重导师,更能推动党建与业务深度融合

以双重导师为载体,以全员导师制推进为目标,学校党支部着力构建党建工作与业务工作"双向对接、融合共进"工作体系,紧密党员和群众关系,推动党建工作与业务工作一起谋划、一起部署、一起落实、一起检查,实现目标同向、力量整合、工作融通、活动共享、评价兼容。

(三)角色可以互换,相辅相成共同进步

导师角色不是一成不变的,党员导师也可以做匹配教师的学生。特别是当匹配教师在全员导师制推进中有好的做法、经验时,党员导师要向匹配教师学习,在拜匹配教师为师的过程中提升自己导师工作的实效性,激励匹配教师能冒尖,发挥匹配教师在导师工作中的聪明才智,学习匹配教师在导师工作中的好的做法经验,实现共同发展。

(四)导师相对固定,又可以是多维的

当党员导师有时无法满足匹配教师的工作需求时,党员导师可将匹配教师的需求通过党小组牵头呈现给其他党员导师,发挥众人之长,在党小组中、党小组与党小组之间、整个支部中采用"多对一""一对多""多对多"等方式,聚支部、各党小组之力满足教师的工作需求,解决其困惑。

（五）以尊重为前提,实现双向意愿匹配

在全员导师制背景下,我校党员教师双重导师制工作还处在起步发展阶段。当前,无论是教师选择党员导师、党员导师选择教师,还是学生选择党员导师、党员导师选择学生,都是相对被动的选择,没能全面兼顾每一个个体的意愿需求。这往往造成导师与匹配对象之间沟通交流的障碍,从而导致党员教师双重导师制工作开展艰难,也不利于全员导师制工作的深入推进。为此,我校设计、制定了全新的匹配工作机制,尝试开展先"海选",再"派位"的方式,即每位对象自由选择导师,至少选择3位意愿导师;导师也自由选择3位教师和15位学生,双向选择的优先满足,然后再依次进行匹配。这样尽可能满足个体的意愿,尊重个体需求与差异,使得导师与对象之间的双向和谐匹配程度更高,从而更好地推动全员导师制工作的开展,最终促进每一位学生全面、健康地发展。

"一花独放不是春,万紫千红春满园。"上海市浦东新区祝桥小学充分发挥党支部的"核心引擎"作用和党员教师的"先锋模范"作用,将党的政治优势、组织优势转化为全员导师制实施效能,关注每一位教师的个体差异和工作需求,以党员双重导师制为抓手,整体深入推进全员导师制,让每位学生在成长路上都有"贴心陪伴者",让每位教师在发展路上都有"合作协跑者",显现出全员导师制工作既齐头并进,又百花竞放的良好局面。

参考文献:

[1] 李正刚.中小学导师的专业自觉与成长支持[J].现代教学,2022(18).

劳动教育在小学道德与法治教学中的渗透

上海市浦东新区观澜小学　项韦珵

【摘　要】　中国素质教育改革正在火热进行,素质化教育对教师提出了新的要求。要求在小学道德与法治教学中不断渗透劳动教育课程,通过学习《义务教育劳动课程标准(2022年版)》《大中小学劳动教育指导纲要(试行)》等相关文件,全方位理解、强化小学生劳动观念的价值所在,为小学生综合素质的提高打下坚实基础。本文结合劳动教育的开展现状,主要探讨了新课标要求下在小学道德与法治课程中渗透劳动教育的可行性,并以提升小学生核心素养、综合素质作为前提条件,提出实际教学活动中切实可行的渗入策略及注意点。

【关键词】　小学　道德与法治　劳动教育

一、小学道德与法治课渗透劳动教育的可行性

小学道德与法治课程作为立德树人的最基本课程之一,想要更好地发挥自身价值,需要与其他学科进行融合,才能更好地培养出学生的良好品格。《义务教育劳动课程标准(2022年版)》对开展劳动教育做出了明确的规定,详细阐述了劳动课程的价值所在,明确了其实践性的价值,同时强调了其具有一定的综合性以及开放性,对于小学劳动课程开展的总目标做出了详细的规划,透过文件能够体会出国家对于劳动课程的重视。《义务教育道德与法治课程标准(2022年版)》的学段目标中提到,需要培养小学生的核心

素养包括"爱劳动,知道财富是由劳动创造的;树立劳动意识,积极参加劳动实践,懂得劳动光荣,劳动不分贵贱;主动参与力所能及的家务,学会承担家庭责任"等。劳动教育可以提高学生的素质,在教育过程中也可融入道德教育。同时,德育在劳动教学中的渗透是在知识传递和能力培养的过程中进行的,这将会产生一种"润物细无声"的魔力。

二、小学道德与法治教学中渗透劳动教育的基本策略

(一) 培养自理能力

培养自理能力指的是通过个人努力和训练,使自己能够独立完成日常生活中的各种事务和活动。生活自理是学生成长中必须具备的能力之一,学生在日常生活中经常会面临一些小问题和挑战,教师要引导学生在劳动中思考、寻求解决方案,从而促进他们的问题解决能力的提升和创造力的发展。教师可以帮助学生树立起自信心,让他们知道自己能行。如在进行一年级下册第一单元《我们爱整洁》的教学时,教师可以组织学生在课堂上进行穿鞋带、系鞋带、叠衣服等比赛活动,使学生在热闹激烈的比拼中巩固劳动知识,提升劳动技能。课后鼓励学生进行探索和交流:还有什么系鞋带的好方法?怎样花式系鞋带?针对不同的衣物有什么折叠小技巧?学生在求知和分享的过程中获得了劳动的成就感,形成了以劳动为荣的人生观和价值观,也更好地提升了自理能力。

教育是长久且系统的工程,只有将"五育"融合起来,才能真正达到育人的目的。小学是儿童正确劳动观形成的关键期。教师也要呼吁家长树立正确的观念,帮助孩子摆脱一遇事就找家长的做法。摆脱这种依赖感是培养孩子自理能力的第一步。与此同时,我们还要培养孩子的动手能力,让孩子从小学会规划管理自己的时间、安排自己的事情、收拾自己的东西,等等。

(二) 提升劳动技能

劳动技能是人们日常生活中非常重要的部分,它能够让人们更好地适应工作需求和生活环境,提高自身竞争力和创造力。小学阶段是提升和培养能力的重要阶段,教师要适时引导和规范学生的劳动行为习惯,真正提升学生的劳动技能。通过学校开展的劳动教育,学生在动手和探索的同时开

动了脑筋,激发了创造力,也提高了学习的积极性。劳动技能的提升使学生不断学习探索的自信心也得到了提升,进而树立起正确的人生观和价值观,这都有利于学生的全面发展。

课堂上,教师可以请学生交流自己在劳动中擅长的、自己想挑战的部分,例如节电员、扫地能手、图书管理员等,并讨论针对这些不同的小岗位,如何能够做得更好。在交流过程中,学生更加明确了班级值日生的工作内容,知道当值日生是爱劳动、爱集体的表现,教师也可以趁此机会细化班级值日生的分工,并安排定期进行轮换。学生在班级值日中积极参与,和同学建立了良好的关系,认真完成分配到的任务,每一个学生都从实践中学习到更多的劳动技能,提升劳动能力,在培养集体主义精神的同时,还学会珍惜自己和他人的劳动成果。

(三) 养成劳动习惯

劳动教育应该是连续的,无论是在学校还是在社会,都应该注意保持劳动过程的持续性,帮助学生养成劳动习惯。将劳动教育融入小学道德与法治课堂除了能够让学生学到劳动知识和劳动技能,还能够培养学生吃苦耐劳的良好品质,促进学生个人意志力的提升,同时更好地发挥学生的团队协作精神,提升其团队协作能力,培养学生良好的劳动价值观,养成更好的劳动习惯。

在一年级下册第三单元《让我自己来整理》一课中,教师可以当堂指导学生如何更好地整理铅笔盒、书包、桌肚等,请在这些方面做得很好并持之以恒的学生示范自己是如何进行规划、整理的,为全班学生树立劳动榜样。在学习了有用的经验后,学生们可以在课堂上马上进行整理,并请同学互相监督。

连续性劳动常常涉及长期计划的完成,当学生能够连续地坚持努力并取得成果时,会增强他们的责任感和成就感,并且将这种行为变成习惯。

(四) 端正劳动态度

根据新课标提出的要求,小学应该着力加强素质教育,使学生"德、智、体、美、劳"全面发展。教师应引导学生理解劳动的价值,从而认识到劳动是创造财富和社会进步的基础,是实现自我价值的重要途径。在此基础上,让学生亲身体验劳动的辛苦,这样他们才会更加珍惜劳动成果,形成良好的劳动态度。在劳动的过程中学生彼此交流,分享劳动的知识和经验,学会与他人合作,提升效率,共同完成任务,在劳动过程中树立正确的劳动观和劳动态度。学生也可以在课堂上对生活中不同岗位的劳动谈谈自己的感受与想法,从而认识到"小到班级,大到社会,人们无论进行什么样的劳动,只是分工不同,没有高低贵贱之分"。教师也要经常鼓励学生积极参与劳动,对于班里的"劳动模范",要及时真挚地表扬,也可以适时地给予一定的奖励,帮助学生树立"劳动最光荣"的概念,让学生明确,对待劳动工作要认真负责,不能敷衍。

三、小学道德与法治课渗透劳动教育的注意点

在小学道德与法治课中渗透劳动教育的主要目的是提升学生的实践能力和提高学生的劳动水平,在学习中实现综合素质的提高,形成自己的劳动观和价值观,从而使学生能够全面发展。那么,随着新课标的持续推进,在道德与法治教学中融入劳动教育需要注意些什么呢?

(一)家校合力,让学生喜欢劳动

想要培养学生日常良好的行为习惯,学校教育只是其中的一部分,还需要父母进行言传身教,劳动也是如此。通过课堂互动,教师深刻挖掘课本中隐藏的劳动教育的相关内容,并且结合实际情况,要求学生回家之后进行实践,通过家校合力的方式,结合日常生活,激发学生的劳动兴趣和动力。

比如,通过一年级下册《干点家务活》的教学,教师可以要求学生提前一周观察妈妈日常的家务工作量、家务工作的时长、家务工作完成后的休息时间等,可以通过简单图画和文字结合的方式对调查的情况认真地做好记录。课堂上学生展示调查结果,诉说感受,此时学生大多会认为自己的妈妈做家务十分辛苦。接着,教师引导学生学会分担家务活,树立责任感,做家庭的小主人。

(二)实践活动,让学生认识劳动

传统道德与法治课堂的教学内容单调、形式单调,教师在很长一段时间里多采用"灌输式"的教学方法,要求学生死磕教材,教师主要在课堂上教授

基本理论知识,并没有给学生更多的实践机会,使学生处于相对被动的地位,无法独立思考和探索隐藏的知识点,难以提高学生的综合能力。新一轮教育改革要求教师转变课堂角色,同时加强学科融合以及学生劳动意识的培养,强调培养学生劳动意识的重要性,增加动手实践活动。

比如,在进行《我们的衣食之源》课程的学习时,教师可以布置"播种一颗种子"的学习任务,让学生回家做好植物或者蔬果的生长记录,后续再进行交流,甚至可以让学生在班级里共同种植一种蔬果,大家一起照顾它,关注它的成长。通过这样的实践教学,能够让学生进一步深入对"谁知盘中餐,粒粒皆辛苦"的理解,更加深刻地体悟到"春种一粒粟,秋收万颗子"带来的喜悦,从而懂得劳动的价值所在,理解了劳动对自身素养的重要意义,明白劳动的重要性。

(三) 注重评价,让学生爱上劳动

教师应结合自身的实际情况,建立科学合理的评价体系,提高评价的有效性。在评价学生时,应多从学生的角度出发,用温和的语言来鼓励他们,充分调动他们的学习热情和参与精神。教师也要给学生做一个好的学习表率,要求他们在学习过程中形成好的学习习惯,注意对学生日常的劳动行为进行细致的观察,让他们以最佳的状态投入到课堂中去,从而全面地提高他们的能力。因此,在融入劳动教育的小学道德与法治教学中,教师必须充分认识到评价的重要作用,并且对每次评价都给予足够的重视,使学生真正爱上劳动。比如,定期布置一些家务作业,并且给学生分发"家务活劳动实践表"。当学生完成家务作业之后,让他们进行自评并邀请家长进行评价,然后在课堂上进行师生与生生间的评价,交流学生的心得体会,这样综合的评价方式更能促进学生爱上劳动。

四、结束语

本文探讨了小学道德与法治课渗透劳动教育的可行性,在渗透劳动教育的过程中,教师要注意多样化形式、持续性过程和激励性机制,培养学生自理能力,提升劳动技能,养成劳动习惯,端正劳动态度,提升学生的综合素养,树立正确的劳动观,为未来的成长和发展奠定坚实的基础。同时教师也要注意开展家校合作、多进行劳动实践以及注重评价的力量,培养学生的劳动意识,使小学道德与法治教学中劳动教育的渗透能够更好地进行。

参考文献:

[1] 黄燕.在农村小学道德与法治课程中渗透劳动教育的实践研究[J].教育界,2022(36).

[2] 黄严雪.小学道德与法治课劳动主题实践性作业的设计探究——以"为父母分担"单元为例[J].内蒙古教育,2022(19).

[3] 施苏玲.劳动教育在小学道德与法治课程中的融入[J].学园,2022,15(31).

"新·实·用"教育在小学道德与法治学科中的创新实践

上海市浦东新区观澜小学　赵佳丽

【摘　要】 小学道德与法治学科承载着立德树人的任务。"新·实·用"教育在小学道德与法治学科的教学过程中内化了"实用教育"思想，引导学生积极、主动参与学习过程，帮助学生掌握一定的解决真实情境问题的迁移能力。学生经历了系统化的学习过程，多课次反复地进行思维加工与整合，培养了解决问题的思考力与生长力，通过解决生活化真实情境问题，体会素养内化与价值转化的现实意义与长远价值，为其终身学习和自主持续发展奠定了良好的基础。

【关键词】 "新·实·用"教育　核心素养　实用课堂

　　新时代下，教育必须全面贯彻党的教育方针，落实立德树人根本任务，培养德智体美劳全面发展的社会主义建设者和接班人。《义务教育道德与法治课程标准(2022年版)》关注"让核心素养落地"这一观点，强调落实立德树人的根本任务要真正落到实处。

　　落实立德树人的根本任务，培养学生的核心素养，是我国当前教育改革的重要使命。小学阶段是人的核心素养发展的"启蒙"期，需要结合小学生的年龄特点和发展规律进行核心素养的培养。学生的核心素养，是指学生应具备的，能够适应终身发展和社会发展需要的正确价值观念、必备品格和关键能力。核心素养是面向越来越复杂的和充满不确定性的社会挑战而提出的育人目标。而核心素养导向下的教学，旨在培养学生在真实情境中综合运用知识解决问题的能力,这与当前的教育变革和课程改革的方向相一致。

基于儿童道德发展水平及特征,在小学道德与法治课程教学中开展实用生活化的道德两难问题(柔性伦理与刚性规则的冲突,教材知识与现实生活的冲突)的学习,使学生直接面对实际问题,认识社会生活的复杂性。学生在寻求解释或解决某个具体的社会问题的过程中,学会综合地、关联地、多角度地、切合实际地分析和思考问题的一般方法,形成关心社会的态度和参与社会生活的行为方式。学生在学习过程中,对伦理的、道德的、对社会价值观和人的行为方式的思考与判断贯穿始终。教师应在道德教育中发挥法治对道德的约束作用,在法治教育中发挥道德对法治的滋养作用,使两者相辅相成,培养学生成为民族复兴大任的时代新人。

利用学校中已有的资源,让学生参与"实地实用"的学习,引导学生更加走进生活、走进社会,用自己的方式观察、感受、探究社会,进一步促进学生以良好品德形成为核心的社会性发展,为学生成长为社会主义合格公民奠定扎实的基础。

一、实用教育彰显核心素养

(一) 杜威的实用教育思想

杜威在自己的教育理论中从不同角度,多方面且反复地论述了教育本质问题。他关于教育本质的观点,基本可以用他提出的三个重要论点来加以概括,即"教育即生长""教育即生活""教育即经验的不断改造"。他指出,儿童的本能生长总是在生活过程中展开的,或者说生活就是生长的社会性表现。教育即是生活,在他看来,人不能脱离环境,学校也不能脱离眼前的生活。

(二) "新·实·用"教育的内涵

学校首任校长黄炎培先生为学校留下了"学用结合"为核心的"实用主义教育"思想。学校继续深入研究黄炎培的"实用教育"思想,申报了区级课题"基于'实用教育'思想,优化学生学习方式的实践研究"。课题将"学以致用"作为核心思想,打造"实用课堂",实施"新·实·用"教育。通过"以问题为导向的预习单""以任务驱动的学习活动",引导学生获得必需的普通知识和技能,帮助学生形成活学活用的意识,倡导解决实际问题的学习,优化了学生的学习方式。

学校充分利用"新·实·用"教育思想优化小学道德与法治学科的课程学习,落实学生核心素养的培养,将理论研究转化为实践探索。

二、"新·实·用"教育的实施策略

基于"新·实·用"教育思想,教师打破传统,在教学过程中设计连贯的教育情境、学习任务活动,探索多样化的教学方式,将教材内容进行有机整合,将教学内容转化为任务或问题的形态,加强了学习内容与学生经验、社会生活的联系。创新的实用教育建立起学生、道德与法治、真实生活之间的联系,引导学生思考与实践参与。学生能将在课堂上学习、理解、内化的知识运用到真正的生活中,做到学以致用。

(一)校园长廊——流动的课堂

1. 校园文化,不止于"美"

校园文化环境的布置可以对在校师生起到"润物细无声"的教育作用。传统的校园文化墙布置通常以呈现学生书画作品、实时海报来增加校园文化感,起到一定的装饰作用,从而凸显美。学生在参观时,不仅可以欣赏学习同伴的作品,还可以提升学生的自信心、集体荣誉感。但单一的布置内容,无法起到更全面的整体性教育作用,脱离了学生日常教育的实际。校园文化墙需要创新,要设法让墙壁"说话",使其成为方向性更强、更具体、更全面的教育阵地。

2. "澜·廊"之旅,丰富情感

"观水有术,必观其澜",借用"澜"字,学校将四个宽阔的长廊取名"澜·廊",每个廊有不同的主题。

在每学期的文化周活动中,学生在道德与法治老师的陪伴下,穿梭于学校的"澜·廊",体验"品味人文之旅"的美妙。学生们与墙对话,与廊共鸣,觅得一处心灵的"桃花源",静享文化的芬芳。不同年级的学生持有分层探究单,进行任务式探究,并做好相应记录。

一张张"我与长廊有个约会"的探究单上,记录着各个年级的学生依照不同的主题完成探究后的心满意足,也记录着大家文化之旅后的收获。

"长廊长廊真美丽,我来和你合个影":一年级学生选择自己喜欢的主题板块,和它来一次"亲密"接触,并以简单的词语记录自己的心情。

"长廊文化八大块,我选一个画一画":二年级学生同样找到自己喜欢的主题板块,用合适的颜色将它画下来,通过画作中的色彩,我们能真实感受到学生内心的喜爱和新奇。

"百米长廊好神秘,我要和你来对话":三年级学生在与长廊对话中,表达了自己内心最真实的想法和渴望,他们渴望了解各类知识,渴望了解更多不同的文化。

"漫漫长廊藏乾坤,我来探究我先知":四年级学生先记录下自己学到的知识,再以兴趣为导向,探究这一方面更多的知识,在探究中认识更多文化的精髓。许多学生对中华文化的深厚底蕴和优秀传统深感惊叹,实际上,这种文化思想的渗透和影响力已经深深地根植于他们的心灵之中。

"长廊艺术道不尽,我为长廊增一笔":看似是拓展学生对文化的了解,其实是锻炼学生表达自我的能力。在活动中,许多平时较为内向、不善表达的学生在进行认真的拓展后,能较为自信地表达自己的想法和观点。

学校"澜·廊"与培养学生积极阳光的心灵是相辅相成、互相融合的,我们坚持让知识的"阳光"洒入学生内心,以文化的熏陶感染学生心灵。作为学校"新·实·用"教育的一块新阵地,学校"澜·廊"在观澜学子的心田种下了文化的种子。

在这里,学生习得生活中的百科知识、知晓中国名胜古迹。学生在自主探究、合作交流中树立良好的品行,发展社交素养。

3. 模拟生活,学以致用

对于道德与法治学科的学习,教材是教学之本,但不等于学习的全部内容。我们可以尝试在确保知识结构完整性的基础上进行跨越内容、学科领域的选择、组织与转化,建立起课程内容与素养目标的有机联系。

《我们在公共场所》这一单元内容由班级空间扩大到学生日常进出的真正的公共场所,教师通过对"公共财物""公共卫生""公共秩序""公共文明修养"四个方面的重点指导,帮助学生养成公共场所所需要的文明行为习惯,并在其中融入社会主义核心价值观教育。本单元对应课程标准中"懂礼貌、守秩序、爱护公物、行为文明"的内容,落实《青少年法治教育大纲》中"初步理解遵守规则的意义与要求"的内容。

学校主题式文化长廊以培养解决真实问题为内核的核心素养是促进课堂教学转型的重要探索。素养培养需要依靠课程教学,引导学生积极、主动参与学习过程并具备一定的解决真实情境问题的迁移能力。活动是培养核心素养的关键路径。

本课的教学以"公共生活"大情境贯穿始终,学校"澜·廊"的模拟生活场所将生活中常见的公共场所搬入校园,进一步增强学生对"公共"理念的认知。走进生活的实践探究让学生能够在教室之外体验社会生活,分析在公共空间和私人空间的不同表现,能够阐述在公共场所应遵守的规则,有效落实低年龄段学生"能够形成规则意识,言行举止符合基本的道德准则和规则"的学业要求。

通过生活化迁移促进核心素养的养成。评估学生是否养成核心素养的最好方式就是让学生实践,而实践需要真实情境,知行合一、学以致用的学习才是真实、有效的学习。道德与法治教学将学校主题式文化长廊的模拟情境与活动背后的"真实世界"当作课程的组成部分,实现课程与生活的关联。

(二) 触摸生活——生命的体验

新课程标准下,教育要切实做到"目中有人",真正关注到人的发展。教育不是简单说教,而是让学生触摸生活,加强对生命的体验,将素养内化,从而促进学生学以致用。

学校多采用"1+1双平台双师在线教学"的模式(即空中课堂结合晓黑板平台)进行教学。"在线教育"孕育新的教学挑战,在秉承黄炎培先生的"实用教育"理论基础上,将课堂学习所得运用于生活实际,是笔者一直所摸索和探寻的新方式。面对学生居家在线学习的情况,尤其是低龄段一年级学生,我们更要关注学生视力、课堂互动效果、学习反馈等问题。如何提高在线教学互动性,增强学习反馈性,将课堂学习所得运用于生活实际是在线教学需要重点解决的问题。

《可爱的动物》(一年级第二学期第二单元)主要围绕"亲近动物""自我保护""珍爱生命"三个方面,引导学生在互动、交流中学习,引发学生对大自然的尊重,学会以正确的方式爱护身边的动物、照顾小动物,从而达成课标中对于学生与自然和谐共生的能力培养的明确要求。

1. 教学流程

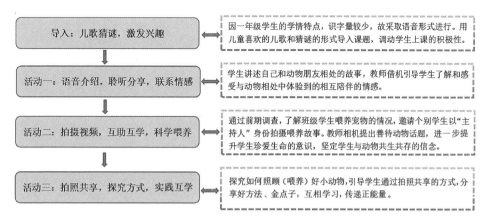

图 1 《可爱的动物》教学流程

2. 关键教学环节

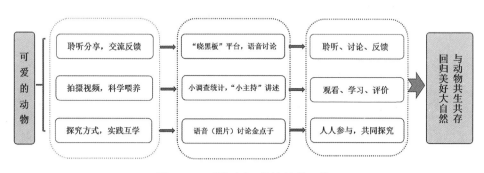

图 2 《可爱的动物》关键教学环节

课堂上,笔者借机提出善待动物话题,进一步提升学生珍爱生命的意识,坚定学生与动物共生共存的信念。道德教育应该以人的情感体验为基础,将道德教育的内容融入学生的日常生活中,让他们能够真正理解和珍爱动物的生命价值,并最终落实到学生日常的实际行动中。

充分利用线上资源,巧设情境,紧扣学科育人价值——尊重保护动物,从实际出发解决特殊时期遇到的现实问题。在教师的引导下,学生能够学会以自主探究、合作共享的方式解决生活中遇到的困难与问题,活用在线学习工具,增加了在线教学的互动性和学生的学习参与度。

(三)学科融合——多样的能力

对于《优秀家风代代传》一课,笔者合理利用教材内容,让学生联系生活实际,体会优秀家风源于中华传统美德,实践优秀家风将促进中华传统美德的传承的道理。

根据五年级学生的认知水平和学习规律,笔者运用了多种学习方式。在课前的准备工作中,采用"家风我探寻"访谈单的采访任务进行家风的了解,这是对学生语言交际能力的培养;又在课堂上用家风演讲的方式,展现学生生活中生动的实例。学生是家风的践行者,在家风演讲时,能够将生活中的家风是怎样具体体现的,家风对自己的影响,自己该怎么做等问题进行交流,让学生对家风产生一种新的认识,将传承家风化为一种行动。

通过对长辈做一次访谈,以课堂展示交流的形式,让学生了解自己及身边的家风,理解普通家庭的家风也是对中华传统美德的继承和弘扬,初步培养学生访谈、交流能力。通过分享与聆听社会上的好家风故事,懂得优秀家风能够向社会传递正能量,形成引领良好社会风气的家庭文明新风尚。通过案例分析、小组讨论的形式,树立自觉传承和弘扬优秀家风的意识,懂得要从自身做起,从小事做起,成为优秀家风的传承人。

契合新时代核心素养培养的教学,是将学生的生活环境、生活经验、活动体验都转化成课堂教学可采用的"鲜活"资源。课程标准在教学建议中提出了"丰富学生的生活经验""充实教学内容"和"拓展教学空间"的要求,也就是在教学过程中,我们要摒弃脱离儿童生活实际、说教式的教育方式。

"访谈单""家风演讲"等活动形式是跨学科的整合贯通,让学生的语文口语交际表达素养得到了发展。联系生活实际的探究使学生的学习更具真实性,让其能够提前关心社会、关注社会,作为社会的一分子去参与社会的美好创造。这些都很好地落实了中高年龄段学生能够积极弘扬传统美德的核心素养。

三、收获与展望

"新•实•用"教育在小学道德与法治学科中的创新实践以"实用教育"的基本理论和观点为引领,借用一定的新思想、新理念,创设适宜的环境和氛围,联系生活实际、基于解决问题的学习,采用恰当的手段和方法,促进学生主动学习、合作学习、体验学习,从而优化其学习方式、提高学习效率和运用知识的能力。本文中所涉及的几篇课例都体现了"自主、合作、探究"的学习方式,使学生的学习更贴近实际。

培养学生掌握有效的学习方法、技能,养成活学知识的学习品质。围绕"实际、实用、有效、有益"等"实用主义教育思想"的核心词,将其应用在日常教育教学实践的各个环节中,帮助学生树立正确的学习价值观。

培养学生解决实际问题的能力,适应社会生活的综合能力。小学道德与法治学科教学与学校创设的特色"澜•廊"环境有效地结合,开设了多样的活动,运用了多种学习方式。在终身化学习的社会,个体学习的过程也是个体自主发展的过程,学生一旦形成良好的学习素养,拥有运用知识解决问题的能力,就为未来不断适应社会需求而自我增值学习打下坚实的基础,保证学习的有效性、持续性。

"新•实•用"教育在小学道德与法治学科创新实践的实施过程中内化了"实用教育"思想,引导学生积极、主动参与学习过程并具有一定的解决真实情境问题的能力。在这个系统性的学习过程中,学生们不断地进行深入的思考,将所有知识进行有效的组织,提升了他们解决问题的能力,为其终身学习和自主持续发展奠定良好的基础。

"新•实•用"教育在小学道德与法治学科中的创新实践,契合学校"品行端正、人格健全、发展协调"的育人目标,着力探索课程资源的实用性、学生自主探究的有效性,创设开放的教学情境,落实学生道德与法治学科的核心素养,提升道德理解与判断力,促进道德行为的迁移。创新实践的措施拓宽了学生学习领域和场所,与生活相互接轨,内化于心、外化于行,培养学生成为健康、阳光、法治的小公民。

人生就像在茫茫大海中驶船航行。作为一名人民教师,笔者想带学生们乘上理想信念之船,以"实用"掌舵,以"创新"助力,在这四海承平的时代,坚定航向,怀青矜之志,履践致远。"新·实·代"的赋能,会让人获得应对生活中各种变化与挑战的勇气。学以致用,少年方能乘长风而破万浪!

参考文献:

[1] 金维萍.基于"实用教育"思想优化学生学习方式的实践研究[M].上海:上海科学普及出版社,2018.

[2] 黄炎培.学校教育采用实用主义之商榷[J].教育杂志,1913,5(7).

[3] 殷凤.道德与法治大单元教学设计与实施路径探略——"公共生活靠大家"单元例析[J].中小学德育,2023(2).

基于责任意识培养的
小学生实践活动的设计与实施

上海市川沙中学南校　毛少敏

【摘　要】　由于年龄尚幼,小学生往往责任意识不强,且缺乏实际性的行动,知行脱离,所以我们要培养学生责任意识,并落实到实践活动中去。道德与法治学科的教材内容可以帮助小学生自觉地、有意识地整理生活实践经验,在实践活动中通过动手做、实地勘探、人物采访等方式,让小学生更好地理解责任意识的具体内容,加深印象,从而在生活中去实践操作,形成一定的责任观念,从而提升对自己、家庭、集体、社会、国家和人类的责任感。

【关键词】　责任意识　实践活动　小学

《义务教育道德与法治课程标准(2022年版)》的课程目标中指出:"道德与法治课程要培养的核心素养,主要包括政治认同、道德修养、法治观念、健全人格、责任意识。责任意识是担当民族复兴大任时代新人的内在要求。""培养学生的责任意识,有助于他们提升对自己、家庭、集体、社会、国家和人类的责任感,增强担当精神和参与能力。"

当下不少学生的责任意识淡薄,对于家长、教师的付出认为是理所当然,只会对他人索取,对他人付出比较少。新闻中会时常出现:贫困的父母带着孩子去手机店买手机,拿出一沓平时辛苦挣的纸币零钱,而在一旁的孩子只有看到新手机的喜悦之情,看不到父母的艰辛;因母亲不让孩子玩手机游戏,幼小的孩子对母亲大打出手,母亲只是忍气吞声,一脸无奈;在他国留学的大学生要求父母给自己转生活费,丝毫不考虑父母的难处,只要自己活得舒适开心……这些新闻让人看了寒心,父母在养育孩子的过程中付出了多少艰辛,换来的不是回报,而是"恩将仇报"。这些都是孩子责任意识缺乏的表现。

在学校教育中,教师在责任意识培养方面经常以说教为主,没有计划性地进行教育,如石头砸进小河,只能起一点水花,再加上没有系统性的教育内容,停留在讲道理层面和认知层面上,学生在责任意识的行为上没有实际性的行动,知行脱离,所以要加强学生责任意识,并将其落实到实践活动中。教师应该有计划性、有系统性地去培养学生的责任意识。

一、基于责任意识培养的小学生实践活动的设计

小学道德与法治课程标准将小学生责任意识培养的目标分为四类。① 个人、家庭责任目标:学会自己的事情自己做,主动参与力所能及的家务,学习参与家庭决策,为父母分忧,学会承担家庭责任。② 集体责任目标:热爱学校和班集体,积极参加集体活动和民主管理,有互助意识,关心公益事业,参加力所能及的社会公益和志愿者活动,有团队意识,在团队活动中增强合作精神和领导力,关心社会,知道我们全过程人民民主制度的优越性,了解时政。③ 国家责任目标:知道中华民族是一个统一的大家庭,树立维护国家统一和民族团结的责任意识。④ 人类责任意识目标:亲近自然,爱护动植物,了解自然是我们生活的共同家园,节约资源,初步了解可持续发展理念。

根据课标要求,教师需要根据教材内容来有计划地进行教学活动的设计,培养学生的责任意识,让学生成长为有责任担当的人。

如在一年级下册第一单元《我们爱整洁》一课中,学生通过每天照镜子的方式关注自己,发现自己身上整洁和不够整洁的地方,学生在照镜子的过程中知道个人卫生是自己的事情,代表着人们在社会交往时的礼貌。这是针对一年级学生个人整洁情况的内容,提升了学生个人责任意识。

在《少让父母为我操心》《这些事我来做》《我的家庭我贡献与责任》三课中,这些内容可以使学生知道自己的成长离不开家庭。教师可以引导学生通过观察、采访、体验等多种方式了解父母在生活与工作中的辛苦,学会换

位思考,主动去承担一些家务劳动,提升学生家庭责任意识。

在四年级上册第三、第四单元中,教材内容为《与班级共成长》《我们是班级的主人》,强化了学生的集体意识。通过班级小组合作制订合理的班规,每个人出个"金点子"来形成班级特有文化,这些实践活动加强了学生的集体责任意识。

教师应该根据教材内容进行形式多样的实践设计,激发学生的实践兴趣,加深学生的印象,增强学生的责任意识。可以操作实践的设计如下:

(一)以"做小主人"为主题的实践活动

在小学道德与法治教材中,有些内容有意识地培养了学生的集体责任意识,从学生身边的学校、社区、家乡等入手,让学生通过了解身边的集体是什么样的,从而感知到自己作为其中的一分子,也应该出力,维护集体的利益等。因此教师可以设计以"做小主人"为主题的实践活动,培养学生"做小主人"的意识,提高学生的集体责任感。如在上三年级下册第五课《我的家在这里》前,笔者让学生去做一个小区调查,调查居住地的空间环境特征(你的家住在哪里? 那里都有什么?);调查居委会、村委会、小区物业在哪里,它们负责什么;调查村或社区开展过哪些活动,有哪些让大家牢记在心的标志性东西。三年级的学生通过对自己居住地的调查,扩大了视野,把他们的生活从家庭、学校扩展到社区,有目的地去了解了社区与自己的关系,认识到社区对自己成长的重要性,形成"我"在社区中生活、"我"是社区小主人的意识,让他们对社区产生基本的归属感。归属感的形成可以让学生承担起自己的社区责任,从而促进社区责任感的形成。

(二)"以关爱集体"为主题的实践活动

培养集体责任意识光靠教师说是没有用的,只有在生活中实践才能更有效果。因此教师应该多设计一些"以关爱集体"为主题的实践活动,让小学生在实践中去主动关心集体、关爱集体,提高集体责任意识。

如在《我们班四岁了》中,笔者让学生去收集班级三年多时间里重大事件和各种有趣、难忘的活动资料。这样的活动让学生回忆起三年多的班级生活中的一些成长足迹,唤起他们对同学、老师的情感,促进他们更好地融入班集体,增强他们对班集体的爱。课上笔者让学生找找班级的优点,发现班级的不足之处和问题,开动脑筋,认真地去想想改善班级不足的金点子。课后笔者设计了一个班徽设计大赛,让学生自由组合设计班徽。在设计过程中,学生们懂得了合作的重要性,知道了班徽是班集体的象征,凝聚了班级奋斗目标和精神风貌,作为班级的一分子,每个学生都应该为班集体的一切负责,在关心关爱班集体中提高了自己的集体责任意识。

(三)以"家国情怀"为主题的实践活动

在多元文化的当今社会,对小学生进行"家国情怀"教育是时代的要求。"家国情怀"教育不能是空泛的,需要与实际生活相结合,引导学生走进自己的生活,教师需要通过设计一些以"家国情怀"为主题的实践活动帮助学生去获得对家国的归属感,逐步建立国家责任意识。如在《我爱家乡山和水》中,需要学生去发现家乡的美和家乡的故事。可是"家乡"对于多数低年级的学生来说只是一个抽象的概念。教师要设计实践活动帮助学生建立对家乡的归属感。笔者要求学生去川沙的古城墙、黄炎培故居、川沙烈士陵园、鹤鸣楼等地进行实地采访,要求学生拍下参观时的照片,了解古城墙上岳碑亭的题字故事,知道黄炎培的生平等,真真切切地和这些历史人物和建筑面对面交流、接触,从而培养学生爱家乡的情感和对家乡的自豪感,增强国家责任感。

(四)以"保护环境"为主题的实践活动

环境问题已是当今世界面临的重大问题,生态文明建设需要通过学校教育在内的多种途径来实现。小学生作为国家未来的建设者,理应获得一定的环境认知,教师有责任通过一些以"保护环境"为主题的实践活动让学生认识到人类对自然应该负责,树立保护环境的责任意识。如在《地球——我们的家园》一课中,学生认识了地球是人类唯一的生存家园,人类不当的行为导致了各种环境问题,引发大自然的惩罚,保护环境是世界各国人民的共同责任。由于学生获得的是知识面上的认知,如果将这些认知落实到实践活动中,那就更能帮助学生提升人类责任意识了。笔者设计了认领树木的志愿者活动,让班级内学生分组、自愿参加认领,学生们纷纷踊跃参加。在双休日时,学生们兴高采烈地把一棵棵小树种植在校园规定的角落内,并在一旁插上了护树小牌子,约定好定期为小树修剪、浇水、施肥等。学生们在认领树木志愿者活动中懂得了要珍爱地球,树立了自觉保护环境的责任意识。

二、基于责任意识培养的小学生实践活动操作策略

在设计培养小学生责任意识实践活动时也需要注意一些策略,要注意保持课内课外的一致性,要根据学生年龄特点来设计,以及要在实践活动过程中及时给予鼓励性的评价,激发学生的兴趣,在乐于实践中循序渐进地增强他们的责任意识。

(一)保持课内课外一致性的策略

在实践活动设计时教师一定要注意保持教材内容和设计的实践活动的一致性,根据教材内容来设计对应的实践活动,让学生在认识和实践层面达到统一,起到相辅相成的作用。如在《读懂彼此的心》一课中有"主动交流常沟通"环节,需要学生在家人之间产生矛盾时理性面对,主动去化解矛盾。如果教师光用大道理来教育学生好好去跟家长沟通,还是隔靴搔痒,作用不大。笔者让学生试一试教材上提供的"四心"沟通法,即"留心看"父母的作息时间、生活习惯、身体状况等;"细心听"父母的想法和需求、担心和压力;"用心讲"自己在学校的情况或者活动情况;"耐心说"自己的真实想法,遇到父母不理解的地方耐心解释等,尝试化解与父母之间的矛盾。学生们尝试了之后发现父母也是有烦恼的,站在父母的角度看有些事情就能理解他们为什么有时会批评自己了,自己和父母多交流之后父母更容易理解自己了……在这个实践活动中,学生们感受到了父母养家的不易,发现家人之间产生矛盾是正常的,积极的态度和有效的方法是能够解决问题的,从而提高了学生的家庭责任感。

(二)根据学生年龄特点来设计的策略

实践活动有难有易,小学低年级学生适合一些难度低的实践活动,比如直接观察、比较、参观等,小学中高年级学生可以尝试做一些人物采访、收集资料、实地采访等实践活动。如在《我们小点声》一课中,笔者根据低年级学生形象思维的特点,将学生置于吵闹和安静两种环境中,通过对比让学生亲身体会到吵闹的环境会给自己带来不悦,安静的环境会让人愉悦。再让学

生观察生活中哪些公共场合需要放低音量或保持安静的。学生们踊跃发言,同时感受到公共场合下要控制自己的言行,不打扰他人。这样就提高了低年级学生的社会责任意识。

（三）多维度的评价策略

如果教师设计了一些需要花费长时间的实践活动,那学生在实践活动中可能会懈怠,这时就需要一些多维度的评价鼓励学生坚持下去。如在《地球——我们的家园》一课中,笔者设计参加小树认领活动,如果学生只是一时兴起去种了树,之后不管不问的话,那设计的实践活动相当于半途而废了。于是笔者设计了多维度的评价表格,主题是"护理小树记录表";时间跨度为整个学期;每周进行"自我评价""组员互评";评价内容是"每周浇水""每月施肥""每月除草、除虫""额外情况"等;表现一般的为三颗星,表现良好的为四颗星,表现优秀的为五颗星。

学生们在"自我评价"和"组员互评"中,看到了自己的坚持,并在一起护理的过程中锻炼了自己的动手实践能力、观察能力。树本身的生长速度是很慢的,学生在这个护树过程中知道了生命的可贵,对大自然的一切生命都要负责,学生责任感提高了。

（四）发挥学生自主性的策略

在培养学生责任意识的过程中,教师应该想方设法地去发挥学生的自主性。如《我们所了解的环境污染》《变废为宝有妙招》《低碳生活每一天》三课,在学习过程中,学生们充分了解塑料制品是"白色污染",因为以前的生产技术无法让塑料在短时间内分解,造成了严重的环境污染。当学生发现塑料可以变废为宝时,笔者设计了一个塑料制品变废为宝的设计比赛,学生们纷纷拿出了看家本领,上网查找资料,从生活中寻找灵感,矿泉水瓶、塑料袋、食品塑料包装袋等被设计成了玩具、笔筒、浇花器等。在这个实践活动中,学生们积极主动,设计比赛结束后还把生活中的塑料制品有意识地保存下来,能利用的就继续利用;一些学生有意识地告知其他同学一些塑料制品的有效替代品,减少对塑料的使用;一些学生特意告诉其他同学现在已研制出了几个月就可以分解的降解塑料等。在这个实践活动中,学生们的自主性提高了,认知也提高了,他们初步知道了环境需要可持续发展,从而培养

31

了他们的责任意识。

社会、国家的前进需要有志者的推动,没有责任感的学生无法担当推动社会、国家前进的大任。作为小学阶段的教师应该将培养学生责任感作为重要责任,在道德与法治这门课上设计出适合小学生实践的活动,潜移默化地加强学生责任意识,推动中国社会的前进。

浅谈文化墙布置的育人作用

上海市浦东新区观澜小学　金　花

【摘　要】　建设班级文化,增强班级凝聚力。营造优良的育人环境,发挥班级文化墙特殊的育人作用,是做好班主任的一项重要的工作。在班级文化墙布置中应遵循"以学生为主""以班级特色为主""常换常新""与时俱进"四条原则,更有助于班主任营造一个温馨和谐的教室环境。让每一面墙说话,让墙传颂民族精神、传承红色基因,起到独特的育人作用,为培养学生的核心素养做出有益的探索。

【关键词】　文化墙布置　核心素养　育人

切实将中小学德育工作的要求落细、落小、落实,努力形成全员育人、全程育人、全方位育人的德育工作格局;帮助学生明德修身,扣好人生第一粒扣子;帮助学生从小心有榜样,学习英雄人物、先进人物、美好事物;帮助学生从小做起、从自己做起、从身边做起、从小事做起,一点一滴积累,养成好思想、好品德,是新时代班主任工作的重要任务。

人创造环境,环境同样培养人。教室是学生学习、活动的主要阵地,一个温馨和谐的教室环境,就是一个影响力极大的"磁场",对学生的成长有着"润物细无声"的作用。教室文化墙的布置,不仅是给学生营造优美环境的需要,更是增强学生文化自信,培养未来合格建设者的需要。因此,我们要着力打造方向正确、内容丰富、常态开展的墙文化,"墙强"联手,立德铸魂。

布置好教室的每一面墙,发挥其育人作用,笔者从以下四个方面进行了探索。

一、文化墙布置应体现"以学生为主"的原则

（一）人人都是文化墙的设计者

在班级文化墙布置过程中，首先要确立以学生为主的原则，让学生自主自动，为创建自己喜欢的文化墙献计献策。每学期开学初布置教室之前，班主任可以先组织班干部开一个策划会，初步构思每一块墙面的主题内容；随后，利用少先队活动课、十分钟队会等时间，将初步的构思在班内进行充分讨论，对方案进行补充、完善。

（二）人人参与文化墙的布置

确定好每个墙面的主题后，班主任可以要求学生各尽其能，各展所长，鼓励学生为美化教室出力。学生们有的可以提供布置墙面用的作品、装饰材料等；有的可以从家中带来绿植，带来自己喜欢的书籍；还有的可以协助老师排版设计；个子高的学生协助老师一起张贴布置；细心的女生进行最后的美化等工作。教室的每一块墙面都凝聚着学生对班级的感情与付出，他们如同家庭的主人一样，一点一滴地把"家园"布置起来。每当学生不经意间望向教室里的某一个角落，回想起亲身参与的过程，他们的心里会充满了自豪与骄傲。在墙面布置完成后他们会驻足欣赏同伴的作品，会悄悄地数自己得到的"小星星"，平时也会自觉维护墙面的干净与整洁。

二、文化墙布置应体现"以班级特色为主"的原则

（一）制订班级公约

每个班级都有自身的特点，在文化墙布置过程中应充分考虑到班内同学普遍存在的不足，把苦口婆心的说教转化为润物无声的、有意识的引领和感染。比如对于上进心强，但自控能力不强的班级，班主任可以利用班会课组织学生商议、制订班级公约，鼓励每一位学生参与讨论，广泛听取每一位学生的意见和建议，再通过全班民主表决形成定案。班级公约中，可以包括文明礼仪、课堂礼仪、学习常规、课间文明、卫生值勤等多个方面，最终经过语言的组织与润色，形成"班规班纪"张贴在教室的墙壁上。像这样"自下而上"的、由学生讨论产生的班级公约，可以让学生感受到自己是公约的制订

者,也是执行者、维护者,这样才能使他们以积极的态度去执行,从而促使学生实现自我约束、自主管理。

(二)健全激励机制

好学生是鼓励出来的。教师应该做一个有心人,及时关注学生取得的进步,放大学生的优点,在不断的鼓励与肯定中固化学生良好的行为与习惯。作为班主任,可以专门留一块"争星榜"之类的墙面用来激励学生,平时,将学生的点滴进步记录下来。记录的方式很简单:书写进步了,加一颗星;课堂积极发言了,加一颗星;看见垃圾能主动捡起,加一颗星;能主动帮助有需要的同学,加一颗星……集满十颗星可以兑换一张"小花"贴纸,贴在"争星榜"自己的名字后面。举动虽小,但学生极为珍视这样的荣誉,为了"加星"会努力表现自己,极力改正自身的不足。

"争星榜"上的朵朵"小花"见证着他们的努力,见证着他们的勤奋向上。同时,由于"争星榜"综合了学生日常各方面的表现,也是学期评优、班干部评选等活动的重要依据,公平公正,大家有目共睹。

(三)展示班级特色活动

在日常的教育教学活动中,每个班级或多或少都会组织一些特色活动。有的班级兴趣社团开展得轰轰烈烈,有的班级在家委会的协助下组织了劳动教育、爱国主义教育等亲子活动,有的班级进行了古诗文探究活动……作为班主任就要做个有心人,收集活动的作品、照片,进行宣传展示。

当学生在教室墙面上看到自己的作品,回顾当时的创作过程,会觉得自己的努力被赞扬、被肯定,辛苦疲劳一扫而空。作品没有被选中的学生也可以从优秀作品中寻找差距,找到努力的方向。

比如,在家委会的鼎力支持下,学生赴农场收割稻谷、挖红薯,体验了农民伯伯的辛劳。班主任可以将学生劳动的精彩画面拍摄下来,张贴在班级园地内。每当学生看到这些照片,回忆起劳动时的经历,更能深刻体会书中描绘的劳动时"身体虽辛苦,心里喜洋洋"的含义。

三、文化墙布置应体现"常换常新"的原则

文化墙的布置不能一置了之。布置得再精美的墙面,时间久了,总会产

生审美疲劳,其教育意义也就微乎其微了。因此,班级文化墙应不定时更新,利用好每一次学校举行的各类活动,及时地展示每个阶段学生学习的成果,将会有效激励学生的积极性。

例如,学校大队部总会不定期开展一些"庆祝中国传统节日""致敬英雄""感恩父母师长"等活动,各学科也会经常举办"读书节""趣味数学节"等节周活动。活动中,学生制作的思维导图、学科小报以及一些奇思妙想的作品都可以作为文化墙展示的内容。作为班主任,平时一定要有环境育人的意识,做个有心人,积累好素材,积极地去更新文化墙,学生才能在耳濡目染中汲取知识,规范行为,提升探究与拓展的能力。

四、教室布置应体现"与时俱进"的原则

当代的学生不应该"两耳不闻窗外事,一心只读圣贤书",班主任应鼓励学生"开眼看世界",变天下事为身边事,激发他们的爱国主义情怀,点燃他们的梦想。班主任可以让学生搜集时事新闻中的相关文字与图片信息,张贴在文化墙上,让学生在课间互相交流、发表看法。

文化墙布置是文化自信、语言运用、思维碰撞和审美创造的一种综合。让每一面墙说话,让墙文化传颂民族精神,让墙文化传承红色基因,细水长流,润物无声,从而使学生在良好班级文化氛围的熏陶下健康成长。

参考文献:

[1] 吴水清.新课程理念下的班级文化建设[J].南方论刊,2007(3).
[2] 金培付.教室布置,让每一面墙都说话[J].新课程学习(下),2012(7).

"启教育"背景下道德与法治学科中培养小学生道德修养的实践研究

上海市浦东新区东港小学　邱建龙

【摘　要】"启教育"指向的课堂教学模式,是以"五有四启"为主要标志的课堂:以有趣、有思、有悟、有用、有效为特征,以情境启入、策略启学、体验启悟、多元启评为切入点,构建新课标背景下的课堂教学模式。教师尝试在道德与法治学科教学过程中,探索"五有四启"教学模式,从"个人品德、家庭美德、社会公德、职业道德"四方面培养学生"道德修养"这一核心素养。

【关键词】"启教育"　道德与法治　道德修养

2022 年 4 月,教育部印发了义务教育课程方案和语文等 16 个课程标准。新修订的义务教育课程标准以习近平新时代中国特色社会主义思想为指导,落实立德树人根本任务,强调育人为本,依据"有理想、有本领、有担当"时代新人培养要求,明确了义务教育阶段培养目标。为响应"三有"培养要求,延续学校办学传统,我校提出了创建"启教育"特色的工作目标。"启教育"内涵主要有:① 启其志,定其向,开启志向之门;② 启其智,立其本,开启智慧之门;③ 启其行,蓄其力,开启知行之门。我们认为,它与义务教育阶段的培养目标紧密对应,相信"启教育"特色的创建会是新课改理念落地的一条有效路径。

我们尝试探索一种"启教育"指向的课堂教学模式,即以"五有四启"为主要标志的课堂:以有趣、有思、有悟、有用、有效为特征,以情境启入、策略启学、体验启悟、多元启评为切入点,构建新课标背景下的课堂教学模式,促进学生深度学习,提高学生的高阶思维能力,培养学生的核心素养。

《义务教育道德与法治课程标准(2022年版)》明确指出:"思政课是落实立德树人根本任务的关键课程,道德与法治课程是义务教育阶段的思政课。"学科核心素养是课程育人价值的集中体现,是学生通过课程学习逐步形成的正确价值观、必备品格和关键能力。道德与法治课程要培养的核心素养,主要包括政治认同、道德修养、法治观念、健全人格和责任意识。其中,"道德修养"是指养成良好的道德品质和行为习惯,把道德规范内化于心、外化于行。培养学生的道德修养,有助于他们经历从感性体验到理性认知的过程,传承中华民族传统美德,弘扬民族精神和时代精神,维护国家利益和安全,增强民族气节,明大德、守公德、严私德,形成健全的道德认知和道德情感,发展良好的道德行为。

基于以上思考,教师尝试在道德与法治教学过程中,探索"五有四启"教学模式,培养学生"道德修养"这一核心素养。

一、探索"五有四启"教学模式

(一) 情境启入

教师创设生活化的学习情境,导入新课,引领学生迅速、有效地进入新课的学习氛围。

以《上学路上》一课为例。一上课,教师就问学生:"小朋友,你每天是怎么来学校上学的?"当学生各自回答之后,教师进行一个简单的小结,然后可顺势引出本课学习的课题《上学路上》,自然、贴切,不落痕迹。

再以《我们有新玩法》一课为例。预备铃时间,教师在"不经意"间和学生"闲聊"了起来:"悄悄数一数,自己有多少不同的玩具,然后告诉老师吧。"随即,学生纷纷报数。教师微微一笑,徐徐说道:"哦,我听出来了,你们的玩具都不少,就和方方一样,可她还不断想要新玩具,让妈妈感到很烦恼,让我们一起来听一听,方方的妈妈有什么烦恼。"就这样,本课的学习活动,正式开始了。这是多么巧妙的设计啊!

(二) 策略启学

针对课文内容,教师寻找、运用合适的学习策略,引领学生深度学习,认真体会。

《古代科技 耀我中华》一课,从中医药学、农学、天文学、算学等角度,引领学生了解我国古代灿烂辉煌的科技成就。教师可请学生推荐一位自己最喜欢的古代伟大的科学家,说一说他的生活年代以及作出的科技贡献。通过对教材内容的深入挖掘,学生了解了古代中国科技史的基本常识,建立了民族文化认同感,培养了民族自信心与自豪感。

《推翻帝制 民族觉醒》一课,信息量很大,可借助各种信息化的手段加以呈现。导入阶段,教师利用南京城的图片,带领学生慢慢走近南京,走进那段历史。为帮助学生理解当时的时代背景,教师还引导学生深入解读了"时局图"。三分钟的视频资料《孙中山与辛亥革命》,简要而全面地介绍了孙中山组织革命团体、领导革命活动,以及成功推翻帝制的过程。中山先生的陵寝、遗容、遗言等逐一展示,更深深打动了学生的心。

(三) 体验启悟

在丰富多彩的体验活动中,深入感受活动的魅力,进而对所学内容产生更加深刻的感悟。

四年级《自主选择课余生活》一课,教学"课余生活助我成长"板块时,可请学生交流自己参加的是什么社团,同时随机播放全校社团成果动态展示活动时所拍摄的视频。听着软糯的沪语歌谣,学生感受到了家乡戏剧的魅力;英语儿歌社的学生展示的英语儿歌,开阔了他们的国际视野;航模社团的学生亲手制作的飞机模型作品,更是激发了学生对学校启航文化的探究兴趣。

四年级《我们神圣的国土》一课,教学"活动园"板块时,可请学生说一说自己家乡的衣食住行与当地自然环境有什么关系,并选择一种方式,展示家乡的生活特色。在交流时,很多学生都知道施湾地区的一大"特产"——浦东国际机场,纷纷说起了自己去坐飞机或者在机场观摩之后的感受。但是,教师发现他们对于浦东的老土布等传统文化并不是很了解。课后,教师让学生去寻找老人们"经布""织布"的相关照片,问家里的奶奶、外婆要几块浦东土布,探究老人们织布的原因、土布的用途等。学生欣赏着照片,摸着虽然质地不怎么细腻但却充满历史文化气息的土布,交流着自己的访问、探究结果,对浦东乡土文化也有了更深入的了解。

（四）多元启评

开展多元评价,以形式多样的评价活动,促进知识内化,提升行为引导的效能。

《处处可学习》一课的教学目标是引导学生认识到生活中也有各种各样的学习机会。第一课教师让学生讨论、寻找生活中的各种学习机会。第二课时,教师请学生在课堂上以小组合作的形式开展绘画、剪纸、写作、游戏等活动。随后,教师请一些小组到讲台上展示作品,交流合作体会,同时展开小组互评、组组互评、师生评价。首先,教师不是只请每个小组的组长上台交流,而是请全组成员上台,贯彻了尽量让每一个学生得到最大发展的教学理念;其次,在教师的引导下,学生随机开展了同组之间的评价、小组与小组之间的评价,以及教师和小组之间的评价,在无形中锻炼了学生的判断、思维、归纳、表达等能力。

二、培养"道德修养"核心素养

（一）个人品德

小学生,尤其是低年级的学生,基本还是"自然人"阶段,对于学习和生活过程中需要遵守哪些规则,注意哪些个人品德要求,都还不熟悉,甚至完全不知道。因此,我们的道法课堂,要注意培养学生的"个人品德",这也是我们学科的重要教学目标。

因为学生还小,所以,教师一般都是将抽象的道德准则以形象化的手段展示出来,使学生形成初步的认识和感受。比如,《新年的礼物》一课,教师引导学生以"新年卡片"的形式表达在新年到来之际对自己、亲人、朋友等的良好新年祝愿。在这个说一说、写一写、做一做的过程中,既可以激发和培养学生的感恩之心,也是在潜移默化中让学生明白了"尊敬师长,为师长、朋友等送上节日祝福,是一种良好的个人礼仪"这一品德要求。

又如,《我很诚实》一课,通过案例故事、情景体验、角色扮演、辨析诊断等各种学习活动,引领学生交流、讨论、辨析、表演、分享,"辨是非,明事理",真正引导学生联系生活实际反思自己的不足之处,明白了不能因为好面子、害怕、好胜等情况而说谎话,要养成诚实的良好品德习惯。

(二)家庭美德

中国是个重视家庭的国家,家庭伦理是中国社会重要的组织观念,帮助学生传承这一优秀传统文化,是教育的重要任务。随着独生子女的增多以及生活条件的改善,现实生活中就出现了一些新的情况:很多学生并不了解传统的中国家庭的伦常关系,除了爸爸妈妈、爷爷奶奶、外公外婆,对于更复杂一点的家庭关系,就不清楚了。一年级下册第三单元的主题就是"我爱我家"。《我和我的家》一课中,教师把家庭结构关系通过"家庭树"的形式介绍给学生,来帮助学生厘清三代以内的家庭关系。通过"家庭树"的梳理,学生就比较清楚地了解了家庭关系。随后在讲述"家人的故事"环节中,教师再一次通过教材"我叔叔的故事",让学生知道家人并不局限于自己的小家庭,也包括大家庭的成员。如此一来,中国人传统观念中的"家""家人"的概念在学生脑海里就得到了强化。

同一单元中,还有《家人的爱》一课。教师先出示表格"爱的放大镜",让学生想想家人有哪些关爱自己的表现,想想自己以前对家人有没有做得不好的地方。在表格的铺垫下,教师再出示教材中《弟子规》的相关内容:"出必告,反必面。"根据图片,引导学生明白出门前要告诉家人去哪里、和谁在一起,回到家里要主动去和家人打招呼,这样就不会让家人为自己担心,这是我们中国传统文化中孝顺的表现,也是爱家人的一种表现,将对家人表达自己的爱与传统文化紧密联系在一起。紧接着,教师引导学生说说还有哪些做法也可以表达我们对家人的爱,比如给爷爷捶背、给奶奶梳头、多陪家人说话等,这些都是爱家人、孝顺家人的表现,让我们的传统文化深入学生内心,培养他们成为爱家孝顺的中国娃。

(三)社会公德

教学《这些是大家的》一课时,学生通过第一课时的学习知道了什么是公物,认识了一些基本的公物。在此基础上,为使学生真正体会到"公物给大家带来了许多便利",教师出示了一张"学校公物调查表",引导学生开展校园小调查,看看校园里有哪些公物,谁需要使用这些公物,这些公物给我们的学习生活带来哪些方便。通过实地调查,学生惊奇地发现,校园里竟然有这么多公物,给大家的生活和学习带来了便利。

又如,《我们有新玩法》一课中,教师利用一些生活中常见的绳子、瓶盖、铅笔、鞋子、垃圾桶等物品,引导学生们开动脑筋,思考可以用它们来做成什么新玩具,打开了学生的思路;接着,师生一起合作演示了废水瓶打保龄球的游戏,并引领学生通过亲身体验和仔细观察懂得"玩好游戏需要准确的游戏规则"的道理;然后,在充分讨论的基础上,学生自己开动脑筋,在课堂上玩起了各种充满奇思妙想的创意游戏。这样,在润物细无声的过程中,学生的环保理念得以培养,得以提升。

(四) 职业道德

在《我们的衣食之源》的教学中,教师不能死搬硬套地教教材,而是要用教材、借教材。如教材的第一个图片,教师没有引导学生看图说话:"餐桌上有什么? 它们从哪来?"而是巧妙地以聊天、谈话的形式开课引入,用"老师想知道你们今天中午吃的什么?""它们从哪来?""哪些人为之付出了辛勤劳动?"等语言展开话题。这样既紧密联系了学生的生活实际,又在不知不觉中使学生感受到了食堂工作人员、农民等职业工作的重要性。

同一单元中,《生活离不开他们》一课也是如此。课前,教师布置了"寻找最美劳动者"的社会实践活动,将教材资源与社会资源紧密结合。课堂教学中,教师收集了具体的、真实的资料,用直观的感知激起了学生的学习兴趣,拉近了学生与各行各业劳动者的距离。特别是"职业大体验"活动,让学生感受到每一个劳动者所从事的职业的意义及其背后的艰辛,从而进一步认识到,没有这些劳动者的辛勤付出就没有我们美好的生活。由此,自然而然地激发出他们的心声:我们的生活离不开他们,我们要感谢并尊重他们!

三、成效与反思

(一) 进一步促进了学生道德与法治学科学习能力的发展

1. 学生学习道德与法治学科的学习动机明显增强

道德与法治学科的学习内容与学生生活密切相关,源于生活,又高于生活,能够切实指导学生的生活实践,故而本就比较受学生的欢迎。随着教学研究活动的持续开展,我们发现,大多数的学生更加喜欢上道法课了。老师还没进教室,他们就已经"引颈以待"了。显然,我们的教学实践增强了学生学习道法学科的学习动机。

2. 学生的道德修养认知力有所提升

通过谈心交流、综合作业、个别访谈等途径,我们了解到绝大多数学生知道了在个人品德方面要注重爱国遵规、勤劳善良、诚实守信、团结友爱等;家庭美德方面,要践行尊老爱幼、男女平等、邻里互助等道德要求,做家庭的好成员;社会公德,包括文明礼貌、相互尊重、爱护公物、保护环境等道德要求,要做社会的好公民;职业道德,包括懂得劳动不分贵贱,理解爱岗敬业、办事公道、奉献社会等是良好的职业道德。显然,学生的道德认知能力得到了有效提升。

(二) 进一步优化了道德与法治学科的教学效果

1. 学科课堂教学效果得到优化

曾经,在道德与法治课堂教学中,学生的"有思""有悟"并不显著。随着"五有四启"教学模式的实施,课堂上,学生的最近发展区得以激活,思维活力得以激发,学生思维的广度得到拓宽、思维的厚度得到增加。"五有四启"教学模式和培养学科核心素养有机融合,有力提升了课堂的效能,促进了学生学科核心素养的培育与提高,使我们的道法课堂展现出了勃勃生机。

2. 道德行为实践效果得到优化

归根结底,教学实验是否真正成功,要通过实践来检验学生的道德修养是否真正得到提升,良好的道德行为能否得到落实。因此,在家校联系过程中,教师也比较注意和家长交流这方面的情况,了解学生是否真的"知行合一、身体力行"了。从各种反馈信息来看,效果是比较令人满意的。有学生家长在教学《家是最温暖的地方》这一单元之后不久对教师说:"不知怎么的,我家孩子不怎么和我顶嘴了";有学生在学校组织的爱心捐款活动中写道:"我要帮助'希望工程'中那些读不起书的孩子!";很多学生在写语文作文时甚至会运用在道德与法治学习过程中了解到的素材。

(三) 教师教学方式得以转变

实践研究,进一步促进了教师教学方式的变革。很多时候,教师不再仅仅满足于完成教学任务,达成一时一课的教学目标,而是学会了反思,学会了站在学生的角度看待各种教育教学问题,学会了经常以"有趣""有思""有悟""有用"和"有效"来审视自己的道德与法治课堂教学,经常问一问自己:"这么做,是要培养学生的什么道德修养?""怎样改进,才能更好地提升学生的道德修养?"于是,自然而然地,教师会主动转变教学方式,最终实现专业成长。

参考文献:

[1] 明刚.教师如何立德树人[M].北京:中国轻工业出版社,2015.

温暖课堂：小学生心理健康教育活动课的设计与思考

上海市浦东新区新城小学　沈丽丽

【摘　要】 根据《中小学心理健康教育指导纲要（2012 年修订）》，心理活动课应以学生为主体，通过角色扮演、情境再现、分析探究和引领感悟等多种形式的活动，提升学生心理健康水平。文章强调了三个关键要素：以学生为主体、教师适度引导和培养学生心理健康的实践体验为核心。在教学中，教师应倾听学生的声音，关注他们的观点和体验，从学生的角度出发。同时，教师还应培养学生的共情能力，让他们从他人角度思考问题，感受被尊重和理解，促进自我探索和领悟。此外，教师在课堂中应适度引导学生，设计层层递进的活动，以达到教学目标。要让学生在活动中体验、在体验中感悟、在感悟中升华。让心理活动课能成为一个靠近学生、互相启迪、教师引导、师生碰撞、深入体验并延伸到课后的"温暖课堂"。

【关键词】 学生主体　教师引导　实践体验

《中小学心理健康教育指导纲要（2012 年修订）》指出，小学心理健康教育活动课（以下简称小学心理活动课）应以小学生的成长发展特点为基础，通过角色扮演、情境再现、分析探究和引领感悟等多种形式的活动，提升学生的心理健康水平，并逐步帮助学生更深入地了解自己，正确认识自身问题，促进观念、态度、价值观和行为的改变，进而培养学生间的相互信任、关心、了解和接纳，以帮助学生更好地适应学习、生活和工作。

因此，小学心理活动课的设计和实施需要以学生为主体，教师适度引导,并以培养学生心理健康的实践体验为核心。有了这三个要素的协调融合,心理活动课才能成为一个不断靠近学生、互相启迪、教师引导、师生碰撞、深入体验并延伸到课后的"温暖课堂"。

一、学生主体——课堂的核心温度

一堂心理活动课,应该是"36.5℃"——人体的温度。作为教师,我们的工作就是看见人、看见学生,这意味着课堂上要注重学生的主体地位,倾听他们的声音,观察他们的行为,了解他们的世界;关注学生对事物的看法与体验,重视他们对生活的自我感知,尊重他们对世界的特殊理解。

(一) 倾听学生的声音——教师获得新的教学视角

教师在备课时,往往会以教师视角进行设计,如"怎样达成教学目标? 怎么使活动吸引人? 怎么安排教学环节?"等。而学生在活动中,会产生他们自己的想法并表现出偏离教师预设的现象,他们会将自己内在的想法外化为语言和行为,来表达自己的观点。

例如,在一节情绪课中,笔者让学生记录下能让自己达到1—10级快乐程度的事件。学生表现出非常高的热情,记录下了丰富的活动。其中有一位学生的记录表出乎笔者的意料,他的每一级快乐都写了打游戏,从5分钟、半小时、一小时到24小时,第10级他甚至写了亿万小时。他的记录单在课堂上引发了一场热烈的讨论,有的学生让他不吃不喝先打上24小时,有的学生让他感受一下亿万小时……

虽然这节课,没能按照笔者的预设进行发展,可是认真倾听学生的"一百种语言"、读懂学生的"一百种行动",才是真正以学生为主体,围绕学生活动展开的教学。学生喜欢的就是教师应该关注的,学生遇到的问题就是教师应该探究的问题,靠近学生,站在学生的角度,用心体察他们内心的想法,才能获得"温暖"的教学视角。

(二) 体会学生的共情——教师收获新的教学理解

一堂心理活动课,要培养学生的共情能力,即同感心、同理心,引导学生从他人角度出发思考问题。教师更应让学生感受到自己被尊重、被理解、被接纳,促进学生的自我探索与领悟,在师生互相启迪的基础上获得新的教学理解。

在一年级的心理课上,有一位警官被请到了课堂里。他用照片和视频分享了许多工作中的状态。最特别的是一张他在抗洪中执勤的照片,看到这张照片,学生马上就问:"秦叔叔,你会游泳吗?""水这么大,会不会把你冲倒呀?""你要小心一点,我特别担心你呀!"……他们的共情能力远超教师的想象。原来比起一个勇士,他们更愿意把这位警官看作一个需要关心的普通人。

课程的准备阶段,笔者特别担心这么小的学生,不能够理解成人所承担的责任,后来才发现是他们启迪了教师如何去"看见",如何去理解他们的体验、感受、愿望、爱好、行动,理解眼下的一切对于他们当下生活的意义。

二、教师引导——点燃心理活动课的火花

小学心理活动课是一场"双向对话中心教学",不仅要有学生的各抒己见,教师也要适度发挥出自己的引导作用,与学生进行情感上的温暖互动。教师应在尊重学生主体地位的基础上,让课程内容呈现阶梯状层次的递进,使得课堂教学有条不紊、由易到难、循序渐进,从而凸显心理活动课的梯度。

（一）课堂预设层层递进,做目标的引路人

放慢节奏,逐步进行,通过贴合学生发展的课堂组织和教学引导,才能令师生进行有效的心流互动,促进学生的体验、感受和深入思考,更好地达成教学目标。

例如,在心理活动课《快乐那点事儿》中,笔者设计带领学生将生活中快乐的事情记录在快乐分享卡上,并描述出感受和表达方式。首先给学生一定的时间,让他们闭上眼睛想一想快乐的事,然后,将其记录到分享卡上。在记录的过程中,教师持续给予学生鼓励性的引导,如"把你想到的、发现的快乐用文字或者画画的方式记录下来""现在大家已经记录了快乐的事,请你再体会一下当时有什么样的感受"以及在巡视过程中进行个性化反馈,如"你用笑容表达快乐""你用歌声传递给我们快乐""你快乐得跳了起来"等。接着,笔者通过组织交流,让学生学会从不同的角度发现快乐,如优美的环境、做自己喜欢的事、与朋友交往等,最终了解快乐可以通过表情、动作、声

音、语言、文字等方式传递,只要善于发现、表达,快乐无处不在,最终达成教学目标。

心理活动课的各种活动环节中,教师引导应遵循层层递进的原则,精心设计活动,紧扣学生心弦。每个环节的设计都应是一级台阶,最终汇聚成一道爬上山顶的阶梯,通向最终的目标,课堂才能达到螺旋上升的精彩效果。

(二)思维碰撞课堂生成,呈现精彩展示

心理活动课是学生和教师共同创造的过程,是一个不断生成新资源、生成新的成长体验的过程。师生互动、生生互动,让课堂充满思想碰撞,从而激发学生的探索和思考。因此,交流分享是心理课的重要环节,没有分享就像画作失去了灵魂,温暖的课堂也失去其意义。

学生们用笔画出了他们眼中的爸爸,有的英武、有的帅气、有的在工作、有的在烧饭。有位学生画了一个"葛优躺"姿势的爸爸,他说:"爸爸累了,我希望他能有休息的时候。"还有一位学生给爸爸画了一对翅膀,他说:"虽然爸爸是警察很厉害,但我希望这对翅膀能够帮助他保护好自己。"

通过课堂上的互动分享,学生能将自己对于课堂内容的感受表达出来,而教师则需要敏锐地发现学生身上显露出的细节,静心倾听、耐心询问,才能激活思维、唤醒觉察、推动成长。

教师还可通过自我暴露的方式,巧妙引导学生发表个人观点。例如,在《快乐那点事儿》一课的教学中,笔者自嘲曾经是个"厨房小白",但现在也学会了烹饪美食,感觉很快乐,并给这份快乐赋予了很多意义,有自己的成长、进步,也有家人、朋友的肯定,在快乐慢慢升级的过程中,获得了很大的成就感,感受到了幸福。通过深入发掘,适时适当引导学生深入探究,给学生以明晰的引领,学生也能够为自己快乐的事情升级。例如,他们认为旅游能帮助增长知识、锻炼能力,增进亲情和友情;打游戏能让自己快乐,有成就感,能锻炼应变能力,能促进同学关系,还能学外语等。

这种生成性的课堂细节凸显了"温暖",大家将自己的想法通过师生互动、生生互动的方式相互交流、相互学习、相互影响。教师要给学生留有足够的精彩碰撞的时间和空间,在过程中不轻易去打扰学生的进程和思路,随时准备承接学生的精彩展示,使课堂闪烁智慧,充满灵性。

三、实践体验——体验中感悟，感悟中升华

小学心理活动课设计教学活动时，要能第一时间抓住学生的注意力，引发他们强烈的兴趣和积极的思考，让学生在活动中体验、在体验中感悟、在感悟中升华。

（一）深入体验，契合学生的内心需要

课程的精心设计体现在贴合发展、贴合兴趣、贴合经历三个方面。活动内容符合学生的年龄段，与学生兴趣有关，且学生需要有亲身经历或间接经历，满足这三个必要条件，才能够契合学生的内心需要，学生才能够深入体验、深刻感悟，最终升华，体现课程的深度。

例如《观察力》一课中，教师设计了一系列观察体验活动。学生亲身实践完成"可爱水旋涡"的小实验，通过观察一个装满水且底部有小孔的杯子，得出了"杯子里有一个旋涡""水会转动""开始旋涡很小，后来变大了""旋涡转得越来越快，有时候会消失，然后又会出现"等结论，一下子进入课堂的主题。经由这个"小旋涡"实验引出浴缸中洗澡水的旋涡，以及皮耶罗教授发现了旋涡旋转的方向与地球的自转有关的故事，引导学生讨论、分享他们了解的人类通过观察获得的许多重大发现，例如，苹果与万有引力、开水壶与蒸汽机等，体验到"观察力"的重要性；通过观察实物 1 分钟，然后移开实物，让学生尽可能地详细描述或者画出物体；以及分组把观察力运用到不同学科的学习活动中，考验了学生的观察力，让学生感悟观察需要方法。

课堂的整个过程都用活动串联起来，通过深入的体验活动，让学生亲身感受、重新认知观察力给人带来的力量和支持，引领学生对观察力进行一次深度的探索，从而产生新的认识和思考，获得真实的心理感悟，以更好的状态面对未来的生活。

（二）课后延伸，营造"知行合一"的平台

温暖的课堂不能局限于课堂本身，教师要循着课内教育主题深化的脉络，继续向课外时空延伸，让课程追随学生的生活，使心理健康教育或明或暗地贯穿于学生的生活领域中，使其富于实践意义。

教师可在课后安排具有表达性、思考性、训练性的活动，角色扮演、绘

画、艺术性表达、课后调查、情景演绎等活动都是操作性很强的课后延伸方式。例如,《情绪觉察小达人》一课,要求亲子共同学习 21 种情绪视频微课,并记录各自的情绪事件;《我能管好我自己》则在班级层面展示学生的自我管理时间规划表,并交流获得的启示;《我的好朋友》一课要求学生课后帮助自己的好朋友做一件力所能及的事情,并在班级做交流反馈。

课后延伸,为学生创造"知行合一"的实践平台,使课中所学、所得、所感、所悟,真正转变为课后所用、所做、所行、所为,使课内生活进入他们的实际生活,并在生活中得以实践,形成真正的深度实践体验课堂。

以学生为主体的温度,是确保教师以学生为中心的准则;以教师引导为主线的梯度,是课堂精彩纷呈的前提;以实践体验为根本的升华,是超越课堂的教学意义。在新时代背景下,心理教师需与时俱进,关注社会焦点;开阔视野,引进"鲜活"的活动素材;时刻保持创新精神,将新鲜内容不断融入教学,并坚持不懈用其成果指导实践,推动教学发展,明确专业理论在新时代的内涵和实际要求,让课堂与社会有机融合,让心理活动课温暖人心。

参考文献:

［1］ 郑华蓉.小学心理健康教育活动课课堂教学存在的问题及对策分析[J].考试周刊,2021(37).
［2］ 陈光全.品德课程教学的"课后延伸"研究[J].思想理论教育,2009(8).

关于营造小学生积极乐观心理氛围的策略

上海市浦东新区祝桥小学　陈雪芬

【摘　要】　积极心理学(Positive Psychology),是心理学领域的一场革命,也是人类社会发展史中的一个新里程碑,是一门从积极角度研究传统心理学研究内容的新兴科学。积极心理学倡导心理学的积极取向,研究人类的积极心理品质,关注人类的健康幸福与和谐发展,强调学生个体的优点和积极特质,关注个人的幸福感、成就感和满足感,引导学生树立积极的观念,能够正确认识自我、愉快接纳自我,真正关爱自我。

【关键词】　积极心理学　心理氛围　心理品质

马丁·塞利格曼(Martin E. P. Seligman)曾提出一个著名的幸福公式:总幸福指数＝先天的遗传素质＋后天的环境＋你能主动控制的心理力量。其中"你能主动控制的心理力量",便是积极心理学所注重的"人类实际的、潜在的具有建设性的力量、美德和机能"。教师要为小学生提供必要的辅导和帮助,培养他们积极乐观的心理,在提高学生心理健康素质的同时,减轻压力,增强心理韧性。学生学习到有效的沟通技巧、情绪调节技巧,就能更好地提升问题解决的能力,形成朝气蓬勃的心态和健康的人格。要拓宽学生视野,使他们在实践活动中不断历练自己,让他们在希望中努力学习、愉快生活,感受世界多彩,生活多姿。

一、积极乐观的心理来源于激励的学习氛围

激励的学习氛围对学生学习热情有积极影响,有助于提升教师教学效

果。外在的学习环境和鼓励性评价,对学生而言都是至关重要的。这样的
氛围能提升学生思维能力,使其对将来充满着期待与信心。

(一) 优美环境

在教室一角放一些植物,它们不仅能够美化环境,给宽敞明亮的教室带
来一种宁静、舒适的感觉,还能够治愈人的心情。定期布置教室展示角,如
心理月海报、儿童节小报、"我"的自画像、生态瓶、春日小精灵泥塑展等。这
些会让学生感受到各种不同的信息,使其产生一种憧憬与展望,他们也喜欢
常常有小惊喜的教室。

(二) 热烈课堂

教师要用真诚的微笑、友善的目光、充满鼓励的话语,挖掘学生的潜能,
培养学生的自信心和创造力,让学生感受学习的快乐;对于学生的学习习
惯、努力方向、学习效果,教师要予以认可、勉励和提出期望,促进学生主动
学习,乐于学习,对于不懂的知识点主动提出,并且有钻研精神;教师要表扬
学生的研究,并耐心解答学生提出的问题,让他们一直保持这种学习劲头,
课堂学习就会达到事半功倍的效果。

(三) 多元评价

学生处于多元评价的情境里,其积极体验可以获得不断增强,个性可以
得到彰显,学习感受可以得到丰富。评价中有学生的自我评价、同学间互
评,也有父母的支持、教师的关爱,还有全员导师们的共同努力。多元的评
价体制,促进学生健康成长。激励的评语,让学生体会到开朗与通达,使每
一个学生都了解自己的优势,并积极制定自己的未来目标。

二、积极乐观的心理得益于多元的疏解氛围

教师要引导学生正确了解自我,愉快悦纳自我,真正关心自我,以平和
的心态面对逆境,并且快速从逆境中走出来。积极教育的核心是发展学生
的乐观能力,这也是一种帮助他们获得幸福生活的重要技能。

(一) 了解自己

世界上很难找到一个完美的人,每个人都应该真实地看待自己。看到
自身的不足,也要看到自身的优势。只有充分认识自己的人,才能更好地把

握、完善自己,能够超越、成就最好的自己。每个人对于自己的发展都会有一种期许、标准和要求,这种理想的自我,应该是一种未来的状态,也就是一种预期。而要想建立合理的预期,首先需要对过去和现在予以正确的评价,在此基础上才能够更客观地确立理想自我,制定生涯规划。

（二）解决策略

增强学生的自我实现感,培养自我控制能力,以主动踊跃的心态和行为去面对挑战。借助积极乐观的心理,运用社会情感教育、思维模式指导等方式,使学生建立正确的情感沟通,从而正确理解、表达、舒缓自己的情绪。① 科学认知:运用想象力、转移注意力、调节呼吸节奏、体育运动、音乐欣赏、唱歌、看书、睡眠等方法进行放松练习,化解压力。② 帮助途径:告诉学生一定要学会求助,在学校可以找班主任、任课教师、心理辅导老师聊天;在家里可以找家人谈心;知晓市、区心理咨询电话;等等。

（三）参与活动

在学校完成学业的同时,还要参加各类集体活动。职业生涯学习:运用机场资源,提供真实的体验场景,点燃梦想之花,为未来发展所需要的特长和能力奠定基础;育秧行动:在亲近大自然的欢乐中学习农耕文化,在宁静的田野里,学生们辛苦劳作、活力满满、精神抖擞,呈现出一幅新时代少年的美丽画作;小小朗读者:与经典对话,与诗文为友,热爱朗读,用自己特有的声音来演绎经典文学的魅力……让学生在体验中收获,在收获中成长。

三、积极乐观的心理渗透于和谐的家庭氛围

和谐的家庭环境是相互营造的。每个学生心中关于温馨家庭都有不同理解,家长可以问问孩子喜欢哪种和家人相处的模式,然后慢慢改善现有状况,那么亲子间相处也会有更多的欣喜。

（一）父母关爱

父母倾听孩子的话语,是一种关心、一种爱护、一种理解,更是一种榜样作用。这会让孩子也学会倾听,会对孩子的学习、人际交往等产生良好的影响。孩子是家庭中的一分子,父母要平等看待、多多陪伴,培养孩子的家务能力,培养孩子的幽默感,比如讲个小笑话,做个幽默的表情等,这些都是调

节环境和心情的好方法。呵护、培育孩子心灵成长是一段很重要的历程。无论发生什么事情,始终告诉孩子保持一颗平常心。

（二）孩子回应

家人间应该相互关心。孩子应学会与父母及时沟通、换位思考、感念亲恩。锻炼生活自理能力,学着用力所能及的行动表达对父母的关心。平时父母的默默付出,要看在眼里。在母亲节、父亲节的时候,表达自己的一份心意：写一封信,送出自己的祝福;给父母买喜欢的小礼物;给父母买电影票;为父母洗脚、做饭;等等。

（三）亲子互动

欣赏生活、致谢生活,懂得生活充满无限的美妙与希冀,其中点点滴滴都来之不易。可多参加一些亲子活动,如名画模仿秀,家庭成员可一起参与,为孩子准备服饰、精心装饰,家人间滋养了感情的同时还能了解世界名画。再如,和父母一起做一顿美味的早餐,在互动中,学习生活技能,学会感恩父母。

四、积极乐观的心理取决于热情的同伴合作氛围

美国著名社会心理学家亚伯拉罕·哈洛德·马斯洛（Abraham Harold Maslow)认为："青少年有相互交往的需要,同伴之间通过交往,诉说各人的喜怒哀乐,增进彼此的情感交流,能够获得心理上的满足。"

（一）合作共赢

在活动中,同伴间交流不同的观点、钻研优秀的理念,知识的交流量能够快速增加。在项目化学习中,项目小组成员应认真倾听他人观点,认真思考,给出回应,清晰、有逻辑地表达自己的观点。项目小组组长罗列大家的建议,然后进行整体修改,把疑问和目标结合,找出契合点,及时处理优化,以促进知识内化和传递。

（二）宽容理解

在群体活动中可能会出现一些小分歧,这是很普遍的,大家要有团队意识。宽容理解能够培养人文关怀和集体观念,使学生有更广阔的世界观。友谊是以相互尊重为纽带,在顺境中祝福,在困境中共勉,一起走过一段难

忘的时光。可以为好友制作友谊卡,友谊能给双方带来支撑感,在艰难的时候相互帮助、相互扶持、相互提携、共同进步。朋友带给我们许多能量,让我们感受到友情的珍贵。

以人的积极性为基本宗旨,肯定人的价值与尊严,突出乐观向上的一面,彰显积极性、主动性与创造性。营造小学生积极乐观心理氛围需要学生、父母、教师、同伴等多方面的努力,是大家共同奋斗的方向。教师要将心理健康教育渗透在日常工作中,去温暖每一个学生,去关爱每一颗稚嫩的心灵,这一切都需要有敏锐的观察力和足够的细心。要培育学生自尊自信、理性平和、发奋图强,促进心理健康素质与思想道德素质、科学文化素质协调发展。

"双减"视域下劳动教育的实践与思考

上海市浦东新区东港小学　施　婷

【摘　要】　在"双减"背景下,劳动教育对于少先队员的品德修养的培养,有着重要的作用。为了发挥劳动教育的优势,有效落实"双减"政策,我校少工委结合学校"启耕园"的建设,建立了红领巾种植社团,并以中队为单位,将少先队员们带出课堂,体验劳作之美。旨在定期开展农业劳动实践,在劳动教育中推动五育并举,让队员们在有趣的农耕劳动中收获成长。

【关键词】　"双减"视域　劳动体验　劳动教育

一、少先队员劳动素养现状

现在的家庭中,大部分都是独生子女,即使是有二孩的家庭,依然存在着"小公主""小王子",集家庭中的宠爱于一身。因此,学生在家中时,很少进行劳动。2020 年,国家教育部门提出"劳动教育是学生学习的必修课",并且对劳动教育的内容做了详细的介绍。虽然现阶段,在"双减"政策下,为了加强素质教育,许多学校已经开始重视劳动教育,也开展了劳动教育的实践活动,注重培养少先队员的劳动素养,但是目前少先队员劳动素养培育的现状还是存在许多问题的。

在家庭方面,受传统教育的影响,父母们重视智力教育,轻视劳动教育的现象仍然客观存在。一些家长依然认为劳动有贵贱之分,从事体力劳动比较低级,辛苦并且收益少,只希望自己的孩子能够从事智力劳动,认为智力劳动环境更优越,社会地位更高并且收益高。这样的环境造成了队员们更注重学习成绩的提高,忽略了劳动素养的培养。许多队员对于劳动的认识是不全面的,只认为是简单的劳动技能,简单的劳动示范。队员们对于劳动的执行力不够强,总是做表面功夫,做过就当做好。

因此,作为劳动教育"主战场"的学校,在"双减"政策下,如何发挥劳动教育的优势,进一步提升少先队员的劳动素养,更是起到了举足轻重的作用。学校要为少先队员拓宽实现劳动教育的道路,能够让学生在多种多样的活动中,感受到劳动的魅力,提升学生的劳动素养。

二、劳动教育的重要性

"双减"政策为劳动教育创新内容提供了新的思路。劳动教育不仅能加强学生的具体实践能力,而且能让学生在接受劳动教育的过程中形成劳动意识,热爱和认同劳动,对劳动教育工作有积极回应。

(一)劳动教育有助于队员的智力发展

教育家苏霍姆林斯基曾说:"劳动在智力发展中起着特别重要的作用。儿童的才智反映在他们的手指尖上。"父母们都知道从小就要培养孩子的精细动作,因为手指的协调与舒展有助于孩子的大脑发展。劳动能够锻炼到手指尖,手指尖牵动着大脑,有助于队员们智力的发展。劳动教育能够有效地将学习和劳动结合起来,帮助队员把握事物之间的关系,协调好学习和劳动的时间,促进队员认识自然与社会,积累生活经验,促进智力发展。

(二)劳动教育有利于队员的身心发展

小学阶段的少先队员正处于生长发育的关键时期,而劳动正是队员身心健康发展的重要保障。高尔基曾说:"劳动是世界上一切欢乐和一切美好事情的源泉。"劳动能促进队员们的肌体活动,锻炼队员们的呼吸、血液循环及新陈代谢等机能。队员们既能在劳动实践活动中学习到知识,还能锻炼到体魄。

在劳动的过程中,队员们能充分感受到自信心、责任感和意志力。得到劳动成果后,队员们能够更快地获得成就感和自我实现的满足感。当遇到问题和难题时,他们也能在实践活动中学会直面困难和挫折,塑造努力拼搏、积极乐观、坚持不懈的良好品质,获取劳动的力量,健康苗壮地成长。

三、劳动教育的实践

我校极其重视劳动教育的实施,专门在校园内开辟了一片菜地,充分挖掘其文化内涵和现实价值,与学校"启教育"相结合,将菜园命名为"启耕园",并进行全方位的拓展和延伸,让校园有了别具一格的田园风情。启耕园将少先队员们带出课堂,体验劳作之美。我们定期开展农业劳动实践,在劳动教育中推动"五育并举",让队员们在有趣的农耕劳动中收获成长。"启耕园"不仅提升了少先队员们的综合素养,也推动了学校的特色发展。

在 2023 年 3 月 21 日,春分时节里,学校"启耕园"开园了。四(4)中队开启自己的劳作和收获之旅,分别经历了准备、播种、管理、收获、讨论、制作、分享等过程。

(一) 准备

在"启耕园"中,四(4)树苗中队的菜园取名为"春田里",取了"春天里"的谐音,寓意着中队的菜园像春天一样生机勃发,收获满满。在牌子的背后,还有队员为其制作的菜园介绍。中队的"春田里"播种的是蔬菜,包括生菜、西兰花和甘蓝。每种菜都在树苗中队的每个队员和家长志愿者的精心呵护下茁壮成长。

(二) 播种

1. 播种知识

很多队员都在电脑上玩过"开心农场"的游戏,但是实际接触过蔬菜的却很少。因此当得知学校要开辟种菜基地,他们纷纷跃跃欲试,主动去了解种菜的步骤,以及各种菜苗到底长什么样子。队员们前期做了许多的功课,了解了各种常见蔬菜的品种、特色及生长习性,有的队员甚至将蔬菜的营养价值和保健价值都探究了个彻底。还有队员为"春田里"做了后续的规划,如要如何安排队员打理,要如何借助家长的力量和学校的帮助等。这些都是内驱力促使队员们做的事情,让知识的种子播种在了队员的心中,体现了劳动教育有助于队员智力发展的作用。

2. 播种菜苗

"启耕园"开播当天,队员们迫不及待进入菜园内,寻找菜地、领取菜苗、带上工具,开启了期待已久的农耕劳动。每一位队员都能种下至少一棵蔬菜苗。刚刚拿到蔬菜苗的队员就开始摩拳擦掌、跃跃欲试。大家认真倾听家长志愿者的经验传授,小心翼翼地种下了蔬菜苗。虽然挖土时力气不够大,但是通过不断努力,队员们给蔬菜苗挖出了一个个小坑,再缓慢放下菜苗,最后为菜苗盖上土。压实土后,队员们纷纷松了一口气,憧憬着以后收成能吃上自己亲手种的菜。

(三) 管理

蔬菜苗种下后,后期对于蔬菜的管理也是极为重要的,每一环节都需要精心照顾。因此,中队分成了五个小队来管理"春田里",一个小组负责一周,轮流进行并且记录。这样每位队员都能亲身体验拔草、锄地、浇水、施肥等所有种植环节。学校邀请了农耕专家,中队也聘请了擅长农耕的家长作为中队校外辅导员,为菜地"保驾护航",让队员们能够放心耕作,没有后顾之忧。

1. 拔草

有的草长得大或者由竹子长出,队员们用手就能拔。有的难除的草,队员们借助铲子进行根除。

2. 松土

菜地需要松土,队员们拿起了平时几乎不接触的锄头。但是需要教授队员们如何使用锄头后才能放心让他们使用,因此初期请了家长辅导员帮忙锄地。

3. 浇水

浇水是队员们最喜欢的劳作环节,比较简单,有成就感。但是由于过于简单,菜地会被队员反复浇水,使得菜根一直处于潮湿状态,结果三棵甘蓝苗夭折了。后来由专家帮忙,补种了甘蓝。

4. 施肥

科学合理的施肥不仅可以维持和提高土壤肥力,而且还能提高蔬菜苗的生长能力、改善农作物品质和增强抗逆性。队员们有的自己利用香蕉皮发酵制作肥料,有的是用现成肥料。在施肥的过程中需要注意不能将肥料灌溉在菜叶上。由于我们的菜品都是大叶子,并且叶子奄拉在地上,队员们施肥要更细心。

（四）收获

经过将近两个月的时间,蔬菜在队员和家长辅导员的悉心呵护下,成熟了。蔬菜的成熟,是队员们辛勤耕耘的写照。劳动的甘甜、躬耕的繁忙,丰收的画卷在春风吹拂中徐徐展开。在收成的那一刻,喜悦洋溢在队员的脸上,成了春日里别样的风光。

（五）制作

最先收成的是生菜。将生菜拿回教室后,队员们纷纷主动要求拿回各自种植的生菜进行制作。制作前大家一起讨论了生菜能做的食物。经过小组队员们的集思广益,商讨出了丰富的生菜菜品。大家准备制作生菜寿司、生菜三明治、生菜蔬菜饼、生菜手抓饼、汉堡包、蒜泥生菜、蚝油生菜等。

于是,队员们将种出来的生菜拿回家,在家长的指导下进行洗、切、煎、炒等步骤,每个动作都显得专业娴熟、游刃有余。一道道精致的生菜美食就这样从队员的手中诞生了。

（六）分享

队员们纷纷拿着各自的美食来到教室,当看到这些色、香、味俱全的美食时,队员们都纷纷发出了感叹声。从队员们的笑容中就能看出,大家对于自己种的菜、制作的美食感到非常满意,内心的成就感满满。

生菜不"生",它是热气腾腾的,它让教育务实而有温度。接下来,我们将更积极地在"启耕园"劳作,让劳动教育在成长的"土壤"里扎根萌芽、开花结果。

四、劳动教育的成效和反思

（一）少先队员劳动教育成效

通过在"启耕园"的辛勤劳作,队员们认识到了以前只能在餐桌上才能见到的蔬菜,原来从播种到发芽、成长、成熟,是那么的来之不易。在"粒粒皆辛苦"的实践活动中,队员们似乎一下子就长大了,懂得了要珍惜劳动成果,逐渐养成了在餐桌上要节约粮食的好习惯,随后在学校用餐的光盘率都有所提高。队员们在蔬菜种植活动中的变化让家长和辅导员都很感慨。

"春田里"劳动教育体验活动,弘扬了劳动美德,锤炼了劳动技能,增长了劳动智慧,促进了队员的全面健康成长。

在劳动的过程中,因为是分小队行动的,队员们格外珍惜每一次机会。在小队共同种菜的过程中,队员能够互帮互助,交流总结。队员们的实践操作能力在劳动的过程中慢慢培养了起来,他们在"春田里"学习、探究,在综合拓展活动中提升素质、获取真知。

队员们不仅能调动自身的劳动积极性,发展自身的兴趣和才能,完善自身的能力,还能从中体悟到劳动者的可敬之处,学会尊重每一行业的劳动者。

(二) 反思

生菜是第一个成熟的。由于生菜容易长成,所以队员们会有"种菜挺容易"的心态。此外,由于中队离菜园距离较远,又处于三楼,因此每一次的耕种活动都是辅导员通知了才去,队员们没有主动意识,不会主动去观察蔬菜到底生长到了什么程度。

中队辅导员的耕种知识还需要补充。大部分情况都是由学校推进、家长辅导员帮忙,提供意见和建议。比如,在"五一"期间,生菜生虫了,还好家长辅导员有着丰富的经验,带领部分队员小心翼翼地给生菜抓虫,不然"五一"过后生菜很可能还不能收成。因此,中队辅导员也要加强实践思考,加强过程性指导。

(三) 期望

1. 后期"春田里"的劳作设想

生菜是比较好耕种的,但菜园里还有西蓝花和甘蓝两种蔬菜需要继续耕作,需要队员更深入了解西蓝花和甘蓝的习性,继续施肥、管理、采收。中队辅导员和队员对于专业的劳作工具要熟练使用,可以配置药水桶,让队员背在身上进行施肥或杀虫,要注意施肥桶和浇水桶需要分开摆放。

2. "春田里"劳动教育的多元设计

将近两个月的耕作时间里,劳动教育对于队员们的劳动能力影响更大,但还没有很好地发展队员的其他能力。因此要通过劳动教育更好地衍生拓展出队员们其他方面的学习技能与能力发展。

社团开展活动的方式可以与语文、数学、英语、美术、自然等学科结合,并且辐射至全校课程,丰富学科教学的内容和形式。对于语文学科,可让队员们坚持写"种植日记",这样可以为队员们在写作时提供丰富的写作素材,培养队员们细致观察的习惯和细腻丰富的情感。对于数学学科,四年级的队员已经学习过统计,可以开展统计活动,为更好地种植蔬菜提供有效的数据。英语学科可以学习关于蔬菜的单词,队员们以补充的形式说出蔬菜的英文,看谁说得多;也可以在走廊的墙上贴出蔬菜的英文名称,增加学生的词汇量和学习兴趣。对于美术学科,可以到"春田里"上写生课,记录蔬菜的成长过程,最终将成品按照生长过程贴出,精彩亮相。对于自然学科,可以让队员利用摄影的形式记录蔬菜生长过程,通过网络、书本查阅资料,探究蔬菜的习性,最终制作成"自然笔记"。

社团还可以通过项目化学习的方式设计与实施"春田里"劳动实践活动。当劳动教育借助跨学科与项目化学习取得综合成效时,我们可以将劳作中的五育融合等综合实践进行项目化学习的展示。

参考文献:

[1] 赵秀祯."双减"视野下加强小学生劳动教育实践研究[J].大连教育学院学报,2022,38(2).

[2] 董静.实践中体验 活动中发展——关注小学生劳动意识的培养[J].教育界,2022(31).

[3] 余卫."开心菜园":在城市学校"种植"田园课程[J].中小学管理,2013(12).

小学低学段道德与法治课程中生命安全与健康教育的实施策略研究

上海市浦东新区盐仓小学　　郁燕红

【摘　要】　教师在日常生命安全与健康教育教学中应当促进学生身心健康成长,帮助学生理解生命安全的意义和价值,学会尊重生命、珍爱生命,引导学生正确看待生活中的生命安全教育问题,使学生树立安全第一的思想,提高自我保护意识。教师要探讨采取有效措施在道德与法治教学中渗透生命安全与健康教育,帮助学生健康安全地成长。

【关键词】　道德与法治　生命安全　健康教育

一、小学道德与法治学科中生命安全与健康教育的含义与意义

(一) 生命安全与健康教育

生命安全与健康教育就是使人认知生命、欣赏生命、爱护生命,进而探究生命的意义,正确看待人与自然的关系,同时能够积极面对生命中的困难坎坷,树立正确健康的生命观和价值观,并且在生活中学会感恩,给未来的生活指引健康积极的方向,实现生命的价值。

(二) 小学道德与法治学科中的生命安全与健康教育

在小学道德与法治课堂教学中渗透生命安全与健康教育,使学生树立安全第一的思想,尊重生命、珍惜生命,提高自我保护意识;理解安全的重要意义,认识道路交通标志,掌握报警的基本常识;能够识别公共环境中的安全标识,安全有序使用和爱护公共设施;学会发现和识别身边的安全隐患,

保护自己;学会用适当的方式化解自己的消极情绪;养成良好的饮食和个人卫生习惯。

生命安全与健康教育主题相关内容不仅包括人类自身的生命,还包括自然界中的其他生命,因此爱护家庭、学校和公共环境卫生,保护环境、节约资源等都是学生的生命安全与健康教育内容。

(三) 在小学开展生命安全与健康教育的意义

在小学教育阶段,发挥心理健康教育在立德树人目标下的积极作用,对于构建安全校园、开展生命教育、疏导和干预学生各种心理或情绪问题具有重要意义。在道德与法治教育中渗透生命安全与健康教育,一方面更容易让学生接受和理解;另一方面对促进小学生身心健康发展有着不可忽视的作用。生命安全与健康教育有利于培养学生自尊自信、理性平和、积极向上、友爱互助等素养,有助于他们正确认识自我,养成积极的心理品质和健康的生活态度,提高适应社会、应对挫折的能力。

二、小学道德与法治课程中生命安全与健康教育的现状分析

一方面,缤纷多彩的生活世界,高科技的现代社会,学生接触到的社会化活动形式逐渐增多,娱乐内容不断丰富,好奇心不断加重,使得其成长中的安全风险与潜在隐患也随之增加。究其原因,是因为低学段小学生没有形成正确的安全意识,生命安全与健康教育知识比较薄弱。

另一方面,小学低学段道德与法治课程是与学生实际生活息息相关的课程。在教学过程中,生命安全与健康教育内容仅仅以课本内容为主,缺少生活化的实际应用,缺少多样性的教学活动设计,教师只注重知识的传授,教学方式过于单调乏陈,学生学习起来较为被动,学习积极性不高,教学有效性逐渐降低。

三、小学道德与法治课程中生命安全与健康教育的实施策略

实践活动作为道德形成的根基,决定了本课程必须强化实践育人。学生在活动中创造自己的生活,也在活动中学会生活。本课程的呈现形态主要是学生参与各种主题活动、游戏或其他实践活动,在体验、探究和解决问

题的过程中,形成正确的生命观,实现健康发展。

在道德与法治课程教学中,尽量不要将其作为单一的课程"孤立"起来,而是充分挖掘各学科中关于生命安全与健康教育的内容,然后与道德与法治课程中的相关内容整合起来,形成生命安全与健康教育内容体系。教师还可引进一些生活化、贴近学生生活实际的生命安全与健康教育案例,作为课堂教学例子展示给学生,进而丰富生命安全与健康教育内容。

(一) 生活化教学

生活化教学就是要"回归生活",这也体现了本课程在基本理念上的变革。新课标中的课程理念提出:以社会发展和学生生活为基础,构建综合性课程。坚持学科逻辑与生活逻辑相统一,主题学习与学生生活相结合。在分析教材的基础上,不断形成系统的道德与法治知识框架,渗透生命安全与健康教育的内涵。在教学时,将两者进行有机整合,使学生在学习相关知识后,强化自身认识。

1. 教师创设生活情境

在教学《吃饭有讲究》这节课时,讲到"七步洗手法",单纯用文字和图片讲解"一搓手掌,二洗手背,三擦指缝,四扭指背,五转大弯,六揉指尖,七转手腕",对于一年级的学生来讲相对难以理解。但是如果围绕生活案例对比分析,创设饭前要洗手的生活情境:课前教师准备好一盆干净的水,肥皂或者洗手液和一条毛巾或者一张餐巾纸,课上让学生自己演示如何洗手才干净,让其他学生自己判断演示的对错,这样更容易让学生印象深刻,养成良好的饮食和个人卫生习惯。

2. 学生设计生活情境

在现有课程的基础上,结合日常生活事例,教导学生要遵守交通法规,珍爱生命。例如,在教学《上学路上》这节课时,让学生自主设计生活情境,列举生活中不遵守交通规则而引发的交通事故案例,如行人不走斑马线、不按照指示灯过马路,导致危害自身生命安全且影响正常交通秩序;乘机动车时不系安全带或者骑电动车时不戴头盔的行为,在出现交通意外时会增加自身的安全风险。通过让学生自主设计这样的生活情境,从而让学生学会保护自己,珍惜生命。

（二）活动化教学

课程设计注重活动性，以学生活动构建内容体系。结合当前小学道德与法治课堂教学现状，课程设计增加体验、调查、小组讨论等活动环节，调动学生学习的动力，提高学生的生命意识，进一步提升生命安全与健康教育的有效性。

1. 体验性活动

在教学《我们的校园》这一课时，正好遇上学校的安全消防演练，学校邀请消防员到校园给学生普及一些生活中的消防知识，包括学生不得玩火，不可以随身携带打火机等；打扫卫生时，要将枯枝落叶等垃圾送到垃圾场，不要采取点火烧掉的方式；发生火灾后不要乘坐电梯，要通过安全通道，俯身靠墙迅速移动到安全空间等。

除了普及消防知识，还有用灭火器灭火的体验。这种体验性的活动，不仅普及了消防安全知识，而且还可以提高学生消防安全知识的掌握水平，同时提醒学生在平时的生活和学习中，要注意周围环境的安全，提高防范意识，珍惜自己和他人的生命安全，体会到健康的身体对成长的重要性。

2. 调查性活动

在教学《上学路上》这节课时，组织学生开展"寻找安全标志"的调查活动，采用"看—写—画"方式填写调查记录表，然后进行小组讨论，并在班级里进行调查结果汇报。通过这种调查活动，让学生观察道路交通标志，熟悉并识记常见的交通标志，识别交通信号灯，了解其意义及不同颜色所代表的含义。

（三）有趣化教学

有趣化教学就是要多样化应用多媒体教学设备资源，在课堂上通过儿歌、游戏、绘本，借助音频、视频、图片，营造轻松愉快的学习氛围，激发学生的学习热情，从而实现有效性教学。

1. 以儿歌为趣

儿歌篇幅短小，内容浅显，可以将枯燥的文字变得更有童趣性。巧用教材中的儿歌有助于达成教学目标，教师也可以自己根据教学内容巧编儿歌。在教学《别伤着自己》这节课时，教师根据书本上迷宫棋的内容编成一首儿歌:"居家生活要安全,危险情况要避免。大人物品别轻动,湿手不摸电开关,剪刀用好不乱放,玻璃碎片小心捡,捉迷藏要选地点,遇到困难会求助。"

2. 以游戏为乐

以《安全地玩》这一课为例,教师先组织学生在教室里玩捉迷藏的游戏,用他们喜欢玩的游戏作为切入点,再引入本课中《捉迷藏》的故事,结合刚刚玩游戏时的体验,拓展各种捉迷藏的环境,如校园、公园、野外、家里等,让学生根据不同环境选择自己的藏身处,并让同桌进行点评,深化不同环境下的游戏安全隐患。这样的游戏环节使学生感到快乐,并在快乐中不断增强了学生的安全意识。

3. 以绘本识理

教材中的绘本生动有趣,让抽象的道理具体化,让学生能够读懂故事、读懂道理。以《学做"快乐鸟"》中的绘本故事《蜗牛与寄居蟹》为例,故事讲述蜗牛与寄居蟹通过换位思考,解决了各自的烦恼,重新变得开心的故事。第一步,用多媒体播放视频《蜗牛与寄居蟹》的故事,目的是激发学生读故事的兴趣,再回到课文,组织学生读故事,即读懂故事。第二步,利用多媒体设备展示《蜗牛与寄居蟹》的背景图片,通过图片提示,降低角色扮演的难度,让学生演故事,即读懂道理。在学生读懂故事的基础上,通过角色扮演,让学生了解到换个角度思考问题,就有可能找到解决烦恼的办法,使故事中的道理寓于生活之中,寓于行为之中,引导学生深入理解课题,读懂道理,以形成乐观积极向上的生活态度。

四、结语

在小学道德与法治教学中开展生命安全与健康教育非常重要。教师应当结合现阶段学生的身心发展特点,全面渗透生命安全与健康教育,结合教材内容加强社会实践活动,及时关注学生的情绪变化,使学生健康安全地成长。

参考文献:

[1]　顾世如. 中小学安全教育的内容与实施[J]. 教学与管理,2013(13).

〔2〕 徐文闻,马治国.生命安全素养的基本构成要素、形成路径及教育建议[J].教育科学,
2013,29(1).

〔3〕 万茜.论如何将小学道德与法制教育回归生活[J].才智,2020(10).

〔4〕 张小艳.小学《道德与法治》教学中的安全教育策略[J].华夏教师,2017(23).

第二章

减负提质·绿色课堂

小学数学课堂情境式教学研究

上海市浦东新区观澜小学　贾莉莉

【摘　要】　数学新课标要求教师在教学活动中应关注培养学生的数学思维能力和解决实际问题的能力。为了充分发挥学生在学习活动中的主体作用,有效提升学生的数学核心素养,倡导教师采取情境式教学法开展教学活动。本文以核心素养为导向,探讨了多种情境的不同用法,培养学生在不同情形下进行情境式学习的实践能力。

【关键词】　数学核心素养　情境式教学　新课标

数学的学科特点是具有抽象性。小学生年龄小,阅历不够深,在认知方面具有一定的局限性,数学学习对他们来说是比较枯燥生涩的。那么如何用一种小学生能接受并理解的方式来学习数学呢? 情境式教学就是一种非常有效的方法。在数学课堂教学过程中,根据具体场景,教师可以选择不同的情境和呈现方式,营造生动活泼的课堂学习氛围,调动学生的学习积极性,激发学生的求知欲,让其更好地掌握知识,以达到提升学生数学核心素养的目的。

一、情境式教学对提高数学素养的价值意蕴

(一) 提供有效的问题切入点

在进行一些比较复杂、难理解的知识的教学时,教师可以将问题与学生生活中熟悉的场景或事物联系起来,帮助学生找到问题分析的切入点,把生涩难懂的数学问题转化为生活化的体验,将问题简单化,提升学生的思考能

力和学习能力。

（二）有效激发学习兴趣

枯燥难懂的数学知识对低年级的小学生来说不容易掌握，更容易产生倦怠心理，所以，教师需要多动脑筋，创造有趣的情境，以学生感兴趣的方式，比如借用动画或者游戏来展开教学。教师可以运用丰富的教学资源，将教学内容故事化，把复杂的问题变简单，把抽象的问题变得生活化，营造一个更有趣的数学课堂，从而激发学生的学习兴趣。

（三）培养良好的数学思维方式

在我们所熟悉的教学活动中，教师与学生往往并没有太多的良性互动，学生对知识的接收是机械化的，没有"质疑—探索—答疑—理解"这样一个探究性过程，这对学生养成良好的学习习惯和思维方式很不利，学生对问题的认知也会受到阻碍。而运用情境式教学可以为学生创设极大的发散性思维空间，让学生打开思路，大胆设想，主动质疑，从而加深对知识的理解。

二、情境式教学的运用原则

（一）创设情境要切合生活实际

小学生在日常生活中通过自己的生活实践，对于一些简单的数学知识已经有了一定的积累，教师可以将学生已具备的这些生活中的数学体验转移到课堂学习中来，以此对学生进行更深入的学习指导。比如在《时、分、秒》这一课的教学中，有的教师想以学生的日常生活作息创设场景，但设计出了"上午9时起床""中午12时上数学课""下午1时放学"等场景，明显不符合绝大多数小学生的生活实际，学生也会产生怀疑，这样脱离生活实际的情境创设就无法达到帮助学生理解数学知识的目的。教师应尽量利用身边常见的生活场景，帮助学生达到良好的学习效果。

（二）情境创设要符合学生年龄特点

教师在创设情境时需要考虑到不同年龄学生的认知特点，创设符合他们认知的合适的情境帮助他们开展学习。创设情境的目的归根到底是帮助学生更好地理解知识。例如，在教学《长方体和正方体》一课时，低年级的学生对长方体和正方体的概念是模糊的,所以在课前准备阶段,教师可以让学生先在家中找一些长方体和正方体的物品,再动手摸一摸,观察并感受它们的特点。而对于高年级学生来说,他们已经在之前的学习活动中学过相关知识,并积累了一定的生活经验,所以这种情况下就不该只创设浅显的表面化情境,而是要给学生多一些抽象思维方面的思考。

（三）情境的呈现方式要多元化

不同的情境可以通过不同的方式呈现给学生,比如在《加进来减出去》的教学中,教师可以创设一个表演情境,抽取几位学生扮演司机和乘客,模拟平时乘车的场景,几人上车就是加进去几人,几人下车就是减出去几人,既生动又形象。又比如《认识钟表》这一课,教师可以将时针、分针化作钟表王国中的国王和侍卫,以动画的形式呈现给学生钟表的相关知识。对于学生来说,通过动画学到的知识可比老师嘴里直接讲出来的有趣多了,知识也变得更容易接受了。这样的处理方式增加了数学学习的趣味性,增强了学生的学习兴趣。

三、情境式教学在数学课堂中的应用

（一）创设生活情境,激发数学兴趣

数学知识存在于生活的方方面面,教师要善于运用生活中的点滴细节,选择学生熟悉的真实生活场景创设情境,既能锻炼学生独立思考问题的能力,又能帮助学生更好地内化所学的数学知识。

1. 提供学生熟悉且感兴趣的生活情境

在《两位数加两位数》这节课的教学中,笔者结合学生们感兴趣的秋游主题,创设了一个去动物园游玩的生活化情境。上课伊始,笔者开门见山:"小朋友们,今天天气真好,我们一起去动物园玩好吗?"紧接着又提出:"学校租了两辆车,每辆车可坐 53 人,一年级共有 4 个班级,每个班分别有 26 人、27人、25 人、28 人,请你合理安排,保证 4 个班级的学生都能坐到车。"问题抛出后,学生们的求知欲瞬间被激发,课堂的气氛一下子活跃了起来。教师趁热打铁引入本课学习内容"两位数加两位数",学生自然而然地融入了高效又愉快的学习之中,增强了学生的探究体验,提升了学生的核心素养。

2. 提供符合时代特色的生活情境

目前所使用的教材,有些内容距离学生的现实生活比较遥远,比如一分硬币、两分纸币。现在,已经很难见到一分、两分的人民币了,生活中也基本不会使用,所以在创设情境时,尽量不要选这种不常见的情境,可以选择一些与现代科技生活等息息相关的、具有时代意义的数学教学素材给学生做自主探究。比如,了解手机支付、了解各种商品的价格,再整理自己收集的资料汇编成一道道数学问题。这样新颖的方式不仅让学生感觉很新鲜、很有意思,同时也锻炼了学生整理归纳、解决实际问题的能力。

(二) 创设游戏情境,唤醒数学思维

小学生年龄尚小,天性爱玩。教师可以利用这个特性,为学生创设有趣的游戏情境或故事情境,保证学生的注意力时刻集中在课堂教学中。以"倍"的知识点教学为例,教师可以为学生创设"找倍数好朋友"的游戏。请若干学生上台,分别代表数字 2、3、5、6、8、9、10、15、24、36,当教师喊出"2 的倍数朋友在哪里?"时,代表数字 2、6、8、10、24、36 的学生就要拥抱在一起。游戏可以有多轮,找错"朋友"的被淘汰。再比如,教学"小数"的相关知识时,教师可以创设一个生活中常见的超市购物的情境。让学生扮演顾客,根据小票计算出商品的总价;也可以让学生扮演收银员,对购物小票进行补充。学生在这样的游戏活动中学习"小数的加法和乘法"的相关知识。小学生的竞争意识很强,谁也不想落后于人,游戏竞争促使学生不断思考,输出答案,实现"学中玩,玩中学",有效调动了学生的学习能动性,达到了事半功倍的课堂学习效果。

(三) 创设问题情境,鼓励主动思考

情境的创设要包含相关的数学问题,并以此为基础展开教学。有效的情境式教学一定是包含有价值、有意义的数学问题的。在教学过程中,教师要引导学生根据给出的情境提出多样的、高质量的数学问题,以此达到举一反三、融会贯通的目的。要做到这一点,教师就要有意识地营造一个轻松舒适的课堂氛围,建立良好的师生关系,鼓励学生思考。同时,教师也要学会包容不同的意见,允许学生发表各种不同的看法,鼓励学生尽情发散思维,从多个角度去思考问题。例如,笔者在教学"角"的有关知识时,让学生找找生活中的"角"。有学生提问："量角器的底边和圆弧是否也形成了一个角？"很明显，答案是否定的，笔者借机让学生再次阐述"角"的特点。学生通过自己提问、自己解答，体会到学习的快乐，获得了满足感，锻炼了数学思维，也进一步加深了对知识的理解。

（四）创设矛盾情境，点燃求知欲望

在传统教学活动中，学生往往只会按照教师既定的思维思考问题，缺乏独立思考，长此以往，思维方式将会有很大的局限性。为了有效提高学生的数学思维水平，教师可以创设矛盾情境，为学生制造数学问题中的矛盾，让学生对自己的认知产生怀疑，在不断探索的过程中得到新的观点和答案。思维的火花不断迸发，思维能力也得到有效的提升。以《乘法分配律》的教学为例，教师先不要告知学生不适用"乘法分配律"的情况，先让学生说说"乘法分配律"的性质，以及思考"如何用乘法分配律对算式 $25 \times 18 + 5 \times 18$ 进行简便运算"，让学生进行充分的练习。学生可以熟练地运用"乘法分配律"，很快得出" $25 \times 18 + 5 \times 18 = (25 + 5) \times 18 = 30 \times 18 = 540$ "。然后教师提问："如果题目改成 $25 \times 18 \times 5 \times 18$ ，是否也能按照乘法分配的性质来简便计算呢？"绝大部分学生应声附和，然而在验算的过程中学生就会发现计算结果并不正确。这时学生提出疑问："为什么乘法分配律在乘法中不适用呢？那么除法呢？"经过实践，发现结论与实际计算相矛盾。对于学生的不同疑问，教师应先给予肯定，再帮助学生分析错误的原因。通过这种方式，学生对这类问题的印象再次加深，避免了今后也犯同样的错误，进一步强化了学生的数学思维能力。

（五）创设实践情境，锻炼操作能力

在教学过程中，为了提高学生的课堂参与度，教师可以创设实践操作情境，给学生充足的思考和操作的时间，尽量让学生通过思考、讨论、操作发现数学规律，感受数学学习的成就感。以《长方体的表面积》这一课的教学为例，教师可以选择学生最喜欢的送生日礼物作为教学情境，抛出问题："小丁想亲手包一份生日礼物送给好朋友小巧，他量出礼物的包装盒长 30 cm，宽 20 cm，高 10 cm，一张包装纸的规格是 1 m×0.5 m，请问他买一张包装纸够吗？"问题一出，立马激发起了学生的兴趣，通过小组讨论、动手实践，发现包装礼物,要先测量出礼盒的长、宽、高,算出每个面的面积,再将这六个面的面积之和求出来——这一个过程其实就是在计算长方体的表面积。以此便可顺其自然地引出课题《长方体的表面积》。整个过程教师只是稍作引导,本课的知识全部由学生自己实践操作得出,学生会体会到数学知识蕴含在生活的方方面面,学好数学能解决生活中很多的实际问题。学生的能力得到了锻炼,综合素养得到了提升。

四、情境式教学在课堂中应用的思考

(一)情境式教学不是单纯为了"热闹"

运用情境式教学的课堂,气氛轻松活跃,但同时也带来了课堂纪律混乱的弊端。有趣的情境虽然能拉近知识与学生之间的距离,但也导致学生忽视纪律问题,因此,教师应该提高自身的课堂把控能力,管理好课堂秩序,可以在情境式教学之中穿插师生互动,通过提出教学问题来把控课堂纪律,使课堂氛围活跃而不混乱。

(二)及时评价以得到情境式教学的反馈

教师要及时做好评价工作,对学生进行全面公正的鼓励性评价,让学生在得到老师正面激励的同时,认识到自己的不足之处,从而实现数学核心素养和综合能力水平的提升。

参考文献:

[1] 张元勋.创设课堂情境,激活数学思维——浅谈小学数学情境教学[J].学周刊,2016(24).

[2] 林招娣.创设问题情境,激活学生数学思维——对小学数学教学问题情境创设的研究[J].新课程(小学),2013(6).

[3] 董杰.基于新课程理念下的小学数学情境教学的探讨[J].学周刊,2016(10).

[4] 邱惠君.探讨创设小学数学教学情境的有效策略[J].魅力中国,2019(24).

[5] 单祥华.小学数学教学中创设情境的有效策略[J].考试周刊,2016(70).

在运算定律(结合律)的探究中
培养学生的模型思想

上海市浦东新区观澜小学　朱怡玲

【摘　要】　随着时代的发展,教育的改革,数学建模的地位在数学学习中被提到了一个新的高度,通过数学建模能有效提高学生的综合素质。为此,本文从模型思想的含义、培养模型思想的意义、运算定律时存在的问题出发,对学生模型思想的培养进行分析研究。在小学数学教育中,培养学生的模型思想具有重要意义。建模思想应该渗透在教学的各个环节之中,以此引导学生自主思考、自主探究和创新,为培养具有创新意识和创新能力的未来人才打下坚实的基础。

【关键词】　数学模型　运算定律　解决问题　抽象思维

一、问题的提出

(一) 什么是数学模型

王永春老师指出,数学模型是运用数学的语言和工具,对现实世界的一些信息进行适当的简化,经过推理和运算,对相应的数据进行分析、预算、决策和控制,并且要经过实践的检验的一种模型。我们小学阶段学习的数学概念、运算定律、图形的周长、面积、体积等公式等都属于数学模型。如《运算定律(结合律)》是上教版数学四年级上学期的教学内容,教材上运用了多种数学模型来呈现运算定律。第一种运用数学语言模型来进行描述,“三个数相加,先把前两个数相加,再加上第三个数,或者先把后两个数相加,再和第一个数相加,它们的和不变。这叫作加法结合律";第二种运用字母模型"(a+b)+c=a+(b+c)";第三种运用符号模型"(○+▲)+★=○+(▲+★)"。可见,数学模型常见于数学语言、数学符号、字母、图形、等量关系等,它不但具有精确性也具有简洁直观性。

(二) 为什么要培养模型思想

课程标准中阐述,"教师应重视数学与现实生活的联系。选择具有广泛应用性的数学知识充实课程内容,开发实践环节;展现数学抽象、推理、应用的完整过程,突出数学模型思想",要"加强数学与实际的联系,重视数学模型及其应用,重视学生对数学建模、求解和解释的全过程的体验;增强学生的体验性学习和研究性学习活动"。这就要求数学教师在课堂上教授课本知识的过程中要有意建立数学模型,培养学生自主建立数学模型的思维和能力。

数学模型在当今市场经济和信息化社会已经有比较广泛的应用。因而,模型思想在数学思想方法中有非常重要的地位,在数学教育领域也应该有它的一席之地。

随着时代的发展、教育的改革,数学建模的地位在数学学习中被提到了一个新的高度。数学建模能有效提高学生的综合素质,学生在学习建模的过程中能深切感受到数学模型就在我们的生活中,感受到数学是解决实际问题的有力工具,从而有效激发学生的学习主动性,为学生今后的学习、工作等发展奠定基础。

(三) 探究运算定律的数学建模时存在的问题

1. 师生对于建模关注度不足

在学习运算定律(结合律)的过程中,一般是教师从具体情境出发,举出应用了结合律的实例,进行解释和小结,学生要记忆数学语言的表述以及字母的表达式,并学会判断和运用结合律。这样的教学模式往往忽略了在教学过程中数学模型的应用,学生无从得知如何在这个知识点中建立数学模型。

2. 师生有关注,但建模体验感较差

数学建模是一种数学中的思想方法,并不是利用一两堂课的时间便可让学生理解和掌握的,需要教师在平日教学中循序渐进,让这种思考方式植根学生心里。例如,学习结合律时,"加法结合律"可师生共同建模,"乘法结合律"由学生模仿进行建模,不需要给学生提供明确的解决问题的方案,而要让学生自主进行尝试,进行数学建模。虽然师生对建模有了关注度,但因时间或是环境的局限,仅有部分学生体验了建模的过程,实际体验感不强烈。

此外,对于小学课堂而言,数学模型的建构较为单一,多为重复的强化行为,数学模型的应用有一定的局限性,显得生硬又单调。

二、培养学生的模型思想的一般步骤

(一) 建立模型准备阶段

1. 创造情境,引出问题

课程标准明确指出,要让学生对数学有好奇心与求知欲。在《运算定律(结合律)》一课教学时,笔者考虑到四年级学生的年龄特征,结合学生熟悉的问题情境,从学生息息相关的学校中草药兴趣小组出发,引发学生们的好奇心,联系实际校园生活,出示中草药兴趣小组的人数统计情况并提出问题:"北校一共有几人报名参加?"

表1　报名参加中草药兴趣小组的人数统计情况

学校	北　　校			南　　校		
年级	三年级	四年级	五年级	三年级	四年级	五年级
人数(人)	7	19	21	5	18	12

为学生创设一个贴近生活、和谐宽松的学习情境,能有效激发学生的学习兴趣,让学生更容易投入课堂中,也会自然而然地进入学习状态。

2. 师生合作,共同建模

学生根据问题,进行列式计算,学生得出算式:$(7+19)+21=7+(19+21)$以及$(5+18)+12=5+(18+12)$。学生通过比较运算顺序、计算结果,初步感知在改变运算顺序时,计算结果并不会发生改变。此时,笔者引导学生利用字母进行数学建模,得到加法结合律的字母表达式是"$(a+b)+c=a+(b+c)$"。学生有了数学建模的初步思想,便可引导学生运用数学语言进行表述得到"三个数相加,先把前两个数相加,再加上第三个数,或者先把后两个数相加,再和第一个数相加,它们的和不变。这叫作加法结合律"。

通过上述师生合作,学生对于加法结合律的多种数学模型有了认识和理解,在这一过程中,学生的数学思想有了一个质的飞跃。

(二) 建立数学模型阶段

通过学习加法结合律,学生可以进行联想:乘法是否也有结合律? 以问题为导向,学生运用加法结合律的建模经验进行自主探究并获取数学模型,通过小组合作建模,完成学习活动。

乘法是否有结合律?

(1) 猜想乘法有没有结合律? 有的话用文字表述。

　　(　　　),先把(　　　),再(　　　),

　　或者先把(　　　),再和(　　　),它们的(　　　)不变。

(2) 验证:(＿＿×＿＿)×＿＿ ＝ ＿＿×(＿＿×＿＿)

学生通过猜想、验证的过程得到乘法有结合律。依据加法结合律的模型得到乘法结合律的数学语言表述是:"三个数相乘,先把前两个数相乘,再乘第三个数,或者先把后两个数相乘,再和第一个数相乘,它们的积不变。这叫作乘法结合律";利用字母进行数学建模得到"$(a×b)×c=a×(b×c)$"。

(三) 应用数学模型阶段

1. 运用模型,应用拓展

数学模型的最终目的是用来解决实际生活中的数学问题,学生在此过程中才能真实体会到数学模型的应用价值。在学习《运算定律(结合律)》这一课时,当学生把加法结合律和乘法结合律这两个数学模型抽象出来后,笔者紧接着让学生进行实际问题的解决。

观澜小学有 82 个班级,平均每班有 40 位学生,学校为每位学生准备了 5 克蒲公英种子,学校一共需要准备多少克蒲公英种子?

通过前期数学模型的构建，大部分学生会得到算式：$82×40×5＝82×(40×5)$，通过应用学生体会到了运用模型可以使应用迎刃而解，会使我们的计算更简便。

2. 变化比较，升华模型

只有亲身经历建模的过程和运用模型解决实际问题的完整过程后，学生对于模型的理解和应用才会透彻。学生对于三个数的"加"和"乘"的结合律这个概念理解后，教师便可将模型进行升华，提出下一个问题，巧算：$(8＋8＋8＋8)×25×125$。通过实践教学，学生通过观察、计算及比较得出，结合律的相关模型不受加数或者是因数的个数影响，自主升华再次得到模型。至此，本堂课较好地培养了学生的数学模型思想。

三、培养学生的模型思想的关注点

（一）模型抽象的过程中实例尽可能丰富

小学生是一群充满好奇心和想象力的孩子，他们在学习抽象概念时，通常倾向于通过实际情境和丰富多彩的实例来理解和掌握知识。

笔者以一个有趣的例子来说明结合律在实际情境中的应用。假设有一群小朋友在进行篮球比赛，他们想通过结合律来探讨不同球员投篮的顺序对最终得分的影响。教师可以让学生们观察不同球员投篮的顺序所产生的结果。首先，让我们考虑三个球员：小明、小红和小华。小明投篮得分为 5 分，小红得分为 3 分，小华得分为 2 分。按照结合律，无论是小明先投篮，小红再投篮，最后小华投篮，还是小红先投篮，小华再投篮，最后小明投篮，最终得分都是一样的。这是因为结合律告诉我们，无论是哪个球员先投篮，最终得分都不会改变。

通过这个实例，学生们可以直观地理解结合律的概念。无论是篮球比赛中的投篮顺序，还是数学计算中的操作顺序，只要操作相同，最终的结果都是一样的。在教学中，通过将抽象的数学概念与实际生活中的情境相联系，教师可以引导学生更深入地理解和应用结合律。这种教学方式不仅能够激发学生的兴趣，还能够帮助他们建立起对数学的实际应用的认知。

因此，在抽象模型的建立过程中，教师需要积极引导学生关注实际情境,实例的内容尽可能丰富多彩,以更好地激发学生的兴趣并帮助学生更好地理解抽象概念。

（二）模型建立的时机不宜过早

抽象概括能力是数学建模的关键能力,但小学生的抽象能力还处于快速发展的阶段,在数学建模过程中教师应该采取循序渐进的方法来帮助学生逐步形成概念和发现规律,才能继续得到最终的数学模型。

首先,教师可以通过具体的实例引导学生进行探究和发现。例如,在解决加法问题时,教师可以给学生一些具体的情境,让学生通过实际操作和观察来找出解决问题的方法和规律。

其次,教师应该注重培养学生的独立思考和解决问题的能力。在引导学生进行模型抽象的过程中,教师可以提出一些启发性的问题,让学生思考如何将实际问题转化为数学模型,并鼓励他们尝试不同的解决方法和策略。通过这样的方式,逐渐培养学生独立思考和解决问题的能力。

最后,教师还应该关注提升学生的数学思维水平。可以通过多样化的练习和任务,让学生在不同的情境下运用数学知识进行建模和解决问题。同时,教师要及时给予学生反馈和指导,帮助他们发现问题解决过程中的错误或不足之处,进一步提升他们的数学思维水平。

总之,模型的抽象过程是一个关键而复杂的过程,教师在教学中需要重视实例的丰富性,注重循序渐进,帮助学生逐步理解和掌握抽象概念,并在实践中将所学知识应用于解决实际问题。

四、小结

在小学数学教学中,培养学生的数学建模思想非常重要。教师应该引导学生从生活中真实的问题出发,鼓励学生提出自己的问题和想法。在学生提出问题和猜想的基础上,教师可以引导学生运用所学知识和技能对数学模型进行修正和完善,让学生得到实际的操作和应用体验,进一步加深对数学建模的认识和理解。

此外,教师应该注重在教学中培养学生探索问题和解决问题的能力。在学生进行数学建模的过程中,教师应该引导学生主动思考、自主探索、自我反思,并在学生遇到问题时及时给予支持和指导,让学生从实际问题中发现解决问题的方法和技巧。教师应该加强数学建模的实际应用,结合实际案例和问题,帮助学生深刻地认识到数学建模在解决实际问题中的重要性和实用性,有效提升学生的数学素养。

巧用图示促学生数学思维发展

上海市浦东新区观澜小学　杜宏杰

【摘　要】　小学阶段的学生,思维处在直观形象思维向抽象逻辑思维过渡阶段,但其思维特征仍然以形象思维为主要形式。对小学数学内容的呈现,他们更倾向于以具象的图示等直观的表达方式,这种方式不仅易于提高学生课堂学习的热情与兴趣,激发学生的学习动机,还能有效助力学生理解、分析、掌握复杂的数学知识结构,培养学生良好的逻辑思维和创新思维。

【关键词】　图示法　数学思维　数学素养

在小学阶段,学生的思维处在直观形象思维向抽象逻辑思维过渡阶段,但其思维特征仍然以形象思维为主要形式。他们更倾向以具象的图示等直观的表达方式呈现所学的内容。图示表达数学的方式不仅易于提高学生课堂学习的热情与兴趣,激发学生的学习动机,还能有效助力学生在理解、分析、掌握复杂的数学知识结构的同时,有序思考,拓展思路,增长智力,促进学生思维的全面发展。

一、以图画序,形成有序思维

小学生思维随意性强,思维不够自觉、灵活,思考问题时往往缺少周密性和有序性,尤其是在遇到那些只有文字、不是图文表达的数学问题时,学生解决起来更是困难重重,毫无章法。怎么打开学生思路,在繁杂的文字表达中找到问题解决的有效方法?教师在教学时可以引导学生进行有序思考,将字里行间表达的数量关系以图文的方式进行有序板演,把学生零散的、碎片化的思维整体化、序列化,使学生逐步形成有序思维习惯。

例如,在学习加减法关系一课时,教师在课堂上出示了这样一道题:

一个减法算式里,如果被减数、减数与差相加的和是 256,减数比差多 56,那么差是( )。

面对教师的问题,学生很快就写出了两道算式:

$$被减数＋减数＋差＝256,减数－差＝56$$

但看到这两个算式后,学生们都面面相觑,一时不知道如何解答。于是,教师立即组织学生开展课堂大讨论,在教师的积极启发与引导下,学生们根据列出的算式"减数－差＝56",推算出"减数＝差＋56"。

而根据减法算式中"被减数－减数＝差",即推导得到"减数＋差＝被减数",又根据算式"被减数＋减数＋差＝256",学生将被减数用"减数＋差"进行替换,即可得到"被减数＋减数＋差＝减数＋差＋减数＋差＝256",再结合上面的"减数＝差＋56",得到:

(差＋56)＋差＋(差＋56)＋差＝256,4 差＋112＝256,所以 4 差＝144,即差＝36

为了让学生能更加清楚地了解刚才的思考过程,教师并没有采用单一的冗长文字来表达思考过程,而是与学生合作以图文的方式进行了有效板演,如图 1 所示。学生一目了然,不仅数学问题得到了解决,学生思考问题也变得更加有序和清楚。

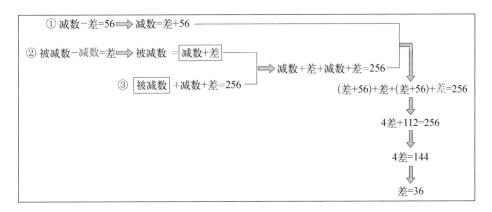

图 1　例题板演

再如,在教学逆推时,教师出示了这样一道习题:

小丁把一个数乘以8,却除以了8,接着想把结果减去19,却加上了9,犯错之后,小丁得到的结果是30,其正确的结果是( )。

学生在经过热烈的讨论后,发现解决这类问题时,如果我们同样将题目中复杂、无序的条件和问题进行有序梳理,并以图文的方式设计出流程图,如图2所示,问题也就会迎刃而解。

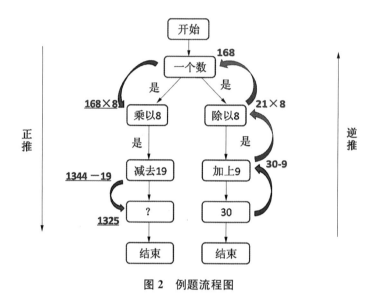

图2 例题流程图

以上两个教学过程,教师通过简洁的图示进行板书,不仅帮助学生理清了解题思路,更是让学生有序的思维在无形中得到了发展。

二、以图明理,发展逻辑思维

数学是一门思维严密、逻辑性很强的学科。在小学阶段,教师可以通过图文呈现的方式,将数学知识的本质特征和内在的逻辑关系真实、准确地予以直观表达,让学生在学习知识的过程中,不仅能知其然,更能知其所以然,以更好地帮助学生在深度思维的过程中,发展逻辑思维能力。

例如,在教学以下数学问题时,教师出示:

如果 $a+15=b+25$,那么 $a○b$(填"<""">"或"=")

　　课堂上,学生们针对这一问题,同样开展了激烈的讨论,并最终认识到在解决这类问题时,通常的办法首先想到的就是去找数。因此,我们可以将问题中出现的字母全部用具体的数字来表示,那么知道了 a 和 b 分别是几,a 和 b 的大小关系自然也就能知道。所以方法一用运算定律思考,这种方法是最为快捷、方便解决这类问题的一种方法。a+15＝b+25,根据"交换加数的位置,和不变"的道理,学生就能轻轻松松推算出 a 是 25,b 是 15,因为 25＞15,所以 a＞b。

　　方法一:用运算定律思考

a＝25,b＝15,因为 25＞15,所以 a＞b。

　　在方法一的启发下,学生的思路已经被打开,继而在教师的引导下,学生就想到方法二,用假设法思考,将等式中的结果假设为具体的数。若 a+15＝b+25＝25(即 a+15＝25,b+25＝25),我们根据"一个加数＝和－另一个加数",就能正确计算出 a＝10,b＝0,因为 10＞0,所以 a＞b。当然,在上述等式中我们假设的结果可能会改变,可以是其他数,它是不唯一的,但无论我们把等式中的结果假设为多少,其最终比较的结果都是一样的。

　　方法二:用假设法思考

如果 a+15＝b+25＝25,a+15＝25➡a＝25－15＝10;

b+25＝25➡b＝25－25＝0;

因为 10＞0,所以 a＞b。

　　但在课堂上,有学生提出了第三种解决方法,这种方法不仅简单,还有利于培养学生的逻辑推理能力。我们首先通过观察,发现等式中 15 比 25 少 10,要使等式成立,那么 b 比 a 也一定少 10,由此可知 a－b＝10,即 a－b＞0,所以 a＞b。

　　方法三:用推算思考

从上可知,$a-b=10$,因为 $a-b>0$,所以 $a>b$。

通过以上巧用图示的方法学习数学知识,不仅让学生知其理、明其意,还为学生打开了思维的通道,在不知不觉中,催生了逻辑思维的种子,并在课堂教学中生根发芽。

三、以图求异,培养创新思维

小学阶段的学生对事物充满着好奇,总爱问为什么。这种好奇心的发生,常常会让学生能够发现我们教师不易发现的问题;而且学生又具有丰富的想象力,他们思维新颖、活跃,在解决问题时,往往会打破常规。因此,教师在教学过程中应积极引导学生,从超常规甚至反常规的视角思考数学问题,鼓励他们用独特的、富有创意的图示表现自己与众不同的解决问题策略。

例如,教师出示这样一个数学问题时:已知 $a\times4=20$,如果 a 增加 3,那么积增加(　　)。

课堂上,有学生提出根据"一个因数=积÷另一个因数",先计算出 $a=5$。接着,根据条件 a 增加 3,计算出这个因数现在是 8,由于另一个因数不变,还是 4,所以一个因数增加之后的积为 $8\times4=32$,这时,再将 32 减去原来的积 20,就能得到增加的积,即积增加 $32-20=12$,如图 3 所示。

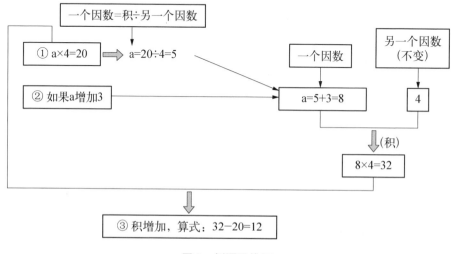

图 3　例题思维图

但课堂上,不是所有的学生都是这样思考问题的。有学生在交流时结合数形思想,大胆提出自己非常有创意的想法,如图 4 所示。

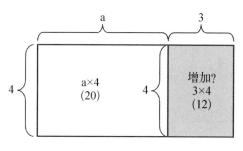

图 4 例题新思路

通过观察上图,我们不难发现,学生以这种方法解决问题明显优于第一种,方法更加简洁,只要一步即可。

再如,教学《用"四舍五入"法求近似数》一课时,教师在课堂上,出示了这样一个数学问题:

已知一个五位数 $a \approx 50\,000$(四舍五入到万位),另一个五位数 $b \approx 48\,000$(四舍五入到千位),以下三种说法中正确的是(　　)。(把正确答案的编号填在括号里)

A. a 一定比 b 大　　B. a 和 b 一定不相等　　C. a 可能比 b 小

面对这样一个数学问题,有学生当即回答:由题可知,$a \approx 50\,000$(四舍五入到万位),我们根据用"四舍五入"法求近似数的方法(用"四舍五入"法求近似数要看被省略的尾数最高位上的数字是否小于 5。小于 5 的舍去尾数,大于或者等于 5 的就向前一位进 1),我们看原数被省略的尾数最高位即千位上的数,如果千位上的数大于或等于 5 向万位进 1,这时我们就可推导得到这个数原来最大是 54\,999;如果是小于 5 就舍去,这时我们通过推导就能得到这个数最小为 45\,000;而另一个数 $b \approx 48\,000$(四舍五入到千位),同理,我们根据用"四舍五入"法求近似数的方法,看原数被省略的尾数最高位即百位上的数,小于 5 舍去,大于或等于 5 向千位进 1,这时可推导得到这个数 b 最小是 47\,500,最大是 48\,499。由此我们得到数 a 的范围是 45\,000~54\,999,数 b 的范围是 47\,500~48\,499。接下来我们分别从数 a 和数 b 范围内取数,假设 a = 45\,000, b=47 500,45 000＜47 500,a＜b,选项 A(a 一定比 b 大)就不成立;假设 a=47 500,b=47 500,47 500＝47 500,a＝b,选项 B(a 和 b 一定不相等)也就不成立了;如果我们继续从数 a 和数 b 范围内分别取数,对其进行大小比较……结果从数 a 与数 b 大小比较情况看,总会看到数 a 比数 b 小的例子(说明选项 A 错误),数 a 等于数 b 的例子(说明选项 B 错误),由此我们就能确定只有选项 C 是正确的。

虽然通过举例说明选项 C 为正确答案,但在对其说明理由时我们还是需要枚举多个在数 a 与数 b 范围内,数 a 与数 b 比较大小的例子,这样解决问题显然有些大费周章。为了能够让每一名学生更加直观、全面的理解题意,并一眼就能判断出三种说法中选项 C 是正确的,课堂上教师在学生通过举例说明进行上述分析后,并没有就此结束对这个数学问题的研究,而是继续组织学生开展讨论,并引导学生尝试寻找其他方法,学生在经过积极思考、热烈讨论后,在数射线上找到了数 a 和数 b 的范围,如图 5 所示。

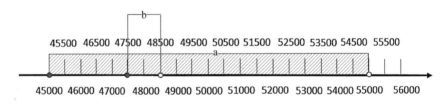

图 5 数射线上数 a、数 b 范围

上图中,数 a、数 b 之间的关系,学生一目了然,不仅看到了数 a 比数 b 大的数有哪些,这些数是从哪里开始的,还看到了数 a 与数 b 中哪些数是相等的,甚至看到了数 a 比数 b 小的数又有哪些。此时再判断三种说法中哪种说法正确也就简单多了。

通过上述两个教学案例,我们发现在课堂上,教师为学生积极营造良好的思维环境,不仅可以点燃学生创新思维的火花,而且也让更多学生的奇思妙想迸发出来。

总之,课堂是学生思维生长的地方,作为教师,我们应该为学生创造更为开放的思维空间,在具象的图示表达中更好地展现学生的思维,并在此过程中不断促进学生数学思维能力的发展。

以戏入画　以画品戏

——美术《感受民间艺术》单元整体教学

上海市浦东新区观澜小学　卫凤弘

【摘　要】　戏曲和国画两大瑰宝是中国传统文化的经典象征。戏曲艺术中的身形动作与符号化的装扮，水墨画的浓淡墨韵，都极具中国传统特色，独树一帜。以水墨书写国粹神韵，足以展现审美趣味、意象表达，为我们探索造型与色彩的创新提供了自由的空间，为美术学科教学提供了丰富的资源。

【关键词】　水墨　戏曲　传统文化

中国戏曲历史悠久，种类繁多，综合了文学、美术、音乐、舞蹈、武术等各种艺术样式，具有较高的艺术审美价值，是中国极为重要的非物质文化遗产之一。大众熟知的中国戏曲有：京剧、越剧、昆剧、黄梅戏、评剧、豫剧等，其中京剧更是中国的国粹，深受国内外戏曲爱好者的青睐。

从美术的角度去欣赏中国戏曲，其不同的剧目、不同的角色、不同的人物造型，都有极具代表性的服装、盔头、脸谱等，其制作之精美、色彩之靓丽，成为许多画家争相描绘的对象。

水墨和戏曲是我国传统文化中极为重要的艺术形式，也是中小学美术教育中不可或缺的一部分。小学美术教育中，水墨和戏曲教学不仅能够促进学生的审美、观察、想象和表现力等多方面素质的提高，还能使学生更好地了解和认识中国传统文化，培养和加强文化自信心。然而，在教学过程中却存在种种问题，例如，教材内容单调、抽象，学生缺乏对传统文化的认识等。因此，有效地开展水墨戏曲教学就显得尤为重要。

基于弘扬优秀传统文化的需要，以及浦东新区戏曲进课程、进课堂的实施意见，我校立足美术学科教学特色，强化立德树人、以美育人主旨，深挖传统文化资源，以戏曲文化资源为载体，根据五年级美术教材内容《感受民间艺术》一单元进行拓展教学，形成单元整体教学，旨在通过一系列主题学习与艺术性为一体的创新性学习活动，让学生走近戏曲，感受戏曲人物的角色美、造型美、服饰美、脸谱美、场景美、文化美，了解中华民族博大精深的传统文化，让学生自觉树立文化自信，增强民族自豪感。

一、感受传统文化之美——水墨戏曲教学探讨

在水墨戏曲教学中，我们可以从多个方面感受到传统文化的美。戏曲的表演形式独特，通过表演者来传递情感和思想。而学生们通过运用水墨表现戏曲，他们既可以欣赏到演员们精湛的表演技巧和对传统文化的理解和传承，还可以提升绘画技能，运用各种水墨技巧去表现戏曲人物的柔与刚、喜与哀等。

水墨戏曲教学应从传统文化的自身特点出发，我们应该注重培养学生文化认同和情感认同。因为随着时代的发展，戏曲已经慢慢淡出我们的生活，所以在水墨的教学过程中，教师更应重视对学生情感上的引导和培养，让学生从内心深处认同和热爱传统文化。

我校是上海市戏曲传承学校，沪剧社团和越剧社团曾多次获国家级、市级奖项并外出表演。因此，学校有很多师生表演的经典戏曲视频，我们常会利用快乐一小时的时间定期播放戏曲主题系列视频。在学生初步观看之后，教师让学生进行讨论和思考，分享他们的感悟与体会，进一步强化学生对戏曲人物的理解，并在课后指导学生如何进行戏曲探究并填写探究单。教师还可以安排学生到戏曲剧场观看现场表演，亲身感受戏曲人物的魅力和表现力。

此外，水墨戏曲教学还应加强历史文化的传承，让学生了解戏曲艺术的发展历程和文化内涵。通过讲解和分析历史文化背景，让学生理解戏曲艺术的深刻内涵，从而更好地领会戏曲作品的艺术性和文化价值。

总之，水墨戏曲教学是传统文化传承中非常重要的一环。注重情感认

同、历史文化传承和技能培养,可以让学生更好地理解和欣赏水墨戏曲的艺术魅力,同时也让传统文化在新时代得到更好的传承和发展。

二、传承华夏文明之艺——水墨戏曲教学新思路

（一）传统文化的融入性

水墨和戏曲都是中国传统文化中重要的艺术形式,涵盖了丰富的文化信息和意蕴,很多艺术家们经常运用水墨和戏曲元素来创作绘画、书法、舞蹈、音乐等艺术作品。这种融合使得传统文化得以延续和发扬,同时也为现代艺术注入了新的活力。在小学美术教育中,水墨和戏曲可以让学生了解到更多中华传统文化的信息。所以在教学过程中,教师应该充分利用这些信息,让学生感受到传统文化的魅力,提高对传统文化的认知。

五年级美术课当中有《京剧脸谱》《京剧头盔》《彩墨戏曲人物》三课,笔者把这几课结合并统整为《感受民间艺术》水墨戏曲单元,根据教材内容进行适当扩充,形成单元整体教学。以《京剧脸谱》一课为例,京剧脸谱独具民族特色的纹样,脸上各种图案体现了人物角色的性格和特征。学生通过前期对戏曲的探究,已对戏曲人物有所了解,在绘画京剧脸谱时,对每个脸谱的图案颜色都有自己的认知和理解,在学习墨色勾染的过程中,在素白的宣纸上呈现多彩的脸谱,并通过创新、联想添加,描绘了一张张极具现代化特色的彩墨京剧脸谱,也感受到了戏曲的魅力。

（二）多元化教学策略的应用

小学水墨戏曲教学应采取多种教学策略。针对学生不同的学习方式和兴趣特点,采取不同的教学方法,如跨学科教学、分组讨论、角色扮演等,以开阔学生的视野、发展学生的思维。

传统的水墨教学更多的是通过多媒体欣赏让学生了解所要表达的事物,但由于戏曲本身的独特性,加上学校文化的特殊性,戏曲引入课堂已成为常态。所以在水墨单元教学时,笔者采用跨学科学习的方式,把戏曲引入音乐课堂,让音乐老师开展戏曲教学,引起学生对戏曲的学习兴趣,也是为美术课后续的学习进行铺垫。鼓励学生尝试模仿戏曲表演的动作和表情,观察不同类型的人物形象,帮助他们更好地体会人物特点。在课堂上模仿

戏曲人物的过程中,教师要引导学生复述人物的身份、性格和情节,加深对人物的理解和把握。在绘画戏曲人物时,因为有了前期的学习与了解,学生在使用彩墨画的形式表现戏曲人物时,能更好地掌握人物性格,绘画时还可以添加个人特色,使得画面更生动。

三、经典与现代的碰撞——水墨戏曲教学跨界探索

以往的水墨戏曲教学通常采用传统的教学方法,如师徒传授、口传心授等。虽然这些方法对于传播戏曲文化起到了重要的作用,但对于现代学生来说,可能会显得过于古板和枯燥,难以产生兴趣和吸引力。因此,水墨戏曲教学的跨界探索就是尝试将现代的教学方法引入到水墨戏曲教学中,以增加学习的趣味性和互动性。

在教学中,教师可以通过教授传统水墨绘画基本技巧,如墨线、墨点和墨渲染等,让学习者更好地理解戏曲表演中的线条和色彩运用。同时,还可以结合现代教学方法,使用多媒体技术和互动式教学手段,提供更直观、生动的教学体验。水墨戏曲教学跨界探索还可以通过创新的舞台设计和表演形式,打破传统戏曲的刻板印象,让传统戏曲艺术更具现代审美和观赏性,吸引更多的学生参与。

同时,可以通过课后拓展、校级社团等让学生把美术课中自己创作的水墨戏曲人物形象,以小组合作的方式编写一小段故事,尝试进行分角色扮演,把课堂上学到的东西运用在实践和生活中。学生们在实践体验中感受到角色创作与舞台表演的紧密联系,提高了团队合作意识,让每个人都有自己心中的"专属镜头",如果再配上一段奇言妙语,表达自己的所思所想,这就是最生动有趣的"艺术语言"。

学生通过观看表演、学习技法、练习创作、模仿表演、讨论分享和合作创作等环节,激发了创作热情,提升了审美水平。通过不同的学习任务,感受"戏"与"墨"的融合之美,在学习中获得更多的乐趣和成长,同时,也让学生锻炼手工制作和团队合作等能力,让学习活动更加丰富和有意义。

学生对中国戏曲的感知更多地来自戏曲人物的造型与色彩,孩童的技法写意、稚嫩,他们的画笔下,戏曲人物的神韵趣味格外拙朴生动。所有的

形象感知都汇聚了最为真实的儿童语言,中国传统文化与孩童趣味组成了和谐的审美,传统文化的元素、意义就这样通过灵动的水墨线条渗透到学生的审美认知里。

以美术学科核心素养为导向,选择经典的传统文化为主题内容开展主题探究与创作,既能丰富学生的艺术实践与艺术体验,提高学生的探究能力与艺术表现能力,还可提高学生对中国传统文化的关注与热爱,培养学生健康的审美情趣,增强文化自信,提升人文素养。以"戏"入画,以"画"品戏,水墨戏曲教学应有可为。

参考文献:

［1］ 彭吉象,刘沛,尹少淳.义务教育艺术课程标准(2022年版)解读［M］.北京:北京师范大学出版社,2022.

小学数学量感核心素养
培育三步曲研究

上海市浦东新区观澜小学　　谢灵尧

【摘　要】　量感是小学数学教学中所必须培养的核心素养。本文主要针对量感培养的途径展开探讨，为当下小学数学教师培养学生的量感提供帮助。基于实际教学中的量感培养，教师可以通过"感知、体验、想象"三步曲进行培养，从情境、活动、任务等多方面进行突破，提升学生的量感，同时培养学生的思维能力以及多方面的数学核心素养。

【关键词】　小学数学　量感培养　数学核心素养

新课标强调发展学生的核心素养。而小学阶段，量感就是数学核心素养中的重要内容。量感主要是指："对事物的可测量属性及大小关系的直观感知。"简单来说，就是能够感知"量"，比如物体的大小、厚薄、轻重、快慢等。在小学数学中，量感具体表现为"能辨别量"和"能推断量"，要求学生能够将学到的度量单位与生活中的量相对应并能够借助度量单位和度量工具进行表示，理解度量的意义。目前，小学数学教材中虽然没有直接提及量感，但都有体现对量感的培养。本文主要基于沪教版小学数学教材，对其中蕴含的量感进行探讨，为当下小学数学教师培养学生的量感提供帮助。

在以往的教学中，教师容易忽略量感的培养，仅仅依靠多媒体软件进行一言堂的教学，认为"如何量""为什么量"都是无需经历和体验的，甚至在教学中常常止步于"会量"和"会单位换算"。长此以往，学生的量感很难得到提升，也无法在核心素养上得到进一步的发展。那么教师如何在日常教学中培养学生的量感呢？本文将从感知、体验、想象三个方面分别进行阐述。

一、创设情境，感知量的关系

培养量感的第一步就是建立对"量"的感知，而情境就是感知诞生的摇篮。当学生置身于情境中时，就能激发强烈的探究欲望和学习兴趣，让量感的培养成为可能。为了有效地培养量感，教师需要根据学习内容创设不同的情境，可以将生活情境、问题情境、应用情境引入课堂，从而帮助学生更直观地感知量。

（一）创设生活情境，理解量的本质

"量"的本质是什么呢？可以用一句话进行概括：万物皆可数，万物皆可量。要让学生直接地感受"万物的可量"，如长度、面积、体积、质量等，最好的情境就是生活。教师可以基于学生所处的现实生活和参加过的活动创设情境，促使学生利用已有的生活经验在具体的生活情境中体会"万物可量"，体会计量单位不统一所带来的不便，深度感悟计量单位统一的必要性与重要性，同时体会计量单位在现实生活中的重要意义。

例如，在沪教版四年级第一学期《角的度量》一课中，教材内容的设计是直接介绍量角器并进行角的度量。但这样的教学，学生既不了解为什么要度量角度，对角度的大小感知也非常模糊。因此教师在教学中，为了让学生建立对角度大小的初步感知，引入了生活中汽车爬坡的场景，让学生直观地感受角度的大小带来的影响和作用，从而更好地感知度量的作用。同时，教师改变了过去直接介绍量角器的方式，让学生通过对各种大小不一的小角进行度量和比较，帮助学生建立对不同角度的"量"的感知。在此过程中，学生不仅对角度大小有了更直接的感知，也进一步明确了统一度量单位的重要性，为接下去学习量角器做铺垫。很显然，当学生所熟悉的生活情境被引入到教学课堂时，其积极性和主动性都得到了提升，也让量的感知更为直观。

（二）创设问题情境，强化量的认识

问题能够激发学生的思考意识，让学生主动参与到知识学习当中。在问题情境中，学生能够依托脑海中形成的对量的直觉感知分析实际问题，探索开展估测、推断等活动，找出问题的解决方法，从而培养量感。因此，在教学过程中,教师可以立足教材、认真分析课程内容,设计一些符合学生认知水平及年龄特点的问题,让学生结合已有经验深入思考,随后再带领学生学习量的知识,逐步培养学生的量感。

例如,在学习"克、千克、吨"相关知识时,教师可以引入学生比较熟悉的"曹冲称象"的故事。曹冲为了称量大象的体重,将大象引导至船上,然后用石头代替大象,最后通过称量石头的重量获得大象的重量。教师通过让学生思考曹冲的称量方法,激发学生的学习兴趣。此问题由大家既熟悉又有趣的故事引出,能让学生更积极地投入到称量方式的讨论中,从而强化对量的认识。

(三)创设应用情境,感悟度量的意义

生活情境和问题情境都有助于量感的直观感知,而应用情境则可以提升学生对于度量的意义的感悟。小学生在数学学习中的困难就在于学习了新知识却很难灵活应用。尤其是量感一类的知识,往往课堂与实际脱节,学生很少真正运用到实际生活中。常常有学生认为:我们学会了厘米、米、千米,但我们生活里根本用不到呀,只是为了做题而学。因此,教师应该适当设计应用情境,让学生"学而有用",真正感悟度量的意义,从而深化对量的感知。

二、立足活动,丰富量的体验

体验是培养量感的重要途径。然而现实中却存在着很多难题:体验的维度比较单一,仅仅是课堂上片面的接触;体验的深度不够,总是受制于课堂有限的教学模式和教具……为了让学生的体验更丰富、更深入,教师应立足活动,引导学生深度体验。

(一)开展课堂活动,重视知识探索的过程

只有让学生自主体验和思考,才能够让学生积累足够的经验,建立起量的概念,促进学生量感的发展。在课堂教学实践中,数学教师要拓展学生的参与维度,全面调动学生的眼、口、手、脑等感官,引导学生深入体验和实践,获取丰富的感知经验。通过一段时间的积累与沉淀,学生能够将量的清晰表象建立起来。例如,在学习"面积"知识时,为让学生获取丰富的经验,数学教师要积极设计体验活动,充分利用黑板、课桌、书本等课堂中常见的物体,让学生在用眼观察的基础上动手触摸与感知,形成对"面"和"面的大小"的初步认识与理解,引导学生结合已有经验深入观察、对比字典等物体表面与地图等不规则图形,对面积概念全面理解。随后,带领学生拼组、平移与旋转图形,在动手操作及观察思考中体会面积的"运动不变性",帮助学生认知面积守恒思想。由于小学生容易混淆长度、面积等概念,教师可让学生分别描涂图形的四周与面积,对比认识长度、面积等概念的差异。通过有序开展多层次的体验活动,学生能够深刻感悟与理解面积的意义。

(二) 开展实践活动,丰富量感体验的形式

学以致用,能将所学的数学知识进行运用、解决问题也是数学核心素养的要求。而实践活动就是目前学校教学中最缺少的活动。由于课堂时间有限,教师精力有限,实践活动往往只是"表面功夫",沦为一学期一次的展示活动。学生很少能真正从其中获得能力的提升。但其实,数学作为一门与生活有着密切联系的学科,非常适合开展实践活动。各类型的实践活动不仅能丰富学生对量的体验,也能提升学生多方面的学习能力。

1. 主题式活动

教师可以结合教学内容进行主题的设计,直接将实践活动与主题相结合,不仅能让学生体验量感,也能够更好地激发学生的学习兴趣。

例如,在进行"米、千米"相关内容教学时,教师可以设计"丈量学校"的主题活动,组织学生讨论、思考、实际丈量并交流。在活动中体验度量的作用,并加深对量的认识和体验。

2. 项目化活动

项目化活动主要以问题为导向,综合运用数学和其他学科知识解决问题。在设计与量感相关的项目化活动时,我们可以将量感的培养融入单元问题中,以驱动问题的形式引出,让学生经历发现问题、体验操作,解决问题的过程。

例如,在学习四年级"升与毫升"相关内容时,教师可以以"测量水龙头的流量"作为驱动问题,引导学生进行头脑风暴,提出"如何计量水的流量""如何测量"等问题。在小组分工探究中,学生经历认识单位、测量水量的过

程,不仅丰富了体验,也对量感有了更直观的感知。

三、优化任务,强化量的想象

想象能够帮助学生进一步构建量感,在旧知单位和新知单位之间建立联系。同时,量感和数感之间也是相辅相成的。通过量的想象,学生能借助数感进一步感受量感。数学知识之间往往都有着千丝万缕的联系。要系统地培养学生的量感,教师就要善于用联系的眼光组织学生将零散的数学知识穿成线、连成网,合理设计练习,激发、强化学生对于量的想象,从而促使学生的量感得到提升。

(一) 层次优化,巩固想象的培养

对于练习,教师需要进行层次优化,从直观到抽象的设计有助于学生量感的建立。教师在帮助学生培养量感的想象时,应该注意练习的层次设计,拒绝"题海"战术。

层次一:数形结合。教师可以将生活中的实际物体与练习相结合,让练习更加直观地呈现,帮助学生先建立表象与数学的联系,培养量感。同时,在练习中可以帮助学生建立参照物,在数形结合之下,可以更加有效地培养量感。

层次二:脱离实物。脱离实物是建立表象后开始进入抽象的关键。教师可以通过设计脱离实物的练习,帮助学生直接判断量,依托想象培养量感。

层次三:拓展应用。数学的价值就在于应用,尤其是量感与生活还有着密切联系。教师可以设计拓展类练习,让学生感知量在生活中的作用与联系。以问题或活动的形式开展,丰富学生对量的想象。

(二) 估测结合,积累想象的经验

教师在培养学生量感的过程中,还可以巧妙地借助估测活动,以强化学生的量感体验。本质上,估测活动的有序进行,在于学生具有一定的"量感";而估测活动的开展,则有助于促使学生"量感"的提升。因此,估测活动与学生"量感"培养之间具有密不可分的关系。需要注意的是,对量的推断指学生能选择合适的度量单位对量进行估测。

例如,在估测讲台高度时选择 1 分米为度量单位进行估测。教师要把握让学生进行"估测"的时机,因为学生在未具备一定经验的情况下进行"估测",有大概率会出现随口"乱猜"的现象,因此,要避免在未考虑学生实际的情况下一味地让学生先估测再实测。

(三) 思想渗透,升华想象的效果

在数学教育中,数学思想既是一种数学文化,更是一种方法。小学数学教学中有很多数学思想方法,应用最为普遍的是数形结合思想、分类讨论思想等。在优化练习的过程中,教师要善于将数学思想方法融入其中,不仅有助于强化学生对"量"的感悟,更有助于提高学生的数学学习能力。

例如,在练习时,教师可以组织思辨活动,带领学生回顾反思与总结方法策略,对度量单位之间的联系准确把握,科学区分容易混淆的量,这样既可以为后续学习提供支持,又可以将量感初步建立起来,进而持续发展与完善学生的量感。

孙晓天教授认为"小学阶段的测量教学,不应只是停留于单纯的技能与训练"。因此,小学阶段教师应该重视量感的培养,让学生在多元感知、多维体验中认识"量",形成"量"的丰富表象,获得"量"的独特感受,促使学生将量感依托形体内化于心、外化成体系,真正让量感的培养在课堂上得以落实,进而促进学生数学核心素养的全面提升。

基于学习任务群的主题单元整合教学路径建构

——以小学语文五年级上册第六单元教学为例

上海市浦东新区观澜小学　周小单

【摘　要】　新课改的推进,对中学语文课堂教学提出了更高的要求。基于"学习任务群"的教学法是以学生为主体,以语文实践活动为主线的特色鲜明的教学方法,能有效提升学生核心素养。本文以小学语文五年级上册第六单元教学为例,探讨基于学习任务群的主题单元整合教学的策略。

【关键词】　小学语文　学习任务群　主题单元

《义务教育语文课程标准(2022 年版)》(以下简称《课标》)提出要"以生活为基础,以语文实践活动为主线,以学习主题为引领,以学习任务为载体,整合学习内容、情境、方法和资源等要素,设计语文学习任务群"的教学建议。学习任务群体现了以学定教、学生主动参与、自主协作、探索创新的学习型课堂生态,能将传统教学法转变为以解决实际问题为主的多维互动的教学理念,促进学生探究学习,培养学习兴趣,进而提升学生核心素养。基于学习任务群的主题单元整合教学既符合《课标》要求,又能为学生构建系统性的知识体系,进而提升语文学习水平和语文核心素养。

下文以五年级上册第六单元教学为例,探讨基于学习任务群的主题单元整合教学实施策略。

一、基于学习任务群的主题单元整合教学的优势和特点

基于学习任务群的主题单元整合教学是一种新的教育模式,旨在将各个学科的知识点融合在一个主题单元中,从而让学生更好地理解学科之间的联系,培养跨学科思维和能力,提高学习兴趣和学习效果。这种教学模式在小学语文教学中得到了广泛的应用和推广,具有以下几个优势和特点。

(一) 串联单元要素,形成全局观念

《课标》依据特定的学习主题,设置具有逻辑关联的学习任务体系。学习任务群的主题单元整合教学可以促进学生对小学语文知识的整体理解和把握,同时将不同学科的知识点整合在一起,以一个主题为中心,通过任务的设计和实施,能够促进学生跨学科思维和应用能力的培养。

(二) 驱动学习任务,激发学习的内驱力

基于学习任务群的主题单元整合教学是一种注重学生主动性和参与性的教学模式,能够激发学生的学习兴趣和学习动机。传统的教学模式,学生往往感到单调乏味,难以产生学习的兴趣。而采用主题单元整合教学模式,将知识点进行整合和呈现,形成一个个生动的教学情境,可以让学生产生更多的好奇心和探索欲望,从而激发他们的学习内驱力。

(三) 创设学习情境,推进深度学习体验

情境为具体的任务形式赋予了真实感,可以激活学生思维。在学习任务群的主题单元整合教学模式下,教师可以设置各种任务,让学生在任务的完成过程中,获得更加全面的学习体验。学生可以体验到不同学科知识的趣味性和实用性,从而增强学习动机和学习兴趣,能够更加主动地参与到学习任务中,从而形成更加深度的学习体验。

二、基于学习任务群的主题单元整合教学中出现的问题

(一) 任务过于繁重

基于学习任务群的小学语文主题单元整合教学需要学生在短时间内完成多项任务,包括阅读、写作、口语表达等。如果学生的任务过于繁重,容易使学生感到压力和焦虑,导致学生的学习兴趣和积极性降低。

(二) 任务设计不够明确

基于学习任务群的小学语文主题单元整合教学需要教师对任务进行明确的设计和指导。任务设计不够明确可导致学生对任务的理解出现偏差,会使学生感到无从下手,不知道该如何完成任务或无法准确地完成任务。

(三) 任务缺乏个性化定制

每个学生都是独一无二的,具有不同的知识背景、行为习惯和思维方式。基于学习任务群的小学语文主题单元整合教学需要教师根据学生的不同需求进行个性化定制。然而,在实际教学中,小学语文课堂缺乏因材施教,容易使学生感到无聊和无趣,导致学生的学习效果和学习兴趣下降。面对一个多元化的学生群体,教师需要进行全面评估,以便更精确地针对教材的重难点和学生实际水平来设计教学。

三、基于学习任务群的单元整合教学创新路径构建

(一) 合理设计任务

合理的任务能够帮助学生更好地理解课文内容,启发学生思考,提升学生学习的主动性和积极性,从而提升语文学习能力。

例如,在进行小学语文五年级上册第六单元《慈母情深》一课的教学时,教师展示一幅描绘母子亲情的图片,引导学生观察并表达自己对母爱的理解和感受。首先,通过向学生提出问题:你有没有感受到过母爱的温暖? 启发学生对亲情与母爱的思考,让学生以小组形式讨论问题,并分享他们的观点和经历。其次,教师引导学生朗读《慈母情深》这篇课文,解释生词和难点,并提问学生关于课文的细节和情感表达的问题:文中描写了哪些母爱的细节和场景? 引导学生思考和讨论,促进对课文的理解。最后,学生根据自己的理解和感受,写一篇关于自己母亲的作文,表达对母亲的感激和爱。通过以上教学活动,学生能够全面了解和体验亲情与母爱的重要性。教师培养了学生的感恩之情,提升了他们的语文阅读和写作能力,还培养了其合作与交流的技能。通过经历体验、理解、内化、迁移、反思的学习过程,将"知识"转化为"素养"。

（二）明确任务的目的和要求

良好的教学目标,是课堂成功的重要一步。在课堂开始前,教师首先要明确本单元的教学目标和内容,并根据学生的特点,联系学生实际,设计让学生喜欢和感兴趣的任务,引发学生积极思考,主动探究。随后,师生一起讨论分析,将整体任务细化为若干个子任务,让学生针对任务提出多元的解决方案,锻炼不同的能力。

在进行小学语文五年级上册第六单元《父爱之舟》一课的教学时,教师向学生介绍本单元的主题,引发学生对父爱的思考;带领学生观看一段关于父爱的短视频,激发学生的情感共鸣,并提出问题:你们对父爱有什么理解?父亲在你们成长过程中扮演了什么角色?随后,设置三个任务让学生完成。

任务一:写一篇关于自己父亲的短文,描述他在自己成长中的重要作用。

任务二:设计一份父亲节礼物,包括手工制作的贺卡,表达对父爱的感激。

任务三:进行采访调查,让学生采访自己的父亲或其他父亲,了解他们对父爱的理解和体验。

通过以上教学,学生在学习《父爱之舟》这篇课文的同时,通过多样化的活动和任务,深入探讨和体验父爱的内涵,提升了语文综合素养和情感态度。另外,教师应根据具体教学情境和学生实际情况,适当调整和补充教学活动,确保学习任务的有效实施和学生的主动参与。

（三）设计不同类型和梯度的任务

在小学语文学习任务群的主题单元整合教学中,为了更好地满足学生的不同需求和兴趣,应该为学生设计不同难度和类型的任务。这不仅可以让学生根据自己的能力水平选择任务,提高学习的主动性,同时也可以满足学生不同的学习兴趣,增强学生的学习动力。

1. 情境式学习任务

任务群遵循"三性"原则:情境性、实践性、综合性。情境性要求学生在实际的环境中感受和体验问题,即在实际情境中完成某项任务,引导学生在探索中增长知识,提高能力。让学生在真实情境中学习相关知识,学生可以联系生活实际,学习语言结构,训练手脑并用能力,锻炼语言表达能力,构建语文知识库。

2. 互助式学习任务

小学阶段的学生正处于对事物认知的初级阶段,语文水平个体差异明显。因此,要注意加强学生之间的互相交流与合作。在学生经过自己的独立思考后,对课文有了一定的体会时,可以展开小组合作学习活动。该活动设计的意图是为了形成学生间和师生间的互动交流,合作学习。任务驱动下的合作学习为学生制定不同层次的学习目标,体现了主动发展的教学理念。

3. 展示式学习任务

成果展示任务驱动是根据学生个人学习能力,引导他们运用适当的学习方式,把课堂学习的素材以自己独特的方式展现出来,让学生的独立学习能力不断得到表现和强化。在针对性任务驱动下,学生主动思考、个性实践、深入文本、深度学习,在真实的情境中培养解决问题的能力。作为学习的主体,学生学习成果是多样化的。从自己欣赏的角度出发,达到了个性表达的目的,创设了"各美其美,美美与共"的课堂氛围。

4. 进阶式学习任务

在任务难度方面,应该针对学生的能力水平合理设置任务难度。对于一些能力较强的学生,可以适当提高任务难度,给予挑战和刺激,以促进学生的学习兴趣和自信心。而对于一些能力较弱的学生,则需要设置一些简单易懂的任务,避免学习的挫败感和焦虑情绪,同时也可以帮助学生逐步提高自己的学习能力和水平。

5. 反思式学习任务

任务驱动导向教学法主要是以提出任务、解决问题、完成任务开展多维互动式的教学,多元的评价体系可以促进学生进行反思,让教学效果更加显著。教师根据学生的参与程度、理解情况和作品质量等方面进行评价,学生也可以通过口头或书面形式反思自己的学习和写作过程,分享收获和困难。通过互相评价,学习的氛围在完成任务后得到持续活跃,激发学生对新知探究的积极性。同时,让学生及时发现和感知自己的优缺点,学会取长补短,不断提升自己的学习能力。

在新课程改革的背景下,实现立德树人的重要途径是依托单元主题教学。立德树人任务下的小学语文单元主题教学要将立德树人的精神潜移默化地渗透在教学的具体环节和过程中。教师要持之以恒,常抓不懈,积极探索,丰富活动,多维评价,充分发挥初中语文学科的工具性和人文性。

参考文献:

［1］ 薛法根,沈玉芬.语文学习任务单元整体设计的基本问题——以二年级上册第一单元为例[J].福建教育,2022(18).
［2］ 戴晓娥.大单元教学是学习任务群实施的基础[J].语文建设,2022(12).
［3］ 李炳军.基于学习任务群的单元整体教学实施策略[J].语文课内外,2022(24).
［4］ 王长海.基于主题构建小学语文单元整合教学[J].语文教学与研究,2018(2).
［5］ 李吉林.李吉林情境教学理论与实践[M].北京:人民日报出版社,1996.
［6］ 程世元.小学语文教学中如何发挥任务驱动法的作用[J].中国校外教育(上旬刊),2013(zl).
［7］ 廖红美.任务驱动学习在小学语文教学中的运用探讨[J].中外交流,2017(37).

小学生数学推理意识的培养

上海市浦东新区观澜小学　凌霏珣

【摘　要】　新课标实施以来,学生核心素养的培养成了重中之重,要让学生会用数学的思维来思考世界。在数学课堂上,教师要有意识地培养学生的推理意识和推理能力,培养其数学思维,让学生体验用数学推理的方法,分析和解决数学问题和实际问题,从而培养学生科学态度和理性精神。

【关键词】　核心素养　小学数学　推理意识

一、推理意识的定义与意义

《义务教育数学课程标准(2022 年版)》(以下简称"新课标")将推理意识划分为小学阶段的核心素养的主要表现之一。新课标中是这样定义推理意识的:"推理意识主要是指对逻辑推理过程及其意义的初步感悟。知道可以从一些事实和命题出发,依据规则推出其他命题或结论;能够通过简单的归纳或类比,猜想或发现一些初步的结论;通过法则运用,体验数学从一般到特殊的论证过程;对自己及他人的问题解决过程给出合理解释。推理意识有助于养成讲道理、有条理的思维习惯,增强交流能力,是形成推理能力的经验基础。"

新课标提出,数学课程目标的确定,"立足学生核心素养的发展,集中体现数学课程育人价值","会用数学的思维来思考现实世界"是数学核心素养构成的三个方面之一。在义务教育阶段,推理意识或者推理能力其实就是数学思维的主要表现之一。在小学数学中,不管是数学的基本概念、公式、计算法则还是运算的过程,很多新知识学习的过程中都需要学生进行推理。推理意识作为学生学习的基石,是培养他们的运算能力和创新意识的基础。在核心素养背景下,培养学生的推理意识不仅能激发学生自主探索,还能有助于学生初步养成讲道理、有条理的思维品质,形成理性精神,更有助于促进学生从小学阶段开始全面发展,也同时为学生在初中拥有一定的推理能力打下良好的基础。

所以在课堂上教师要有意识地培养学生的数学推理意识,可以借助具体的真实情景,引导学生在课堂上小组合作探究,一步步掌握推理的基本方法,让学生在课堂的学习中潜移默化地拥有推理意识,从而逐步有一定的推理能力。

二、推理意识的培养策略

(一)从真实的问题情境出发,推出其他结论

根据皮亚杰对儿童发展阶段的划分理论,小学生正处于具体运算阶段。这个阶段的儿童虽然初步掌握了运算思维,但是想要让学生从具象化思维向抽象化思维慢慢地过渡,还需要教师在教学方式方法上做出有效的引导和帮助。数学知识对小学生而言,抽象性、概念性相对较强,这就导致了小学生在接受、理解和应用数学知识时,往往会比较慢,所以在课上教师可以创设情境,借助生活中的问题情境,让学生在情境中培养推理意识,这样,学生在学习数学知识的过程中会有更多的归属感和参与感,进而更好地探究并掌握数学知识,学生在日常生活中才能更加灵活地应用数学知识。

新课标在"综合与实践"中提出了"体育中的数学"主题活动。《计算比赛场次》的教学内容,就是围绕这一主题进行开展。教师从真实的问题情境出发,用2022年女足亚洲杯的小组赛引入:"一个小组内有四支球队,每支球队比赛几场?"学生们能通过小组合作用连线法和枚举法来解决这一问题。接着在解决"整个小组一共要进行几场比赛"这一问题时,学生们自主探究,用了连线法和列表法帮助思考,进行列式计算,做到不重复、不遗漏。然后,以里约奥运会中的女排小组赛为例:"小组参赛的球队支数增加到了六支,整个小组共比赛几场?"学生们还能用之前的方法来解决这一问题。

通过前面的学习感悟,学生们能在解决真实情境的问题中推理出计算比赛场次的计算方法,从而突破本节课的教学重点。

又比如在《可能性的大小》这一课中,学生在一开始就通过摸球游戏初步感悟到在教师准备的袋子中摸到红球的可能性大,打开发现是袋子里红球多,所以学生们初步猜测数量多的可能性就大,然后通过小组合作多次记录,学习任务单(见图1)验证了这个结论。

每人摸 5 次	摸到红球的次数	摸到黄球的次数
组员 1		
组员 2		
组员 3		
组员 4		
组员 5		
组员 6		
小组合计 ( ) 次	摸到红球 ( ) 次	摸到黄球 ( ) 次

我们的猜想:口袋中_____球的个数比_____球的个数多。

打开口袋验证:红球_____个,黄球_____个。

猜想是否正确?(打√) 正确□ 错误□

我们的结论:

因为_____球的个数比_____球的个数多,

所以摸出_____球的可能性比_____球的可能性大。

图1 学习任务单:摸球游戏

在验证的过程中学生们也能根据这一个结论推出其他结论:数量少的可能性就小,数量一样可能性就相等。"数量少的可能性小"这一结论其实就能在这次实践活动中推出,但"数量一样可能性就相等"这一结论需要我们进一步思考和探究,并进行验证。

在课堂上,可以从真实的问题情境出发,这样学生在学习的时候会有代入感,有时候可以根据一个结论推出多个结论。

(二)利用归纳的数学思想方法,猜想发现一些结论

《数学思想方法》一书中是这样定义归纳法的:"通过对于一些个别的、特殊的情况加以观察、分析,进而导出一个一般性结论的推理方法,归纳法是一种从特殊到一般的推理方法。"数学这门学科中,充满了归纳法。很多学生在学习数学知识点的过程中,不知不觉间就使用了归纳法。归纳法的

教学思想可以这样渗透在我们的数学课堂上：首先，教师要引导学生学会观察数据或者现象，将这些数据或者现象中的有效信息提取出来；接着，可以鼓励学生将所归纳出的要素和问题结合起来思考并大胆地提出自己的猜想；然后，可以鼓励学生进行实践或多搜集案例，来验证自己的猜想是否正确；最后，引导学生完善自己的猜想，得出结论。

比如，在五年级第二学期《长方体与正方体的体积》一课中，学生能根据之前学习的内容，通过有序数一数小正方体个数的过程，很快就能猜测出长方体的体积和长方体的长、宽、高有关以及长方体的体积等于长×宽×高。接着学生通过小组合作，动手用若干个小正方体去摆不同形状的长方体，从而来探究长方体的体积公式。学习任务单见图 2。有的学生在探究中提出：我可以不用摆满整个长方体，只要沿着长方体的一条长、一条宽和一条高摆一摆就可以了。最后再将大家的数据结果汇总在一张表格中，就能发现之前猜测的结论是正确的：长方体的体积＝长×宽×高。

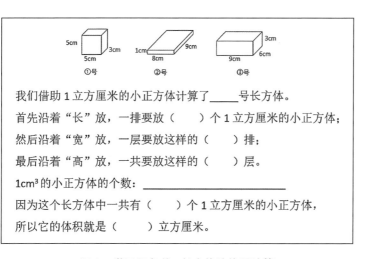

图 2　学习任务单：长方体的体积计算

又比如在学习《运算定律》这一课时，教师创设了帮助米老鼠统计销售情况的教学情境，首先得出了"8＋18＝18＋8"和"16＋25＝25＋16"这两个算式。学生能通过观察发现"两个数相加，交换加数的位置，它们的和不变"。接着他们可以再次写出几个算式来验证自己的想法，通过多次举例能发现这一猜想是正确的。最后再由教师进行揭示：这就是加法交换律。

归纳法的本质特征是从已知到未知、从特殊到一般、从个性到共性、从经验事实到事物内在规律的飞跃过程。在小学数学知识体系中，很多数学法则和规律的学习都需要用到归纳法。运用归纳法来解决问题的一般步骤是：特例、归纳、猜想、验证猜想。这是一种获取新知识、新规律的常用策略。在课堂上小学中高年级学生一般都能根据有效信息进行大胆的猜测，并借助学习任务单通过小组合作或者自己举例来进行验证自己的猜想是正确的，从而发现一些数学新结论。

（三）通过法则应用，体验演绎推理的过程

演绎推理是以一个一般性判断为前提，推出一个作为结论的个别的或者特殊的判断推理方法，即一般到特殊的推理方法。演绎推理一般分为三段论、选言推理、关系推理和假言推理四大类。三段论是演绎推理的主要形式，它由大前提、小前提、结论三部分组成，比如，"偶数能被 2 整除，4 是偶数，所以 4 能被 2 整除"。一般来说，在小学阶段三段论的推理还是居多。

《长方体与正方体的体积》一课中正方体体积公式的推论过程也是一个三段论的过程。首先用小正方体拼成大长方体，多次探究后通过归纳推理得出"$V_{长方体}=a×b×c$"这一长方体体积计算公式。再由"正方体是特殊的长方体"这一原理作为大前提，把长方体体积计算公式作为小前提，通过演绎推理得出"$V_{正方体}=a^3$"这一正方体的体积计算公式。

选言推理是以选言判断作为一个前提，并且根据选言判断的逻辑特性进行的演绎推理。比如在《自然数》一课的学习时，我们可能会遇到这样的选言推理：一个自然数要么是偶数，要么是奇数；这个数是偶数，所以它不是奇数。

又比如《符号表示数》这一课中运用了关系推理。以书本中给出的"□＋□＝72"这一题为例，两个□相加可以写成 2×□，所以这一算式就可以看作 2×□＝72。□是一个因数，根据之前的知识：因数＝积÷另一个因数，所以□＝72÷2，也就是 36。又或者有的学生把等号的左边直接理解为两个相同的数相加，所以整个式子就可以转化为两个相同的数相加为 72，那么这个数就是 72 的一半，也能得出这个□代表的数字就是 36。

小学生演绎推理意识和能力的形成和发展相对而言,是一个比较隐性的、长期的和缓慢的过程,需要教师在教学中抓准时机,主动渗透,因为演绎推理对于学生的思维能力要求比较高。

三、结语

数学教学的价值不仅仅局限于让学生获得最基本的数学知识,更重要的是在数学教学活动中,让学生了解学习数学的价值,增强学生的应用意识,获得数学的基本思想方法,经历解决问题的过程,从而培养推理意识,在知识获得的过程中促进学生的全面发展,并在发展过程中巩固知识,从而逐步让学生尝试着去解决生活中的数学问题。

学生核心素养的培养格外重要,然而学生推理意识和能力的培养并不是一日就可以促成的,需要教师和学生一起长久努力。数学课堂就是教师最主要的阵地,在课前,教师需要从学生的基本学习情况出发,构建有趣或者贴合学生实际生活的问题情境,激发学生的学习兴趣;在课上,教师要有意识地帮助学生从小培养推理意识和习惯,在操作环节要尽可能地让学生全部参与其中,认真听取学生的交流,把探究知识的主动权交给学生,同时针对不同的教学内容可以渗透不同的推理方法,助力学生科学演绎推理,之后再进行巩固练习;在课后,教师尝试着让学生运用数学知识解决课堂中的数学问题,以及解决生活中相关的数学问题。所以,培养小学生的推理意识和能力不仅仅符合新课标的要求,也能有效帮助学生在体验数学推理的过程中,慢慢锻炼高阶思维的能力,从而实现数学核心素养的提升。

参考文献:

[1] 孙保华."演绎"引领提升思维——演绎推理在小学数学教学中的渗透[J].中小学数学,2022(4).

[2] 周德忠.核心素养视野下小学数学教学中学生推理能力的培养[J].理科爱好者,2023(6).

[3] 严美玲.演绎推理在小学数学课堂中的渗透路径[J].课程教学,2022(12).

核心素养背景下的小学英语
阅读教学的策略探究

上海市浦东新区观澜小学　曹　静

【摘　要】　学生有效的阅读不仅能够学习大量的语言知识,培养自己收集和处理信息的能力,还能够在阅读的过程中提升核心素养。本文阐述了核心素养背景下小学英语阅读教学的价值,并结合教学课例,从激趣导入、任务驱动、合作学习等方面探究小学英语阅读教学中的有效教学策略。

【关键词】　小学英语　核心素养　阅读教学

长期以来,阅读是英语教学的基础资源,也是重要手段之一。对于学生来说,有效的阅读不仅能够学习大量的语言知识,还可以收集和处理信息,让其在阅读的过程中获得核心素养的发展,即发展思维能力,提高人文素养。自从新课标推行以来,如何在阅读教学中落实学生核心素养的培养,带给学生更加丰富的小学英语阅读体验,成了教师需要思考的问题。因此,笔者结合自身教学经验,以牛津英语(上海版)中 5A Module 4 The Natural World Unit 2 Wind 的教学为例,探究小学英语阅读教学的策略。

一、核心素养背景下小学英语阅读教学的价值

(一) 培养思维能力

小学生虽然年龄较小,但是思维却很活跃,对很多新奇的事物充满了好奇心。教师需要认识到好奇心就是学生更加积极地学习英语知识的最佳驱动力。在小学英语教学中,教师通常会在学生阅读前设置若干问题,让学生

带着问题去阅读文本,同时鼓励学生敢于发表自己的想法与见解。在这一过程中,通过教师的引导,学生可以学会从不同的角度去思考问题,并尝试自己去解决阅读过程中遇到的问题,学生的思维能力就会得到有效培养。

（二）锻炼理解能力

在小学英语阅读中,教师会引导学生从泛读到精读,这个过程就是学生从建立初步认知到逐渐深入理解的过程。泛读能帮助学生对阅读内容建立起初步的认识;而精读则要求学生掌握好词汇、词组、句型、语法等语言知识,可以帮助学生厘清文本之间的关系,进一步加深对阅读材料的理解。教师通过这种由浅及深的方式,能够逐渐实现对学生阅读理解能力的锻炼。

（三）提升认知能力

小学英语阅读教学的价值还在于能有效提升学生的认知能力。在小学英语阅读教学中,教师要帮助学生掌握有效的阅读方法,深化学生对于阅读材料的理解,提升学生的阅读兴趣和自主阅读能力,这样就会让学生在阅读中大量吸收语言知识,提升语言运用能力,通过以点带面的形式让学生的认知辐射到整个英语学习过程中,促进学生英语能力的发展。

二、核心素养下小学英语阅读教学策略

（一）激趣导入,走进文本

托尔斯泰认为:"成功的教学所需要的不是强制,而是激发学生的兴趣。"可见兴趣在学习中的重要性。阅读前的兴趣导入是实施故事教学必不可少的环节。教师可以在学生开展阅读活动前通过歌谣、游戏、头脑风暴、自由对话等多样化的形式来导入相关话题,激发学生的学习兴趣和求知欲,激活学生已有的学习背景知识,帮助学生解决语言上的障碍,引导学生快速进入到一个积极的学习状态中去。在这一环节中教师设计了以下活动:

上课开始,教师将本单元中需要学习的语音/tr/、/dr/以课堂中常玩的Golden eyes游戏形式带出,并带出自然界一大要素water,辅以朗朗上口的儿歌,导入本堂课题。本环节中,师生之间进行了以下教学对话:

T：Look，children! What a nice photo of spring! Time for Golden eyes!

S：Golden eyes，ready，ready!

T：Try to find the thing sounds like /tr/. (tree，triangle，train)

T：In the nature，how to make a tree tall and strong?

S：Water!

T：Yes. Water. And people need water，too. What can we do with water?

S：We can ... with water.

T：Good job! Let's say the chant together.

We see water here and there.
We see water in the sea.
We see water in the cloud.
We see water in the soil.

We use water again and again.
We make tea with water.
We water plants with water.
We cook food with water.

We see water here and there.
We use water again and again.
Water is useful.
Water is helpful.
That's the nature we should know.

T：We see water here and there in the nature. And we feel wind here and there in the nature，too. Can you feel the wind? And find the wind?

游戏热身,引导学生迅速进入情境,简单的几句问答,激活了学生已有的知识储备和生活经验。教师通过提问:"What can we do with water? Can you feel the wind?"激发学生的好奇心与求知欲,吸引学生的注意力,让学生自然而然地走进了故事文本 The wind 的学习。

(二) 任务驱动,理解文本

课程标准明确倡导"任务型"教学,以培养学生的综合语用能力。在教学过程中,教师应设计丰富多彩的任务情境调动学生学习的积极性,使学生主动投入学习。故事呈现时,教师有目的地设置任务,并指导学生在逐步完成任务的过程中理解故事,掌握目标语言。

这一环节的主要活动形式有根据文本内容进行判断连线、图文配对、回答问题等，主要的活动过程是：快速呈现、整体感知、自主阅读、逐步探究、研读文本，深度理解。教师通过设计阅读任务，引导学生对文本进行有效的阅读，处理文本中的重难点（包括生词、短语、语法等），启发并培养学生自主思考、推测、判断、解决问题的能力。在此环节中，教师设计了以下活动：

1. 快速呈现，整体感知

教师让学生欣赏科普视频《The wind》。该视频通过短短几个镜头，生动展示了风是什么、风的轻柔狂暴以及给人的感受，从而让学生初步感知文本核心是与风的强弱有关。

2. 自主阅读，逐步探究

在初步感知风的强弱之后，教师要求学生自主阅读，完成任务。可通过判读连线、看图说句等任务深入感受。教师通过任务，要求学生根据图意和语境，理解生词，边"阅读"图片边提取关键信息，深层理解文本内涵，逐步培养学生独立运用阅读策略进行阅读的能力。教师呈现问题，要求学生带着问题再次研读文本，寻找关键信息，并逐一解答，培养学生用英语进行思维与表达的能力。

（三）合作学习，体验文本

合作学习是学生通过小组合作共同完成学习计划的一种互帮互助学习方式，以教学中的人际合作和互动为基本特征。在此环节中，教师不仅是引领者，更是参与者、促进者，可以通过多种方式，提高学生自主阅读能力，并为学生搭建交流与展示的平台。学生则通过质疑探究，合作交流等方式积累内化文本内容，体验任务情感。

本堂课的教学中，教师要求学生以 4 人小组的形式围绕图片开展讨论，提取关键信息"quickly"，再进行逆向思维，完成文本。然后师生互动，通过问答形式，将提取的关键信息释疑，形成正向思维结论"The wind is blowing strongly. So the windmill is moving quickly"。最后，组内读图，复述文本，推选代表展示。

随后，教师给出"The wind is blowing strongly."的正向引导，让学生继续观察和进行表达，并给出"How interesting!"的情感体验。

学生在教师的引领下逐步体验了风力大小导致事物运动的变化,也让孩童放风筝的活动变得快乐(happily),继而顺其自然得出"interesting"的情感体验。在体验这一细微情感变化的同时也检测了学生对文本理解的程度,培养学生小组合作意识,逐步形成共同思考、讨论并解决问题的能力。

(四) 反思归纳,拓展文本

在阅读教学中,教师通常在文本阅读后设置综合性或者开放性的任务,引导学生归纳总结目标语言,并运用目标语言进行表达,以提高综合语用能力。此环节重在运用,主要活动有:就提取的关键信息内容进行归类总结;根据文本的核心问题开展讨论,并得出结论;改写、续写故事等。

本节课,教师要求学生根据提取的关键信息,合作将故事文本改编为小诗,组内讨论,上台演绎,同时,教师辅以音乐。以下是一组学生作品:

> Oh! Wind!
>
> The wind is blowing gently.
>
> You are blowing so softly on everything.
>
> The flowers are dancing nicely.
>
> The windmill is moving slowly.
>
> The children are playing outside happily.
>
> Oh! Wind!
>
> You are blowing so gently on me, on me.

在这个环节中,学生通过自创小诗、熟记诗词、登台表演三个环节,层层递进,学习知识。这样的方式,生动有趣,符合小学生的认知水平与年龄特点,有效培养了学生综合语用能力。

(五) 情感升华,感悟文本

英语课程标准提出英语具有工具性与人文性的双重性质,要求教师在教学过程中,不能只关注学生知识与技能的培养,更要关注情感渗透,逐步帮助学生树立正确的情感态度和价值观。情感教育应贯穿整个教学的始终,如导入部分教师播放科普视频《The wind》,启发学生感悟风的神奇、自然界的力量,为最后的情感升华做铺垫。

(六) 加强延伸,创新作业

能够激起学生学习动机的方式之一是布置使学生感兴趣的作业。在课外,感兴趣的作业能够使学生有学习动机,学生在课下能够自主地学习,并且主动用所学语言去完成任务,这是对阅读教学最好的延伸。

本堂课的课外作业之一,是一项短周期作业。请学生在一周内自主完成录制一段风的声音,上传到班级群里,并录音分享文本。然后,学生之间进行自评、互评。以下是一位学生的录音内容:

(4 秒风的声音) Today is Tuesday. The wind is blowing. It is blowing wildly. I can hear the wind "woo～woo～". The paper is dancing in the wind. The trees are swaying strongly in the wind. How terrible!

为了充分展示自己,学生们忙得不亦乐乎。这样的课外作业与学生的生活连接,大大提升了学生的学习兴趣,塑造了浓厚的英语学习氛围,创设了课后的语言学习环境,让学生尽情运用英语,享受英语。

三、结束语

在小学英语阅读教学中,只有通过研究学生的认知特点和阅读策略,才能制定切实可靠的阅读教学方法,实现核心素养背景下的有效教学。文中课例的教学中,教师根据学生的认知特点,立足教材,并有效整合课外资源,"以学生为主体,教为主导,读为主线",引导学生走进文本、理解文本、体验文本、拓展文本、感悟文本、创新作业,让学生扎实、有趣地阅读,提高了学生自主阅读的能力,有效培养了他们的英语核心素养。

参考文献:

[1] 程晓堂,赵思奇.英语学科核心素养的实质内涵[J].课程·教材·教法,2016,36(5).

指向语文核心素养的
情境创设与实施探究

上海市浦东新区东港小学　毛秀敏

【摘　要】　创设丰富多样的学习情境,设计富有挑战性的学习任务活动,将语文课程的知识、方法、情感等与日常生活融合,是培养学生语文核心素养的重要途径。它强调了语文学习的实践性特征,实现学习样态从认知活动向实践活动的转型。本文从在小学语文教学中如何巧设学习情境这方面着力,厘清情境的内涵与特点,联结学习任务群,从对准目标、符合学情、指向生活三个维度来研究实践情境的创设,并在活动中不断开展评价,进而有效提升学生的语文核心素养。

【关键词】　语文核心素养　学习任务群　情境创设

《义务教育语文课程标准(2022年版)》(以下简称"新课标")指出:"义务教育语文课程实施从学生语文生活实际出发,创设丰富多样的学习情境,设计富有挑战性的学习任务,激发学生的好奇心、想象力、求知欲。"

由此可见,情境创设对于学生语文核心素养的形成和发展有着重要的价值。学习任务群是推进学生语文核心素养培养的重要媒介,要创设多样化的学习情境来指导学生进行富有意义的学习实践活动,在活动中主动积累、梳理和整合,从而逐渐掌握语言文字的特征和应用规律,并在具体的语言环境下,正确运用语言文字进行沟通和交流。鉴于此,本文就如何提供丰富多样的学习情境,设计能够激发学生学习兴趣的学习任务群从而促进学生语文学科核心素养形成、语文学习能力提高这一问题进行阐述。

一、情境的内涵与特点

这里提到的情境是基于学习任务群、从单元整体教学出发而设计的问题情境,连接生活,具有开放性,并且能够符合学生对解决生活中复杂问题的一种需求。这样的情境实现了语文学习的本体地位向语言实践活动的转变,这也意味着情境有独特的内涵和特点。

（一）情境中要有做事的对象

设计语文学习任务应围绕具体学习主题,确定有内在逻辑联系的语文实践活动。例如,三年级上册第五单元语文要素就是"注意身边的事"。从任务群来看,学习任务可定为:观察一件事,通过眼、耳、鼻、心等方式,去感受它的特点;观察时结合想象、感悟,抒发自己的认识;注重各种情感体验的表达和表现。这三项任务构成了一个群体,其内部逻辑是:观察方法习得—应用—实践结果。

（二）情境中要有实践活动方向

学生生活经验,文本学习情境和社会生活情境这三个要素相互作用,存在着一个转化过程。例如,五年级上册第七单元语文要素为"初步感受课文静态描写与动态描写相结合"和"学会描绘景物变化"。如果简单地借用课文内容讲静态与动态描写知识,要求学生读《鸟的天堂》并画出静态描写与动态描写之间的关系,那就只停留于课文的情境之中。那么如何把它变成学生自身的言语实践? 一是读一读静态和动态的两种味道;二是品析课文,圈出关键词,以"榕树的大"作为静态美的核心,把"鸟儿的热闹"作为动态美的核心来引导学生复述文章内容,做到动静结合;三是让学生代入角色,为"鸟的天堂"撰写广告语以吸引旅游者,或更换文体撰写"鸟的乐园"既有喧闹又有安静的说明书。

（三）情境中要有人际互动

在"言语实践"方面,创设真实情境其实是在语文学习活动和学生生活经验以及真实的社会生活情境之间建立联系。"角色代入"在情境教学中是一种常见的教学方法。例如,在二年级上册第四单元《黄山奇石》的学习过程中,教师设计了一项学习任务:请你作为文旅策划者,选择一处黄山奇石,用图片配上文字的形式将这个景点的特征介绍给来旅游的人，以达到吸引游客，增加客流量的目的。这一任务群可分解成三项任务：第一，仔细阅读文本、发现珍贵景点；第二，图画与文字的搭配；第三，写推荐的理由。这三项任务都是具有内部逻辑联系的学习活动。

可以说，情境创设能让学生主动参与到现实问题的解决中来，是语文核心素养落实的一个载体，贯穿整个学习过程始终，与"学习任务群"形影不离。

二、联结学习任务群，巧设情境

罗日叶提出：好情境可以通过四个不同的轴组织起来，分别是一个真正的靶向情境，一个对学习有用的情境，一个激发学生动机的情境，一个可以实现的情境。在基于学习任务群的情境创设与实施过程中，需要与学习任务群逻辑相承，从对准目标、符合学情、指向生活三个维度来思考情境的创设。当然，学习任务群是一个你中有我、我中有你的"混沌"存在，需要教师根据现有文本，选择合适的任务群开展教学。

（一）情境统领以单元目标为靶向

"新课标"提出，义务教育语文课程内容主要以学习任务群组织与呈现。语文学习任务群由相互关联的系列学习任务组成，共同指向学生的核心素养发展，具有情境性、实践性和综合性。因此，在创设情境过程中，教师首先应该从单元视角出发，围绕"人文主题"和"语文要素"进行单元内部横向联系和年段之间纵向分析，并结合对新课程标准和学业质量标准的解读，准确进行主题和概念的提取，采用多篇课文联结、比较等方式进行互文阅读，让碎片化知识发生有机联系，实现教师"教得少"而学生"学得多"，帮助学生形成语文学习的能力。以三年级上册童话单元为例。

这一单元收录了四个不同作者和不同风格的中西方童话故事。综合考虑教材内容编排、语文要素与设计意图，笔者对本单元的学习目标进行了重新制定。阅读童话故事，结合多种阅读体验，对比总结得出童话的特点；了解童话情节反复、多角色合作、任务性格矛盾等多种写法，欣赏其中奇妙丰富的想象；发挥想象，借助关键词进行童话创编，并通过展示、点评、修改等方式，提升习作质量，结集成册。

根据文本解读和制定单元目标对这个单元进行重新架构,创设任务情境"我们都是读着童话长大的",让学生了解要想写好童话,先要向大作家们学习,多去读经典的童话故事。教师围绕情境开展了四个学习活动。

1. 打开童话之门

在《卖火柴的小女孩》阅读中找出印象深刻的部分,交流感受,再次品味丰富的想象。

2. 发现童话的秘密

自主阅读《那一定会很好》《在牛肚子里的旅行》《一块奶酪》,结合"交流平台",交流童话想象丰富的特点,并提炼出反复、合作、矛盾等童话构思方法。

3. 丰富童话之旅

阅读《稻草人》《安徒生童话》《格林童话》,边读边展开想象,将自己想象成故事中的角色,积累优美语句,在比较阅读中了解童话的多样性。

4. 完成童话创编

借助文中提示,自主创编童话并作分享,最后编辑成册。

通过情境创设,将学生从单篇童话故事的阅读引导至全书阅读,最终实现童话故事的创作和其他创造性表达,体现阅读铺路、由读到写的理念。所有任务是一个完整的整体,一以贯之地指向目标的达成。可以说后一课的基础与铺垫均在前一课之中,而前一课的拓展和延伸均在后一课中得到了表达,由此,单元的整体性、完整性和连贯性均得到了体现。

(二) 情境创设以学生学情为靶心

情境创设服务对象是学生,因此,教师应该根据不同学段的学习要求,围绕多样的学习主题,创造适合学生的学习情境,让学生能够积极主动地参与到学习任务中来。在创设情境的时候,要关注学生已知什么,或者是通过学习能够"学而知之"什么,将两个要素构成学生是否能够完成学习任务的先决条件,再从最近发展区找准起点,去创设学习情境,使之成为学生能力生长点,让学习真实发生。比如:三年级上册第三单元"快乐读书吧"中的《安徒生童话》,可以单独归类到"整本书阅读"这个拓展型学习任务群中来。

结合新课标关于整本书阅读的教学提示:指导学生认识不同类型图书

的特点和价值，根据自身实际确定阅读目的，选择图书和适宜的版本，合理规划阅读时间，带领学生真正走进整本书的阅读，用文字的形式去触摸童话的特点，与童话产生共鸣，展开想象，在童话里徜徉。例如，《安徒生童话》故事推荐会阅读活动设计，依照学生学情可以创设一个大情境：为了纪念安徒生，电影公司计划翻拍安徒生的童话故事，希望大家能帮忙推荐。围绕这一情境，开展以下学习活动：

1. 根据自己的能力与喜好选择合适读本，制定阅读计划。

2. 共读《拇指姑娘》，在边读边预测中绘制插图，小组讨论是否推荐。

3. 自主阅读不同版本的同一书籍，自行对比分析，确定推荐内容。再由小组合作，选择推荐方式。

4. 开展童话推荐会，由小组上台推荐，评选优秀推荐小组，鼓励读更多的故事。

从学生真实情况出发，做出适当的调整，在推荐童话的过程中，让学生进一步感受童话丰富的想象力，将"阅读—感受—评论—展示"进行阶梯式推进，帮助学生对安徒生以及作品特点有更深入的了解，让师生沉浸在更加广阔的经典阅读中，实现语文深度学习的宏观情境，帮助学生形成结构化知识，培养学生良好的阅读习惯，从而提升学生的整体认知水平，使他们的精神世界更加充实。学生在大量的阅读中不断地成长。

（三）情境达成以生活为靶场

在学习任务群的教学下，创设情境应该具备真实性。新课标中这样阐述："语文学习情境应该建立在解决现实生活的真实问题上。"所以，教师在创设情境的时候，应该将语文学习、社会生活与学生经验联系起来，并且创设的情境应该与学生的认知水平相符合。这里的真实性与常说的真实不能画等号，可分为三种情况：① 现实中的真实情境；② 生活中可能会发生的真实事件；③ 虽是虚拟世界，却给人带来真实的体验。

王宁先生认为所谓"真实"，指的是这种语境对学生而言是真实的，语言实践能力即是在真实情境中的实践能力。当学生面对的是一种真实的生活问题，思维瞬间会被触发，积极参与学习中去。如二年级下册第七单元的四篇课文，从内容编排来看，它注重回归儿童、指向情趣，兼具丰富的人文内涵,与儿童心理和审美需求高度契合。本单元既可以将"借助提示讲故事,注意听众身份"作为可以迁移的概念,也可以将其转化为"变与不变"这种富有哲学的观念,引导学生在学习讲故事中,辨析立场与态度,辨别是非与美丑,去思考人与自己、人与人、人与世界关系的根本看法,从而以"思辨性阅读与表达"为任务群的学习,去培养学生理性思维和理性精神。由此,笔者创设了这样的一个情境:

童话王国准备开展一场"变与不变"辩论赛,大象、蜘蛛、青蛙、小毛虫、月亮姑娘等童话朋友很是烦恼,不知道自己该担任哪方辩手更合适,想听听咱们二年级的小朋友合理的建议,并帮忙参加辩论,对表现优秀的选手,将被评为本年度"最佳辩手"。

结合这一情境,设计如下学习任务:

1. 借助提示,抓住反复的结构特点完整地讲《蜘蛛开店》的故事,并续编故事说出多种结局,学习辩论"蜘蛛要改变吗? 为什么?"

2. 自主阅读《大象的耳朵》《小毛虫》《青蛙卖泥塘》,确定主题,选择观点,"变"还是"不变"。

3. 回顾学习童话《小蝌蚪找妈妈》《小马过河》中的改变,并拓展阅读《小猪变形记》《不要随便改变自己》《城里最漂亮的巨人》等来支撑论点。

4. 组织学生参加辩论赛,联系生活或所读故事,有理有据地进行辩论并开展评价,评选出"最佳辩手"。

通过以上任务设计,可以看出情境是"具有学习特征的",所有学习活动都是在情境创设之下统领开展,体现了情境创设的两点要求:一是真实性,二是富有意义。任务情境设计水平高,学生开展语言实践活动的效果就好。"变与不变"这一情境实际上是一个学生走出课堂,走向社会,进入一个可能的现实世界,去完成与其相关联的一生受益的学习任务的过程。

三、情境创设下的任务评价

情境创设下的学习任务完成离不开评价,评价是对学生学习结果的一个诊断,是促进学生能力发展的重要杠杆。在语文核心素养培养中需要按照单元整合性评价的逻辑进行,要在真实的问题情境中对学生的素养进行考量。在任务群的学习中,教师应该善用表现性评价,以新课标中的学业质量为标准,保持与学习目标的一致性,将评价落实到整个学习中去,这是至关重要的。

表 1 评价对比一览表

传统评价	改革后的评价
关注结果	不仅关注结果,还关注过程中的学习态度、学习程度
关注智力	更加关注能力,如解决问题的能力、批判思考的能力、沟通与协作的能力、创新能力、信息搜集与使用的能力
关注群体	同时关注个体的差异、身心健康、人格完善

如在学生学完了《卖火柴的小女孩》后,接下来的三篇课文学习主要是让学生了解童话情节结构的特点和人物形象塑造的方法,并从中感受童话丰富的想象,让学生自主阅读三个童话故事,根据评价量表开展小组合作交流。

表 2 评价量表

合　　格	良　　好	优　　秀
1. 人人参与讨论 2. 有自己的观点 3. 讲述比较清楚	1. 人人参与讨论,正确对待不同的观点 2. 观点明确 3. 讲述清楚,比较有条理	1. 人人参与讨论,正确对待不同的观点 2. 观点明确,理由充分 3. 讲述清楚,有条理

在讨论怎样的童话可以进入到童话集里,评价标准如下:

表 3 评价表

评价标准	星　级	自　评	互　评	展　评
有时间、地点、人物				
故事完整、通顺				
想象丰富,能吸引人				

自评/自读故事,看达到了几颗星;互评/分享作品,师生参照标准打星,修改;展评/展示童话,投票,评选。出示这样一种评价标准,可以让学生在练习时更有针对性,从而体现教学评一致性。

评价能促进学生反思,自主建构,能让学生非常好地在语文学习中处理好个人成长的关系。课后鼓励学生阅读更多的童话故事,如《稻草人》《格林童话》等,将经典推荐给更多的人。

当然,在任务群设计之时,要聚焦目标,紧跟评价。教师甚至教师与学生可共同研制评价方式和标准,体现评价促进学习的理念,使用过程性评价,体现多主体、多方式特点,对评价方式进行科学选择,对评价工具进行合理运用,对评价语言进行恰当使用,以此来对学生在语文实践活动中的整体表现进行真实、完整记录,从而确保学习目标得以实现。

总之,学习情境是学科素养形成、发展与表现的载体,创设的情境不仅是学习任务群教学的出发点,同时也贯穿于学习任务的全部过程之中,引导着这一任务的圆满完成,让学习变得更加真实,使学生的语言实践能够在现实生活中进行,让学生觉得"与己相关""于己有用",在"真做"中不断驱使学生发现、思考、总结,最后形成能力,从而能够真正解决或者创造性地解决生活中的真实问题,让学习真实有效。

参考文献:

[1] 刘徽.大概念教学:素养导向的单元整体设计[M].北京:教育科学出版社,2022.

新课标视野下小学科学课中探究能力的培养

上海市浦东新区东港小学　杨玉凤

【摘　要】　小学科学课的主要教学目标是培养学生认真观察的习惯和独立思考的能力,倡导学生自主探究,使学生能真正体会科学知识的重要价值,并学会应用知识解答科学现象。在小学科学这门课程的具体安排中,探究环节高于理论知识,探究有助于科学素养提升,学生在探究科学知识的过程中,其思维会得到良性发展。本文基于探究式学习在小学科学课堂教学中的运用现状,从探究式学习的教学理念出发,提出优化策略,通过教学实践与效果分析,分享一些体会。

【关键词】　小学科学　探究能力　培养

《义务教育科学课程标准(2022年版)》明确指出:"科学学习要以探究为核心。"探究既是科学学习的目标,又是科学学习的方式。亲身经历以探究为主的学习活动是学生学习科学的主要途径。无数的教师经过实践和探索,认识到比直接给予学生知识更有效的科学教育方式是让学生自己去探究、去发现,让学生在经历一次次发现的过程中,获得科学知识,培养科学探究能力。培养科学探究能力首先要培养主动探究的意识,那么,在小学科学教学中如何培养学生主动探究能力呢? 笔者以《磁铁的两极》为例谈几点体会。

一、巧设导入,激发探究欲望

"探究的欲望是推动学生进行研究活动的内部动因。"这就是说学生的探究欲望一旦被激发,就会对研究活动感兴趣,并以积极主动的态度和坚强的意志力去参与研究活动,进行有效的研究。学生只有主动参与了,他才想做、想说、想思考。因此,教师在教学中应注意根据教材内容和学生年龄的特点,巧设导入,激发学生的探究欲望,吸引他们主动参与到科学探究中。

如在《磁铁的两极》一课开始时笔者设计了一个小游戏来激起学生的学习兴趣,使学生产生探究欲望。笔者向学生展示了一张优美的,包含各种花的大图片,用曲别针夹住一只纸蝴蝶,并提问学生:"谁可以让这只蝴蝶飞舞于百花园中?"学生非常活跃,都要求来试一试。但是他们都以失败而告终。此时笔者告诉学生,自己可以做到。学生充满了好奇与惊讶。笔者将磁铁放于图纸的后面,蝴蝶真的动起来了,学生一下就想到了其中的奥秘——磁铁。学生的注意力与兴趣点全部集中在磁铁上。笔者趁热打铁,问:"磁铁有什么特性?"学生异口同声回答能吸铁。此刻笔者及时引导提问:"你知道磁铁还有什么性质吗? 今天我们继续学习磁铁。"这时,学生会产生强烈的探究其中奥秘的动机,他们求知的欲望被激发了,就会主动地参与到探究活动中。

在探究活动中,激发学生探究欲望的方法还有很多。如:设疑、播放优美的音乐、讲故事、做小游戏、实验与制作等,教师根据教材的特点和学生的实际情况灵活选择会使教学效果更加精彩。

二、质疑问难,增强探究意识

质疑问难是调动学生学习积极性和主动性的重要手段,也是培养学生探究意识的重要途径。在科学教学过程中,教师要倡导利用科学诱人的奥秘质疑问难,帮助学生构建认知结构、培养自主探究意识。课堂上,无论学生提出的问题正确与否,教师都应该从正面引导学生积极思考,鼓励他们敢于发表自己的见解,呵护学生的自尊心,培养他们的自信心。

那么,如何在课堂上培养学生的质疑能力呢? 笔者认为需要做到以下几个方面。首先,要培养学生良好的提问习惯,使每一位学生都有提问的机会,尤其要关注"后进生"在发现问题、提出问题和解决问题过程中的闪光点,不断训练和提高他们的质疑能力。其次,要把握时机,可以放在新授结束后的巩固,也可以在课堂练习、预习时进行。通过学生质疑,教师就能多方面地捕获到反馈的信息,据此优化教学过程,引导学生从不同方面、不同角度,采用不同表达形式提出问题。最后,还要控制范围,有些学生的质疑会离题太远,如果提问后,学生思维过于发散,无法及时回到课堂问题,就达不到教学目的。这就需要教师围绕教学目的要求,根据教材特点实行有效的范围控制,使学生明确质疑方向,提高创造性思维能力。

如在探究"磁铁两端的磁性最强"这个环节时,笔者设计了让学生先看一个关于小钢珠滚向磁铁中间的视频,然后提问:"你有什么发现和疑问?"

学生 1:"小钢珠明明都滚向磁铁中间的,最后为什么滚向了两端?"

学生 2:"我也有这个疑问,难道中间没有磁性吗?"

学生 3:"我同意他说的,我猜可能磁铁的中间没磁性,两端有磁性。"

学生 4:"我在书上看过,磁铁中间有磁性。"

笔者大加赞扬学生的回答,并及时引导学生探究怎么验证这个问题。这样的质疑,不仅锻炼了学生的逻辑思维,也使他们有了主动探究的意识。

三、实践体验,渗透探究方法

"授人以鱼,不如授人以渔。"教给学生知识不如将掌握知识的技巧传给学生。科学知识是科学方法探究的载体,科学方法是获得科学知识的手段。在科学教育中,要既重视让学生对科学知识的掌握,又重视让学生掌握简单的科学探究方法,懂得科学方法的价值。

例如,在学生猜想"条形磁铁各部分磁性是不一样的"后,笔者让他们小组合作探究验证方法。学生提出用磁铁不同部位吸铁,看每个部位吸铁的数量。有了思路后,再思考吸哪种物体容易观察数量、便于记录,学生也在观察中发现这个物体既不能太大又不能太小。学生在铁块、铁屑和回形针中选择了回形针。最后通过实验记录、归纳总结,学生既知道了磁铁两端吸回形针最多,越往中间吸的回形针越少,还知道了磁铁中间是有磁性的。

又如,学生都知道指南针里的磁针能指南北方向,就提出"磁铁是否能指南北方向"的疑问。这又一次激起了学生探究的欲望。而且之前刚经历"提出问题—作出假设—实验验证—得出结论"的过程,学生很快经过讨论,得出让条形磁铁自由旋转,等静止后再观察它是否能指南北方向。但如何让磁铁自由旋转呢? 经过激烈的讨论,有的小组决定把磁铁用根线挂起来,而有的小组决定让磁铁浮在水面上。实验结果发现磁铁能指南北方向。在这两次的实验过程中,教师没有直接告诉学生实验的方法,而是让学生自己设想、自行设计、自主探究,让学生在玩中发现问题,用科学的方法探索事物本质。这样做,既满足了学生的探究欲,又使他们在想与做的过程中发挥自己的情感潜能、思维潜能和操作潜能,极大地提高学生学习的参与度。因此,在教授科学知识时有意识地把科学探究方法渗透其中,能更有效地提高学生的探究能力和探究效果。

四、运用评价,养成探究习惯

科学探究活动是一个始终伴随理性思维的过程,活动后的反思与评价有助于学生进一步理解探究结果,提高探究技能,形成正确的科学态度,最终养成探究习惯。当学生有了实验结论后,要及时加以评价,可以是学生之间相互进行评价,也可以是教师做出评价。评价的形式也可以多样,可以是口头评价,也可以是书面评价。评价后要让学生及时反思,哪些地方做得很好,哪些地方做得还不够,哪些因素还没有考虑进去等。有了反思后,学生的认识就能进一步提高。

比如,笔者在课开始前就依据学校"智乐星"评价体系,明确提出评价方法,主要从两个方面评价。一方面是教师对小组的评价,能做到"实验要求请听清、探究讨论要轻声、小组活动能合作、同学发言认真听"这四点的小组可得一颗星,得到的星星总数前四名的组,每个组员可得一枚"乐学习"章。这项评价是为了约束部分学生行为并激励他们养成良好课堂习惯。另一方面是小组自评,如表 1 所示,这是为了让学生对自己有一个正确的了解,激发自我内驱力,养成探究习惯。

表1 小组自评表

活 动 要 求	达 成 情 况			
	活动一	活动二	活动三	活动四
能轻声讨论,设计实验				
能团体合作,分配任务				
能仔细观察,记录数据				
能互相交流,发现现象				
能在实验后,将器材放回原处				
完成即得一颗☆,共( )颗☆。				

　　小学科学课作为理论性和探究性较强的学科之一,与学生的发展有着密切的关联性,是培养学生自主探究能力的最佳途径。总之,教学过程中我们要给学生主动探究的机会,变"接受性学习"为"创造性学习",让学生在创设情境、动手操作、合作交流、联系实际中学习新知;充分以学生为主体,逐步培养学生自主探究的意识。教师要把"学"的权力还给学生、把"想"的时间多给学生、把"做"的过程留给学生,引导学生主动探索,培养学生的自主探究能力。在课堂教学中积极实施探究性学习,让学生亲历自主探究的成功之旅,从中感受自然科学之美,体会探究之乐,获取成功之喜。

参考文献:

[1] 王旭.基于探究式学习的小学科学教学设计研究[D].武汉:华中科技大学,2018.
[2] 邱骏晨.浅谈在大数据环境下培养小学生科学探究能力的策略[J].天天爱科学(教学研究),2021(8).
[3] 唐兴苗.基于小学科学新课标下学生学习能力的培养[J].新课程,2021(22).
[4] 黄舒敏.浅谈如何在小学科学教学中培养学生的质疑能力[J].学苑教育,2021(14).
[5] 吴时祥.浅谈小学科学实验教学中小组合作分享学习的有效性[J].科学大众(科学教育),2018(12).

基于核心素养的小学英语项目化学习的实践与思考

——以牛津英语(上海版)2B M4U1 Mother's Day 项目化学习为例

上海市浦东新区实验小学　龚秀清

【摘　要】《义务教育英语课程标准(2022年版)》指出,英语课程要培养学生的核心素养,包括语言能力、文化意识、思维品质和学习能力等方面。本文主要探讨在小学英语教学中,基于教材开展项目化学习,为学生探究主题意义提供语境,并通过项目的启动、探究、展示、评价等环节,促使学生用英语思考问题,深化学生对主题意义的理解,促进其英语学科核心素养的发展。

【关键词】 核心素养　小学英语　项目化学习

一、项目化学习的内涵

项目化学习(Project Based Learning,简称PBL)是基于项目的学习。它是一个改变学习方式的生动实践,它通过整合相关学科资源,解决真实情境中的问题,进一步把"知识为本"的教学转变为"核心素养为本"的教学,使我们的教育适应社会发展和整个世界的发展。

项目化学习以探究性学习为主要学习方式,注重学习过程中学生的经历和体验,帮助他们在学习中激发学习兴趣,提升学习品质,主动建构知识,加强合作交流,真正学会学习,提升能力与素养。这种更加贴近生活实践的学习方式,既能突破分学科教学的局限,在真实的问题情境中培养学生的知识技能,又能鼓励和促进学生在项目实施中充分发挥自己的个性特长与创造性,在知识习得与生活应用、问题解决与实践创新的持续双向互动中,不断巩固和优化学生的认知。

二、小学英语教学中实施项目化学习的意义

项目化学习具有教学理念创新性、教学方式开放性和评价方式综合性的特征,因此在小学英语教学中实施项目化学习相比传统的教学模式具有更加积极的意义。

(一) 项目化学习更贴近学生的生活实际

项目化学习是从真实问题与真实任务出发,引导学生在真实的情境中发现问题,创造性地解决问题,注重培养学生在现实生活中使用英语的能力,而不是机械地抄单词、背课文、做习题等。如《My face》一课,针对一年级学生刚入学的情况,结合教材中所学的 eye, ear, mouth, nose, face 这些单词,设计"This is me"项目,让学生画一画自己的自画像并介绍自己,汇报时可利用"说一说"的形式,也可以结合教材中的"唱一唱"板块进行表演,用这种方式认识同学,结交新朋友。这种方式贴近学生的现实生活,从而使他们对这些内容产生了浓厚的兴趣。

(二) 项目化学习能激发学生内在学习动机

在英语教学中实施项目化学习能激发学生们的学习动机。在实际教学中,教师应根据小学生的性格特点以及兴趣点,设计一些项目活动,从而激发学生学习英语的动机以及开拓学生英语学习的思维,最终提高英语学习的效果。如 5B M2U1 Food and drinks 一课,为了让学生明白健康饮食的重要性,笔者设计了"My healthy diet"为主题的项目,以"How to make a healthy diet?"为驱动型问题,让学生在食物的世界里尽情探索,用各种方法设计自己的健康饮食表,最后用英语小报告、英语手抄报或者视频汇报的方式进行总结和展示。学生在这个探究的过程中,从兴趣出发,利用小组合作等方式,将被动的学习转化为主动的行为,内在的学习动机自然而然地得到了激发。

(三) 项目化学习有利于促进学生自主探索

项目化学习引导学生在真实的情境中发现问题,创造性地解决问题,又

会在解决问题的过程中发现新的问题,这样一个循环往复的过程就是学习的本质。在这个学习过程中,学生能积极地参与到项目讨论中,建构良好的知识体系,指向深度思考,在潜移默化中使学生养成主动学习的意识,不断提升英语综合素养。

三、小学英语项目化学习的实施策略

美国巴克教育研究所提出,项目化学习是"一套系统的教学方法",学生通过对复杂、真实问题的探究,以及实施项目任务,设计项目作品来掌握所需的知识和技能。学生在解决现实生活中的问题的过程中,不仅能培养创造性思维,同时也能发展他们的探究精神。基于此目标,二年级的教师们结合牛津英语(上海版)2B M4U1 Mother's Day 的教学内容,以"I love my mum!"为主题,开展了一次项目化学习。

(一) 问题驱动,确定主题

开展小学英语项目化学习,要深度分析与解读教材,判断其主题语境,探究单元主题意义,根据单元主题意义,整理归纳驱动性问题。这个驱动性问题是开放性的问题,没有具体的答案,贴近学生的实际生活,值得学生深入思考,且具有一定的挑战性,能够充分激发学生的探究兴趣。在这个驱动性问题的引领下师生共建项目任务,确立项目的主题。

Mother's Day 这一单元的主题语境是"Mother's Day",语篇类型为对话和儿歌文本,主要学习母亲节的相关单词和语句表达。在设计本次项目化学习之际,正值学生们因为疫情原因在家开展线上学习。长时间的居家学习,使学生目睹了妈妈一边忙于居家办公,一边忙于做饭、洗衣、打扫卫生,操持着各类家务,体会到妈妈的辛苦付出,感恩的种子在心里发芽。正值母亲节来临之际,在这样的背景下,二年级的教师们将驱动性问题整理归纳为"How can you show your love to Mum?",并确定了本次项目化学习的主题为"I love my mum!"

(二) 项目规划,明确目标

项目化学习的目标设计必须关注到学生核心素养各方面的协同发展。教师应规划和构建多维学习目标,将单元学习目标与项目化学习目标相融合,指向学生的语言能力、思维品质、文化意识、学习能力的发展,应把项目的目标定位为:基于英语语言学习和语言运用,通过一系列的学习和探究活动,培养并发展学生作为未来社会公民所需要的核心素养,为学生的继续学习和终身发展奠定良好的基础。

在"I love my mum!"这一项目实施前,学生们已经学过关于新年的一些祝福语以及新年卡片等简单的单词和语句,对项目设计所要涉及的要素有初步的认识和运用能力,在这些基础上,此次项目化学习方案制定如下:

主题:I love my mum!

驱动性问题:How can you show your love to Mum?

关键能力:语言表达能力、思维能力、组织能力、审美能力

项目目标:

1. 能在语境中理解并运用核心单词 letter,balloon,carnation,card 及祈使句 Have ...。

2. 能在庆贺母亲节的语境中理解,并尝试运用句型"What can I do for Mum?""I have ...""Have ...""Here's ... for you.""Happy Mother's Day!"等句子给母亲送礼物,表达对母亲的祝福。

3. 通过文本视听、跟读模仿、看图说话等形式巩固本单元的相关词汇和核心句型,提高运用能力。

4. 通过母亲节相关知识的学习,感知母亲节的节日文化,用自己的实际行动表达对母亲的爱,感恩母亲。

(三) 问题引领,梳理脉络

在驱动性问题的引领下,根据项目化学习开放性、综合性和生成性的特点,教师在设计学习内容时,可以指向体验性学习、拓展类学习和探究性学习。学习内容既可以是人文社会科学方面的,也可以是自然科学方面的,让学生与家庭、社会相融合,引导学生走出学校,走进社区,走入社会,对感兴趣的问题开展学习和探究,关注日常生活现象,解决真实生活中的问题。

在此案例中,我们对二年级全体学生进行了一次网络调查,通过调查问卷的形式了解学生参与学习的情况,确保此次项目化学习的有序开展,人人参与。英语组的教师们群策群力、集思广益,围绕主题设计任务单、设想活

动的形式等,同时根据学生选择参加的学习形式的实际情况,组建对应的讨论群,进行针对性的指导。

学生们根据教师发布的任务,利用网络、书本等资源搜索、探寻母亲节的来历。学生们知道了母亲节是一个感谢母亲的节日。现代的母亲节起源于美国,是每年五月的第二个星期日,康乃馨被视为献给母亲的花。

(四)层层引导,充实项目

在学生探究学习的过程中,教师还可以将驱动性问题再次进行细化,形成几个子问题。学生在自主探究、小组交流中,确定解决问题的基本方法。通过咨询教师或家长、自学、网络调查、动手操作实践等方式,在教师的指导下,学生列出任务清单,运用不同方式进行探究,并形成各自的成果报告。

当"母亲节能为亲爱的妈妈做什么?"这个问题摆在学生面前的时候,他们都积极思考起来。通过几天的观察,学生们发现妈妈的一天要为自己、为家里做很多事情,那么我们能为妈妈做什么呢? 赠送一张漂亮的贺卡,倒一杯热茶,帮妈妈洗碗,给妈妈剪指甲、捶背都是不错的选择,无论多么小的举动,都体现出学生们的用心,让妈妈感受到了他们的成长,感受到他们的感恩之情。

当然,小学生理解能力毕竟有限,在初接触项目时,难免会遇到一些问题。此时,教师的引导就尤为重要。在这个过程中,教师引导学生深入分析,以问题为导向帮助学生进一步加深理解,掌握项目构建的方式,使学生的思维能力得到逐步提升。

(五)项目成果,分享展示

成果展示是项目化学习最为重要的环节,同时也是检验学生学习效果的有效途径。教师可以创造条件,鼓励学生用多种形式进行展示,以此激发学生参与项目化学习的动力,提升项目化学习的成效。

在此案例中,通过几天的观察,学生们对描述自己亲爱的妈妈有了底气,她的外貌特征、喜欢吃的东西、喜欢做的事情都有了一定的了解,他们把自己和妈妈的幸福合影贴在任务单上,根据任务框架问题,将描述妈妈的语句填写完整。当然,他们还认真地美化了这张任务单,准备把它当作母亲节礼物送给妈妈。

完成了任务单之后,学生们手持任务单,对着镜头骄傲地介绍自己的妈妈,让大家都认识超级能干的妈妈们,把对妈妈的爱和感激传递给大家,让大家一起感受温馨而感人的时刻。

(六)总结评价,提升成效

学习产生了多大的价值?取得了怎样的成效?后续哪些方面还需完善?项目实施过程中产生的这一系列问题都可以通过评价来解答。与传统的评价方式不同,项目化学习的评价要体现评价主体的多元化,学生自己、同伴、教师、家长共同参与;评价方式的多样化,如成长档案袋、小组交流汇报、项目成果展示等;评价内容的综合化,重视语言知识以外的核心素养的发展;评价标准分层化,关注学生之间的差异性和不同的发展需求。

项目化学习评价是为了激发学生学习的兴趣和积极性,帮助学生梳理、反思整个学习过程中的收获。评价伴随着学习的全过程,通过自我评价、同伴评价、教师评价、父母评价等方式,发现并积累学生参与项目化学习过程中各方面能力和素养发展的情况。行之有效的评价能够促使学生及时完善和突破自我,建立良好的学习自信。同时,教师和同伴的评价更能深入挖掘学生的潜力及闪光点,帮助学生巩固在问题解决过程中建构起来的知识,提高语用能力,培养英语核心素养。

四、小学英语项目化学习的思考

在小学英语教学中实施项目化学习,首先要依托课程内容,创设与生活相关的主题语境,以单元主题意义探究为主线,以问题为驱动,以解决问题或完成任务为目标,将学习不断引向深入,促进学生对知识的纵向理解以及横向关联,让学生进行深度学习,并以积极的评价与反馈巩固学生对主题意义的理解。项目化学习不仅能充分发挥学生的学习潜能,提升学生的自主学习能力以及合作探究的能力,还能拓展学生学用英语的渠道,提升学生的英语学科核心素养。

本次项目化学习也有值得反思和改进的地方,比如,由于客观因素,条件有限,学生只能在家里这个特定的环境中实施这个项目。如果可以走到户外,拥抱大自然,我们可以有更丰富的形式和语言,跟妈妈开展互动,提高语言能力,增进亲子关系。

综上所述,项目化学习作为一种全新的学习方式,让学习任务在一定的情境中呈现,能够有效提升学生问题解决的能力,在项目化学习过程中,学生的主体地位得到充分凸显,核心素养得到全面提升。作为教师,应多多设计一些项目化学习的内容,促使学生学习能力不断提升。但项目化学习的主题内容的选择、指向核心素养发展的目标设计、多种形式的活动规则以及促进核心素养发展的评价设计,对教师而言是具有一定的挑战性的。教师要提升自身专业素养和跨学科教学的意识和能力,主动了解并具备多样化的学科知识背景,将不同学科知识与现实生活相联系,为学生呈现有效整合的项目化学习内容,持续促进学生核心素养的全面发展。

参考文献:

[1] 徐连美.项目学习在小学英语教学中的实践研究[J].新课程(中),2017(3).

[2] 崔允漷.学习素养通过项目化学习培养[J].上海教育.2018(34).

[3] 徐梅芳.对接、融合、破圈,让项目化学习与学校课程深度融合[J].上海教育.2021(21).

核心素养下小学数学项目化学习的实践探索

——以"我是时间小主人"项目为例

上海市浦东新区实验小学 黄 洁

【摘 要】 2022 年版数学课程标准,进一步明确了数学核心素养,提出"三会"教学目标、"四基四能"目标。项目化学习是一种新型的学习方式,能有效地培养学生的核心素养。本文以"我是时间小主人"项目化学习为例,基于核心素养,将"三会"贯穿整个项目探究,引导学生体会数学知识的价值,感悟珍惜时间的道理,并主动迁移至生活,初步培养数学眼光,丰富数学表达,发展数学思维,提升数学应用意识和创新能力。

【关键词】 项目化学习 小学数学 核心素养

《义务教育数学课程标准(2022 年版)》指出,数学课程要培养学生的核心素养,主要包括以下三个方面:会用数学的眼光观察现实世界、会用数学的思维思考现实世界、会用数学的语言表达现实世界。在项目式学习的多种模式中,基于学科的项目式学习是以学科的核心概念和原理为中心,综合编排学科知识并与其他学科相整合,学生借助多种资源相互合作,通过在一定时间内解决一系列相关问题来获得知识与技能,提升综合能力的新型学习方式。

数学项目化学习是基于数学课程标准,在数学学科教学中,通过对教材的内容进行归纳性整理,发现真实的生活问题,从而设计有意义的学习活动,帮助学生逐步学会用数学的眼光去观察生活,能在解释生活现象时学会运用数学语言进行表达,能灵活地将习得的数学能力去思考并解决生活问题,学会在观察、实践、合作探究中深入地开展数学研究。

下面将以"我是时间小主人"项目为例,阐述如何基于小学数学学科,聚焦问题解决,开展项目化学习,从而培养学生核心素养。

一、项目设计,培养数学眼光

(一) 提炼主要知识,确立核心概念

在传统的小学数学课堂教学中,教师实施教学时往往只关注某一重点知识。比如《时、分、秒》这一课中,是在整时、几时半的读写基础上,教导学生进一步认识时间,教学目标即认识时间单位,能正确读写钟面上的时刻,初步学会区分时刻与时间段,建立 1 小时、1 分、1 秒的量感,知道时间单位之间的进率。而时间单位比较抽象,且很难用具体的事物展现出来,对于小学生来说较难掌握;并且时间单位之间的进率不是平时的十进率,比较特殊。因此开展项目化学习,可以帮助学生突破这些限制,在具体情境中更好地掌握本课知识点,并得以拓展延伸。所以在设计项目化学习内容时,不应局限地只关注本课知识点,而应整体性地认识、理解和梳理概念。如围绕《时、分、秒》这一课内容设计"我是时间小主人"项目。

(二) 引入真实问题,激发探究兴趣

与传统教学相比,项目化教学以真实问题为切入点,引导学生以小组合作的形式进行自主探究,综合运用不同学科的知识及方法解决问题,这也打破了原有学科的知识界限。其优势是学生不仅能够掌握课本上的知识,还能在解决问题的过程中激发求知的欲望以及学习的兴趣,从被动接受到主动探究,有利于学生透过知识的本质,多角度、多方面地分析问题,提高解决问题的能力。

根据"双减"背景下五项常规管理要求,学生的作业量已大大减少,但还是有小部分学生在周末时没能好好休息,觉得周末的时间过得很快,不知道如何管理自己的时间。这一系列问题引发了笔者对于学生时间管理的关注,由此开展了"我是时间小主人"项目化学习活动。希望以此引领学生审视"时间"的概念与流逝,了解合理安排时间的重要性,设计更适合自己的作

息时间表,真正体会到数学学习的趣味性和实用性,感受数学与生活的密切关联,激发学生对数学的学习兴趣,最终初步建立时间观念,懂得要珍惜时间的道理。

(三)设计驱动性问题,培养数学眼光

在小学数学项目化学习中,应重视驱动性问题的设计,驱动性问题能高效地为学生指明探究方向。有效的驱动性问题,不仅能突出核心概念,还能引导学生用数学的眼光观察现实问题,引领学生去研究有关的知识,并找到问题解决的方法,也能够帮助学生将所学知识、实践应用和新学知识联系起来。值得关注的是,高质量的项目化学习意味着要将素养目标转化为项目化学习的目标,并使素养目标成为驱动性问题情境设计的依据、评价的依据和学习支架的设计依据。驱动性问题不仅要引起学生的探究欲望,还要聚焦于教学知识中的核心概念,帮助学生在学习中不断应用、深化并领会数学概念。

在"我是时间小主人"项目化学习中,笔者设计的驱动性问题为"时间都去哪儿了?"学生通过自主探究,发现要解决这个问题,需知道:① 如何记录时间? ② 1秒、1分、1小时分别有多长,可以做哪些事情? ③ 时间太少,时间能不能停一停? ④ 如何合理地规划自己周末的一天? 笔者围绕学生提出的关键词梳理了解决问题的路径,将其分为四个课时推进:时间记录的小秘密、"时、分、秒"有多长、为什么时间不会停留以及如何合理规划周末的一天时间。整个任务链从教材迁移至生活、从学校迁移至家庭,让学生以数学眼光看待实际问题,感受数学知识来源于生活并运用于生活。在学习实践中,学生需要综合运用跨学科知识,进行创新探索,开展合作探究的学习。该项目主要运用数学知识,并结合科学、美术等学科,让学生不仅了解了计时工具的发展史,也了解了时间在生活中的重要性,学会了合理规划自己的时间并制作成小报。在这个过程中,学生学会用数学的眼光看待现实问题,根据任务需求主动运用数学知识,发展创新意识,真正实现学生的主动发展。

二、项目实施,发展关键能力

(一)量感深入,丰富数学表达

在日常教学中受到教材编排、课程时间等因素的限制,学生很难有时间针对某个问题进行深入探究,对教材情境背后蕴藏的道理的理解也浮于表面。而项目化学习在重视学科思想方法与探究活动的同时,注重引导学生在解决真实问题中,收获不同学科的知识与思想方法,并领会一定的人生道理,从而丰富学生的数学表达。

1. 交流计时方式,充实数学语言

子问题1:没有钟表怎么记时间?(时间记录的小秘密)

学生讨论后说可以通过看白天还是黑夜,可以看影子长度。通过组织学生周末收集资料,让他们了解古人的计时工具和计时方法,通过学习,学生了解到了中国古人有日晷、沙漏、打更、水运仪象台等计时工具并能简单解释其计时原理。学生在介绍多样的计时工具和计时方法时,也丰富了他们的数学语言。而随着现代科技的发展,计时方式也在不断更新,现在主要用电子钟表和机械钟表进行计时。在这些信息的探索过程中,不仅激发了学生的学习兴趣,也让学生体会到了数学与现实世界的联结,并初步学会了用数学语言去表达时间。

2. 时分秒对比,培养量感

子问题2:"时、分、秒"有多长?

在解决该子问题时,学生结合自己的生活经验,通过形式多样的活动,如写字、读书、计算、跳绳等,体验不同时间的长短。在这个过程中,教师引导学生自发地参与数学探究活动,把无形的时间概念转变成学生能够接触到的有形的东西,加深学生对时间的认识,让学生感受到自己就是时间的主人。学生经历了体验、比较、分析的过程,通过生活实例直观地感受了1秒、1分、1小时,并比较了1秒、1分、1小时之间的时间长短差异,以此培养了学生的量感、应用意识、创新意识和实践能力,初步建立了学生的时间观念。

3. 时间停留,感悟珍惜时间的意义

子问题3:为什么时间不会停留?

时间在一秒一秒地溜走,为什么不会停留?为什么还会有白天与黑夜?为什么会是一直在循环?……根据学生的问题,科学老师做了专业解答。通过学习科学课《自转与公转》,学生不仅知道了日夜更替,也知道了春夏秋冬四季更替的原因,还知道了一年是365.242天。学生也因此明白了时间是有限的,体会到了珍惜时间的重要性。

(二) 实践应用,发展数学思维

数学服务于生活,有了项目化学习的经历,学生能够更主动地把知识运用于生活,把理念实践于生活,把解决问题的路径迁移至生活,建立数学和现实世界之间的逻辑联系,形成重论据、有条理、合乎逻辑的思维品质,不断发展其数学思维。

子问题4:如何合理规划周末的一天时间?

首先,学生在班级里围绕怎样节约时间,展开热烈讨论。其次,每位学生在小组内介绍了自己以往周末的时间管理,组员对其不合理之处提出想法和建议。然后,班内针对那些组内无法解决的时间管理问题再进行交流。最后,每位学生根据自己的实际情况利用数学思维来分配自己一天的时间,并合理设计了自己专属的周末时间规划小报。在这个过程中,学生基于自己和别人的实际情况不断审视每个人的时间规划,提高了质疑问难的批判性思维,其用数学思维思考现实问题的能力、数学应用意识和创新意识也得到了发展。

综上,小学数学项目化学习能够更有效地引导学生开展收集、交流、分析、批判等学习活动,学生在真实情境中经历发现问题、分析问题、解决问题的过程,能激发探索数学知识的内在动力,培养数学眼光,丰富数学语言,提高数学思维,形成较强的数学应用意识和创新意识。

参考文献:

[1] 叶阳,章勤琼. 小学数学项目式学习:特征、发展及应用案例[J]. 小学数学教师,2020(1).

[2] 胡久华,郇乐. 促进学生认识发展的驱动性问题链的设计[J]. 教育科学研究,2012(9).

[3] 夏雪梅. 国家课程的项目化学习:高质量的分类探索[J]. 上海教育科研,2023(3).

例谈在小学科学中融入 STEM 教育理念

上海市浦东新区实验小学　徐晓琴

【摘　要】 随着教育信息化时代的到来,传统教育模式已经无法满足现代教育的需要。应及时转变传统的教育模式,融入新的教育理念。素质教育提倡的是全面育人、综合发展,这与 STEM 教育理念不谋而合。小学科学课程总目标是培养学生的科学素养,使学生能够掌握科学知识,能进行科学研究,树立正确的科学态度。STEM 教育与小学科学融合,能够培养小学生的综合素养,还能提高小学科学教学效率。

【关键词】 STEM 教育　小学科学　融合

一、STEM 教育概述

STEM 教育是包括自然科学、技术、工程以及数学等四个方面内容,并将上述四个学科融合,将培养学生综合素质作为教育目标的新型教育模式。STEM 教育进入我国时间不久,但来势不小。2016 年教育部在《教育信息化"十三五"规划》中,明确提出要"探索 STEM 教育、创客教育等新教育模式"。2017 年由教育部制定的《义务教育小学科学课程标准》中,在小学科学教育的目标中明确出现了"科学、技术、社会与环境目标",并倡导跨学科学习方式,建议在教学实践中尝试 STEM 教育。

二、STEM 教育的优势

STEM 教育不仅仅局限于教师所讲的知识内容,它更加提倡让学生自己去思考与实践,能有效提高学生的动手能力、想象能力,并且让学生在探索实践的过程中,保持一定的趣味性。学生的主体意识得到激发,在动手动脑中收获惊喜。STEM 教育还提供了学生亲自动手去学习体验的机会,并且也非常注重对学生协作能力的培养。小学科学中的很多问题都是来源于生活,问题的研究与解决离不开教师与学生、学生与学生之间亲密的协作。STEM 教育也强调把知识还原为丰富的生活,而不是教授学生抽象的学科知识。让学生结合自己所学的学科知识来解决生活中的实际问题,符合 STEM 教育理念,也是小学科学的教育理念。

三、小学科学教学现状

我国的小学科学教育与其他学科相比,还存在一些差异,当前的科学教育缺乏具有专业科学知识的师资队伍。如一些学校,小学科学学科大多是由其他学科教师兼任。因为缺乏专业的科学知识,教师在授课过程中,还存在照本宣科,教学过程缺乏趣味性。对于较难的知识点和实验过程,也存在比较难以进行专业解答的问题。

在小学科学教育中融入 STEM 教育理念,有利丁提高小学科学教师的专业能力和创新能力,培养学生形成良好的自主探究意识和提高学生的动手实践能力,使学生核心素养和综合能力获得全面提升。小学科学教育与 STEM 教育融合,虽然有很明显的优势,但是在融合过程中也需要面临较多的挑战。

四、小学科学课堂融入 STEM 教育理念实践策略

（一）借助数字化、信息化的 STEM 教育技术,丰富小学科学课堂

随着现代科学技术的飞速发展,先进的信息技术、人工智能逐渐走入了小学科学的课堂。在新授课开始的时候,教师可以设计播放一个和本节课相关的微视频,作为引入环节的内容。微视频可以为学生创设一个生动的教学情境,让学生在乐趣中学习。学生有了兴趣,就会产生强烈的求知欲,就能做到主动学习。例如,小学自然科教版教材一年级上册第五单元《各种各样的动物》中,教师在新授课开始时,播放了一段关于动物的微视频。一

年级的学生在一瞬间被微视频的声音、图文吸引注意力,而且学生会非常兴奋。这个视频播放完后,教师开始引入本节课的内容,此时学生已经热情高涨,学生能在情境中探究,在兴趣中学习。随后,教师可以在课堂上设计一个小组活动,让学生说一说,"你最喜欢的小动物是什么? 它喜欢的食物是什么? 它的外形有什么特点?"等问题,丰富了学生的认知,又增加了学生亲近自然、热爱自然的情感,同时让 STEM 教育慢慢融入小学科学课堂。

（二）借助 STEM 教育理念,助力学生动手动脑

STEM 教育理念特别注重理论学习与动手实践相结合。教师可以在小学课堂中融入 STEM 教育理念,让学生在动手操作中,激发自主学习的意识,提高探索科学的能力。例如,小学自然科教版教材一年级上册第七单元的《空气在哪里》一课,教师可设计实验活动,通过捉空气活动让学生进一步体会我们周围到处都有空气。在引导学生感受空气的实验过程中,让学生尝试皮肤感觉、涂抹泡泡液观察、放入水中观察等多种方法感觉空气的存在,发展学生求异思维。针对一些物体中是否有空气的不同观点,让学生通过将物体放到水中观察气泡的方法,用事实证明观点或修正观点,同时培养学生仔细观察细微现象的科学态度。

在这节课中,教师还可以设计一个小组实验:试一试,用不同的方法感觉袋子中的空气。先请学生小组讨论一下:"用什么办法能感受到袋子里的空气呢?"教师先引导学生思考,学生开动脑筋,讨论出多种方法后,再选择其中的四种与学生一同操作。例如,有学生回答,在袋子上扎一个小孔,空气从袋子里跑出来了,手会感觉凉凉的。教师可请小组中一名成员完成这个实验,同时引导学生边动手边动脑:"除了这个办法还有没有其他方法可以感觉到或者'看到'空气跑出来?"有的学生回答:"用耳朵听一听,有声音。"此时教师应及时给予肯定,并请学生们一起进行实验。随后,再引导学生思考:"如果在袋子上扎一个小孔,把袋子放进水槽中,会有什么发现?"学生进行操作时会发现有泡泡出现。此时教师可顺势引导学生开动脑筋:"还有没有其他方法?"引导学生发现,在袋子上小孔的地方涂上泡泡液,袋子里的空气被挤压出来时,可明显发现泡泡变大了。这节课动手动脑相结合,学生们在做中学、在做中思。在这个案例中,学生先通过交流讨论,提出解决

问题的方法,又通过亲自小组实验,获取了本节课的理论知识。将STEM教育理念融入课堂,教学效果比传统的授课模式提高很多。

（三）单元整合,实现跨学科项目化学习

STEM教育会以一个项目或一个主题将科学知识、工程、技术以及数学融合在一起。教师可以尝试把小学自然中的一个知识单元"STEM"化,找到一个能将单元知识基础融合在一起的项目。例如,小学自然科教版三年级下册第四单元《家蚕的一生》。本单元是在了解常见动物的外形与生活习性的基础上,以家蚕的一生为研究载体,探究动物的生长与繁殖规律。以家蚕的一生为例,延伸到更多动物的一生,从而对动物的生命周期有初步的感受。本单元的设计思路是综合考虑家蚕生长发育的阶段性以及课堂教学内容的均衡性,尽量做到让学生在课堂上有活动可做。在教学设计和作业设计上,饲养、观察、记录、交流、展示等活动要贯穿整个单元始终,以此有效地培养学生观察、记录、整理资料、提取有效信息形成结论等能力,有利于引导学生用结构与功能、局部与整体、多样性与共同性相统一的观点认识世界,同时学习如何饲养小动物,培养学生爱护小动物、尊重生命的情感。在整个项目的最后,还可以进行一个课后延伸,请学生通过绘画表达蚕的一生。学生可以结合自己饲养蚕的经历,与同学交流互动。这样一份作业,使学生对动物的生命周期有初步的感受,也能感悟生命成长的不易。

五、结束语

综上所述,在小学科学教学中融入STEM教育,能够丰富小学科学课堂。通过STEM信息化技术创设情境,可以调动学生参与到科学课堂的积极性,也让小学生对科学知识的理解能力和掌握能力有一定的提高。STEM教育理念还能培养学生形成良好的自主探究意识和提高学生的动手实践能力,学生核心素养和综合能力能获得全面提升。

参考文献：

［1］ 姚阳阳.例谈如何将STEM教育与小学科学教学融合［J］.小学生（中旬刊）,2022（4）.

基于学习活动观的小学英语模块复习课活动设计

上海市浦东新区新城小学　唐佩峰

【摘　要】　基于核心素养导向,小学英语单元整体设计下的模块复习,其目标为梳理、归纳、总结模块中各单元主要知识,使学生形成清晰稳定的语言文化知识架构,通过知识与技能实践相融合,学会分析并解决问题。模块复习课活动设计是依据《义务教育英语课程标准(2022 年版)》(以下简称《课程标准》),指导学生在主题情境引领下,依托语篇,将语言知识和文化知识整合学习,通过学习理解、应用实践、迁移创新三类活动来促进语言、文化、思维融合发展。

【关键词】　小学英语模块复习课　活动设计　英语学习活动观

一、引言

　　基于核心素养导向,小学英语单元整体设计下的模块复习,其目标为梳理、归纳、总结模块中各单元主要知识,使学生形成清晰稳定的语言文化知识架构,通过知识与技能实践相融合,学会分析并解决问题。以学生为主体的英语学习活动是学生学习和运用英语的主要途径,对培养文化意识,提升思维品质,形成学习能力尤为重要。因此,小学英语低年级模块复习课,是基于英语学习活动观设计复习活动,在充分发挥学生主体作用的基础上,讲练结合,以练促复,进而达到开阔视野、培养思维、丰富生活经验、提高人文素养的作用。

二、模块复习课活动设计的背景分析

教师在教学中会针对每一个独立的知识点进行复习巩固,但活动设计往往缺乏主题性、综合性与拓展性,知识点之间没有融会贯通,无法形成知识网。具体表现有三种:① 讲练分离,课堂教学缺乏主题引领,模块复习与习题操练各做各的;② 讲多练少,按部就班完成配套练习,不做拓展提升,学生无法形成知识网;③ 练多讲少,题海战术,追求高分,缺乏综合能力的培养。以上种种,使复习课活动枯燥乏味,学生思维固守狭隘。

究其原因,大致分为以下几点:首先,教学质量考核造成教师相对重视应试解题技巧,而忽视了语言运用能力的培养,因为在有限的课时内,刷题显得更快更实际;其次,教师认为新授课才是重点课,而复习课可有可无,课时充足就上,课时紧张就忽略。此外,复习课经常会出现单元间主题不一致,三个单元三个主题,导致语篇凌乱、情境多变,复习效果不理想。

三、模块复习课活动设计的理论依据

模块复习课活动设计是以《课程标准》提出的英语学习活动观中包含的整体性、关联性、层次性、融合性、实践性和发展性为理论依据,是学生在主题情境引领下,依托语篇,将语言知识和文化知识整合学习,通过学习理解、应用实践、迁移创新三类活动来促进语言、文化、思维融合发展的活动设计。强调知识的整合和学习策略的发展,在实践活动中内化新知,通过思维训练达成迁移创新,最终实现核心素养的发展。

小学低年级英语模块复习课的活动设计包含主题串联单元、梳理重点内容、巩固核心所学、结合习题讲练、发展技能训练和搭建思维。单元串联和内容梳理属于学习理解类活动,核心巩固和习题讲练属于应用实践类活动,技能训练和思维发展属于迁移创新类活动。

四、模块复习课活动设计的案例分析

本文以《牛津英语(上海版)》1B M3 Revision Different seasons, different weather, different clothes 为例,以核心素养导向下英语学习活动观的六大

特征为指导,进行模块复习课活动设计的实践与探究。

(一) 以整体性为指导,主题串联单元

单元整体教学设计强调内容整合、语境带动、语用体验。模块复习课需统一主题、串联单元,对各单元整体解读、统筹设计,不拘于教材内容的先后。以主题串联单元,有助于各单元的语言知识和文化背景的纵向加深与横向联结,同时创设科学完整的情境,为新的认知提供背景,建构轻松愉快的课堂氛围。

教 学 目 标

知识与技能:

1. 复习巩固陈述句、特殊疑问句的朗读语调。

2. 复习巩固季节类单词 spring,summer、天气类单词 warm, hot, sunny, cloudy, rainy, windy 和服装类单词 T-shirt, dress, shorts, blouse 的含义,并正确说出相关季节、天气和服装的名称。

3. 复习巩固核心句型 Spring/Summer is … How is the weather? It's … I need … 的含义,并尝试问答和描述不同季节的天气特征以及适合的着装。

过程与方法:

1. 通过倾听、模仿、朗读对话等形式巩固陈述句、特殊疑问句的朗读语调。

2. 通过文本视听、跟读模仿、儿歌吟唱、文本朗读等形式巩固本模块的核心词汇。

3. 通过跟读模仿、问答交流、看图说话等形式巩固本模块的核心句型。

情感、态度、价值观:

感受不同季节、天气的特征,初步形成根据不同天气情况选择不同衣物的意识。

以下是根据教学目标进行的情境创设:

(Scene 1) Alice and Ben are talking about different seasons.

(Scene 2) Alice and Ben are talking about different clothes.

(Scene 3) Alice and Ben are talking about different weather.

情境说明：

本课复习以"different seasons, different weather, different clothes"为主题，客厅为固定场景，通过三个看似不相关却又紧密相连的话题实施串联。学生通过观察聆听 Alice 和 Ben 谈论的三个不同话题（季节、穿着、气候），感知三个单元的共同点，即季节温度不同，却皆有晴天、多云、下雨和刮风，人们的穿着也跟着变化。三者间互不相关却又密不可分，契合模块复习的主题。同一场景下不同话题的设计非常符合生活逻辑，概括并整合 Module 3 的文化背景知识，对后续的复习做了情境铺垫，在整体性指导下的这类情境创设属于学习理解类活动。

（二）以关联性为指导，梳理重点内容

内容的梳理是复习课主要环节之一，帮助学生重拾已有的知识和经验，将零散知识关联成一个意义的整体。梳理方式上，低、中、高年级各有侧重，小学低年级的英语复习课趋向于图文并茂地梳理重点内容。梳理深度上，复习课不是二次"新授"，教师对于重点内容的设计，仅需有序、全面地整理呈现，并稍加点拨，让学生对所学重点进行全面回顾，体现其关联性。

【活动 1】

活动设计：

Step 1. Look and say（看图说词）

Step 2. Listen and enjoy（儿歌欣赏）

Step 3. Ask and answer（问答练习）

活动说明：

Step 1 是通过看图片，让学生说说 U1 核心词汇；Step 2 通过欣赏儿歌，让学生重拾 U3 的核心单词和句型；Step 3 选图问答，复习 U2 核心句型。这三个活动，以图文并茂的形式简单梳理模块的核心内容。学生通过感知季节气候变化影响人们的穿着，获取并梳理核心知识，将零星的内容自主关联成一个意义的整体，有效体现了关联性，属于学习理解类活动。

（三）以融合性为指导，巩固核心所学

指向核心素养的英语复习活动强调语言与文化知识的紧密融合，意义与形式并举。唯有融入语篇、语境和语用中的语言学习，才是有灵魂的学习,才能提高学生的参与程度和表达质量,才是有效的复习。因此,在梳理重点内容后,应以不同形式的活动巩固核心所学,将核心所学与模块主题、对话情境融合,赋予生活情境的意义,从而激活旧知、产生同化、强化记忆。

【活动 2】

活动设计:

Listen,fill and say(听录音填空,看句子说一说)

活动说明:

学生聆听对话,说出对话文本中空缺的单词和句型,其中既包含 U1 核心单词 spring,warm,summer,hot,也包含核心句型 Spring is … Summer is …,巩固了核心所学。这一活动设计,较之前的儿歌欣赏等难度略有提升,融入对话,以融合性为指导,内化并运用核心所学,属于应用实践类活动。

(四) 以层次性为指导,结合习题讲练

复习课的重点是讲练结合,复习与练习交错进行的同时要体现层次性。以本课为例,核心单词、句型、语段的复习呈递进模式,练习也循序渐进、难度递增。低年级的"练"侧重听力,本课设计了三种不同类型的听力练习和两种阅读练习,将讲练结合落到实处。

【活动 3】

活动设计:

Practice 1. Listen and choose(听录音选句子)

Practice 2. Read and tick(读图选句子)

Practice 3. Listen and tick(听录音选图片)

Practice 4. Read and circle(读句子圈图)

Practice 5. Listen and judge(听录音判断,画笑脸或哭脸)

活动说明:

五种练习交错在整个复习过程中,看似随意实则不然:Practice 1 中所听单词均为 U1 的核心内容,难度系数低。Practice 2 及 Practice 3 中,前者通过捕捉关键词汇与图片比较后做选择,相对难度低一点,后者通过听句子来选择图片,由词过渡到句,难度系数递进。Practice 4 将阅读内容扩充到三个单元的知识点,难度系数增强。Practice 5 的听力内容整合三个单元知识点,题型复杂,容量大,难度系数较大。学生根据练习内容进行分析与判断,进行答题实践,这一系列应用实践类活动从讲、练内容到题型,难度依次递增,体现了复习课活动设计的层次性。

(五) 以实践性为指导,发展技能训练

《课程标准》将语言技能分为理解性和表达性两类,预备级学生以视、听、说能力培养为主。学生在视频欣赏、模仿朗读等活动中发展理解性技能;在角色表演、表达描述等活动中发展表达性技能。在实践性指导下,学生通过主动参与课堂实践活动,逐步培养视、听、说能力。

【活动 4】

活动设计:

Step 1. Listen and enjoy (听唱儿歌)

Step 2. Read in roles (对话朗读)

Step 3. Do a survey (小调查)

活动说明:

Step 1 中学生通过歌谣演唱,感受语言文化的魅力;Step 2 让学生在模仿朗读中尝试选择合适的穿着;Step 3 让四人小组在调查过程中学会倾听和交流。这些以实践性为指导的活动设计,充分培养了学生的综合技能。

(六) 以发展性为指导,搭建思维阶梯

学科的本质是帮助学生超越知识的学习,服务于学生学科核心素养的发展。小学英语模块复习课的功能在于帮助学生掌握复习策略,培养思维能力,提升教学效果。思维能力的培养应结合小学低年级学生的年龄特点和认知发展水平,为他们从低阶思维向高阶思维发展搭建脚手架,促进学生高级心理机能发展,通过拓展思维的深度、宽度和广度来提升思维品质。

【活动 5】

活动设计:

Choose think and say (选一个自己喜欢的季节,根据提示说一说)

活动说明:

在梳理三个单元的核心知识并完成相关练习后,紧扣模块主题,让学生借助图片和词汇,根据所学句型来表述自己喜欢的季节、气候和穿着。学生通过观察来识别,根据自己真实的喜好做选择,根据气候来搭配合适的衣服,最后通过语篇来表述自己的意愿与喜好。整个活动,学生将主题情境与自己的生活经验建立关联,已然超越语篇,回归生活。这类以发展性为指导的学习活动侧重学生思维能力的培养,属于迁移创造类活动。

五、在模块复习课活动设计中需注意的事项

(一)完善学情分析

指向核心素养发展的英语学习倡导以学生为中心,复习课活动设计是否落地要看教师对学生学情的分析是否到位。同一个教师所教的不同班级,班与班之间的差异也是很大的,教师务必分析每个班级的学习情况,包括学生的语言学习水平、核心内容掌握程度以及对课外知识的需求水平等。通常情况下,设计内容难度略高于学生总体水平的教学最为有效。

(二)坚持形成性评价

假设学情分析是教学活动设计的"开胃菜",那么对低年级学生而言,课堂活动过程中的形成性评价则是它的灵魂了。低年级学生相比较高年级学生更渴望得到老师和同学的关注及肯定,具有很强的表现欲,但同时又很容易注意力分散。在复习活动过程中,教师或同学的及时评价能有效激发学生的学习热情,活跃思维,更有助于集中注意力。引导学生成为评价的设计者、参与者和合作者,也有助于学生核心素养的发展。

(三)及时反思调整

"金无足赤,人无完人。"再完美的设计也会有瑕疵。复习课活动设计效果好不好,教师除了根据课堂练习进行反馈,更要通过课后口语朗读等练习及时跟进,反思汇总,及时调整。如果发现未能达到预期的复习效果,说明下阶段的复习课活动设计要重新调整。教无定法,任何课型的活动设计都不是一劳永逸的,唯有教师不断自我革新、优化活动设计,才能提高复习成效。

六、结语

综上所述,小学英语低年级模块复习课应依据英语学习活动观六大特

征为指导,紧扣模块主题,以真实语境带入,借助形式丰富的各类复习活动,承上启下,查漏补缺、温故知新。使学生的学习逐步实现从知识向能力、能力向素养的转化,让核心素养的育人目标落地开花。

参考文献:

[1] 童雪白. 在高中英语阅读教学中践行英语学习活动观——以 Unit 4 The Earth is Becoming Warmer——But does it Matter? 阅读教学为例[J]. 英语教师, 2019, 19(19).

平板电脑在小学数学学习活动中的运用

上海市浦东新区新城小学　孙亚欣

【摘　要】　在《义务教育数学课程标准(2022年版)》的引领下,现代信息技术已成为小学数学课堂教学中不可或缺的一环。因此,小学数学教师势必要掌握良好的信息技术能力,并将其融入不同的学习活动中。本文基于新课标理念,探究了在数学课堂、实践性作业、多元评价、错题讲评中借助平板技术丰富数学学习活动,为创设合理的信息化学习环境,提升学生的学习兴趣和课堂参与度,实现高效且高质量的数学学习提出一些可行性的建议。

【关键词】　信息化　小学数学　学习活动

《义务教育数学课程标准(2022年版)》明确指出,在现代信息技术的支持下,数学教学应当以丰富的学习资源和生动的教学活动为基础,促进数学教学方式和方法的变革。尤其强调了在实际问题解决中,创设合理的信息化学习环境,以提升学生的探究热情,开阔学生的视野,激发学生的想象力,并提高学生的信息素养。这一教育理念不仅明确了数学教育的发展趋势,也对小学数学教师提出了更高的责任和担当。因此,紧扣新课标,探索小学数学信息化教学变得尤为重要。在新课标的指引下,教师应将信息化教学的优势融入小学数学课程教学中,实现新课标视域下小学数学高质量课堂的实践探索。

当今,小学数学教师必须掌握良好的信息技术手段,以确保学生在数学课堂中能够体验更丰富的数学学习活动。平板电脑的应用为数学教师实现高质量的数学课堂提供了极大的帮助。通过平板电脑,教师能够创造交互性强、多媒体资源丰富的学习环境,促进学生的参与和合作,增强他们的学习动力和兴趣。因此,探究平板电脑在小学数学学习活动中的运用具有重要的意义。

一、平板电脑优化师生互动

在小学数学课堂中应用平板电脑不仅可以丰富数学学习活动,极大地提升学生的学习兴趣和小组合作能力,同时提高课堂效率,而且为教师和学生提供了丰富的交互和合作机会。

举例来说,在讲授沪教版二年级上册《乘与除》一课中的例题"女生领的面包多还是男生领的面包多?"时,学生会提出不同的解答方法。在这种情况下,教师可以利用平板电脑软件的教师端向所有学生发送答题器,学生可以使用平板电脑,写出自己的解答过程并上传。教师端可以立即收集所有学生的解答。教师可以快速筛选出不同的解法,并通过教师端将它们直接展示在教室屏幕上,随后让学生解释他们的解题思路。此外,教师还可以利用教师端将多种解答方式一同呈现在屏幕上,供其他同学学习思考,这样实现了学生在课堂中的主导地位。

除了这种互动性,平板电脑还可以用于课堂中设置选择题、判断题和连线题等形式,通过平板电脑向全班学生发送这些问题,促使每个人都参与操作,并能够快速收集和分析学生的反馈和作答情况。

以沪教版二年级上册《从不同方向观察物体》为例,教师可以通过以下方式运用平板技术:

首先,教师可以展示一辆汽车从不同方向观察得到的图片。随后,教师通过平板发送任务,要求学生在平板上进行连线,将每张图片与对应的观察方向进行匹配,并将答案上传至教师端。这种互动式的学习方式不仅能够提升学生的兴趣,还方便教师收集学生的课堂反馈,以便后续进行错题讲评。

另外,教师还可以运用平板技术进行计算教学。将口算题目通过平板发送给学生,学生完成后提交答案。平板应用程序能够即时反馈学生的正确率和答题时间,提高计算题批改的效率。同时,这也有助于教师了解学生在学习前测和后测中的水平变化,更好地评估学生的学习成果。

通过以上例子可以看出,平板电脑在小学数学课堂中的应用极大地改变了传统的教学模式,提升了课堂的互动性、学生参与度和课堂效率。这种信息技术的应用使得数学学习更加生动有趣,同时也为教师提供了更多灵活的教学工具和资源,有助于培养学生的创造性思维和解决问题的能力。

二、平板电脑丰富实践性作业

当前,小学数学教师应该把发展实践能力和创新能力当成数学教学的落脚点,帮助学生发展核心素养。传统的数学作业仅仅是按部就班地完成配套练习,很少涉及丰富的情境和实践元素,学生的数学思维发展受到一定的限制。然而,通过利用平板电脑在作业中的功能和特点,教师可以提供更具个性化和有效性的作业任务,并为学生提供即时的反馈和支持。此外,平板电脑还可以丰富作业的形式和内容,提高学生的学习兴趣和参与度。

以二年级为例,第一学期的主要内容是学习乘法口诀,而乘法口诀在后续的计算学习中也扮演着重要的角色。为了丰富学生的数学学习体验,教师设计了一次实践性长作业:绘制创意乘法口诀表并上传作业照片。

首先,教师利用平板电脑进行表内乘法小擂台活动。教师提供30道表内乘法计算题,学生有1分钟的时间进行答题。平板电脑能够迅速反馈比赛情况,即学生的正确率。接着,教师将学生分为四人小组,每组选择一个数的口诀进行梳理,回顾已学习的表内乘法规律,并将他们的发现记录在平板电脑中,上传至教师端以供交流时使用。

接下来,教师利用平板电脑发布作业任务绘制"创意乘法口诀表"。学生以四人小组为单位,结合之前梳理的乘法口诀规律和两个小调查,共同绘制创意乘法口诀表。组长拍照后将作业照片上传。随后,教师组织学生进行作品投票活动,将平板电脑中收集到的小组作品进行展示,每组可在电子评价表中为他们喜欢的三个作品投票。平板电脑能够快速统计出班级前五名,获奖小组的成员将被授予"创意小达人"的荣誉。此外,所有纸质作品还可用于班级文化展示。

通过绘制"创意乘法口诀表",帮助学生更好地熟记乘法口诀这一计算工具。经过观察、总结乘法口诀的规律,学生能发现乘法表中有趣的排列规律,并利用这些规律更便捷地记忆口诀。在创意绘画的过程中,学生体验排版、梳理知识的过程,感受数学的美感,培养系统性的数学思维能力。这个过程中,学生需要查阅相关资料,了解乘法口诀表的来源。同时,他们还需要根据乘法口诀表中的规律自行梳理口诀,理解每句口诀的意义,并熟背乘法口诀表。学生可以自行设计乘法口诀表的版面,展现自己的专属记忆方式(表格、思维导图、板块分类等,算式、汉字口诀均可),以创意画的形式呈现,并拍照上传。在这个过程中,学生还学会欣赏他人的作品,获得数学学习的成就感。

通过以上的实践性作业,学生不仅可以巩固乘法口诀的记忆,还能通过观察、总结和创作的过程发展数学思维能力。平板电脑的应用使作业更富有趣味和参与度,同时提供了及时的反馈和支持,为学生的数学学习提供了新的可能性。

三、借助平板电脑实现多元评价

利用平板电脑上的应用程序可以实现对学生学习成果的多元评价。这些应用程序能够根据课堂练习自动评估学生的答案,并即时给出正确性反馈。这样的评价机制可以帮助教师了解学生的学习进度和掌握程度,以便有针对性地进行进一步的教学和辅导。

在数学课堂教学中,关注学生的积极性和参与度非常重要。教师可以利用平板电脑的实时作业反馈功能,在平板上直接收集学生的课堂习题反馈。教师可以对那些上传练习迅速、练习质量高、解题思路多样化的学生作业给予"数学思维小达人""实践小达人"等表扬评价,并利用教室的多媒体大屏展示优秀作业和名单。

此外,教师可以提前准备电了评价表,在总结评价坏节让学生结合自己的课堂表现利用平板对不同项目进行评价(如勾选星星或画笑脸)。这些项目可以包括课堂参与度、解题正确率等方面。

通过借助平板电脑实现多元评价,教师能够更全面地了解学生的学习情况,并及时调整教学策略。同时,这也激发了学生的积极性和参与度,鼓励他们在数学学习中展现出更多的思考和创意。因此,通过平板电脑的应用,能够实现更有效的学生评价和提高教学质量的目标。

四、利用平板电脑提升错题讲评效率

在数学学习活动中,错题讲评是一个关键环节,可以帮助教师深入了解学生的错误,并有针对性地进行辅导和指导。平板电脑的应用可以有效提升错题讲评的效果和效率。

(一)自动标记错题

在日常数学学习中,教师需要快速了解学生的易错题和易错点。当学生完成作业或练习时,平板电脑上的应用程序可以识别出学生的错误答案,并将其标记出来。这样的功能可以节省教师的时间,快速确定学生的错题情况。教师可以利用标记出的错题出示相关的变式题,带领学生进行巩固练习。

(二)错题记录和统计

平板电脑上的应用程序可以记录学生的错题历史和统计数据,为数学课堂提供高效的教学辅助。教师可以根据反馈信息,了解学生集中出错的题目,并进行讲解。同时,教师可以提醒学生需要注意的问题和易错的知识点。这样的错题记录和统计功能可以让教师为学生提供有针对性的辅导和指导,帮助学生克服困难。

(三)个性化错题训练

平板电脑上的应用程序可以根据学生的错题情况,提供个性化的错题训练。应用程序能够根据学生的错题历史和统计数据,针对性地生成相似类型的练习题帮助学生加强对易错点的练习和理解。教师也可以设计不同层次的变式错题,根据学生的学习能力,将练习发送至学生的平板电脑上。

通过利用平板电脑进行错题讲评,教师能够更加高效地了解学生的错题情况并进行个性化指导。同时,学生也可以通过个性化的错题训练加强对易错点的掌握。这样的应用有助于提升数学学习的效果,促进学生的学业进步。

五、结语

综上所述,平板技术为小学数学教师提供了构建多样化数学教育情境的机会,丰富了数学学习活动,提升了教学质量。高效的小学数学教学需要教师在各个环节都精心设计,改进教学策略,以提升学习效果。信息化时代,为了激发学生的数学学习兴趣和主动性,以及增强学生参与实践性数学作业的积极性,教师需要掌握良好的信息技术能力,并不断挖掘信息技术的优势。将平板技术与数学教学相结合,既能够满足学生多样化的学习需求,又能够提高教学效果,使数学学习更具有趣味性。平板技术在小学数学教学中的应用前景广阔,对于培养具有创造力和实践能力的数学人才具有积极意义。

因此,在未来的数学教学中,教师应充分发挥平板技术的优势,创造更丰富的数学学习环境。通过合理而创新的应用,有效促进学生数学思维品质、实践能力和创新能力的培养,提升他们的数学素养。

参考文献:

［1］ 王静雯.新课标背景下小学数学信息化高效课堂构建的路径［J］.中小学电教,2023(4).

指向核心素养的小学数学教学中小组合作教学策略

上海市浦东新区观澜小学　范晓菲

【摘　要】　合作是中华传统美德的精髓之一。综合性人才不仅需要具备扎实的文化知识，更要学会与人合作，共同生活。核心素养的培养，更多的是要求学生有学会学习的能力。因此，在小学数学教学中，教师应强调学生之间的团队合作，让学生在丰富、多元、深度的小组合作中发展核心素养，提升数学学习效率和效果。基于此，本文结合实践经验，审视现状，剖析小学数学教学存在的问题，并提出指向核心素养的小学数学小组合作教学创新策略。

【关键词】　核心素养　小学数学　小组合作

《义务教育数学课程标准(2022年版)》提出对学生数学核心素养的培养。传统的灌输式课堂教学模式已无法满足学生的学习需求和情感需求。在这种形势下，小组合作教学模式被应用于小学数学课堂，让学生实现了从数学知识被动接受到主动建构的学习过程。再者，小组合作教学对于培养学生的科学精神、创新素养是大有裨益的。但是，在各种主客观现实因素的影响下，小组合作教学并未实现其优势最大化。因此，本文就在小学数学教学中如何改进小组合作教学方法，以达到培养学生数学核心素养的目的方面展开讨论。

一、小学数学小组合作教学存在的问题

（一）观念"偏差"

1. 教师"不敢撒手"

在小学数学教学中，很多教师认为数学知识对于小学生而言难度较大，学生无法在小组合作中完成数学知识的学习和探究，教师习惯于灌输式讲解，而学生只能被动接受。甚至有些教师认为，即使实施了小组合作教学，也只是在浪费课堂教学的时间，费时费力，效率低下。这就表明，教师完全不信任学生，认为学生并不具备自主解决问题、合作探究与学习的能力。实际上，要想真正实现学生核心素养的发展和培养，教师应学会放手，让学生真正成为数学课堂的主人，在小组合作学习中实现学生自身的价值。

2. 合作"浅尝辄止"

在新课标与教学大纲的研读中，很多教师意识到了合作教学在培养学生核心素养方面的优势和价值。但是，为了数学教学表面上的效率，对于小组合作教学的实施却浅尝辄止。事实上，小组合作教学是阶段性的教学手段，在几天的时间里看不出明显的效果，但确实是最符合学生身心发展特点，能够培养学生核心素养，为学生合作交流能力的提升奠定坚实基础的教学方法。所以，教师应将小组合作教学作为教师减负、学生增效的手段，勇于挑战，为学生提供充足的探究合作空间。

（二）过程"缺失"

1. 准备"不充分"

在小组合作教学开展过程中，教师只是在备课环节，预设了合作任务，对于合作目标、驱动问题、合作评价的设计并不到位。教师没有做好小组合作教学的充分准备，就会导致学生对合作学习的价值和意义认识不足，会使学生缺乏合作精神，甚至在情况严重时会出现学生厌恶合作、厌学的现象，这种情况与核心素养的培养目标严重背离。

2. 时机"不科学"

在小组合作教学中，最重要的就是正确的时机。数学课堂不同，教学内容不同，学生接受程度也不同。在数学教学前虽然教师会准备好教案，但是,如果学生能够自主解决教师布置的任务,那么合作学习可能将流于形式,甚至使学生产生合作无用的观念,导致学生出现机会参与不均衡的问题。因此,教师应深入分析学情,研读教材内容,选择合适的时机组织并实施小组合作教学活动,这样才能够使合作教学的功效最大化。

3. 评价"不到位"

在小组合作教学中,很多教师会忽视评价体系的构建,认为只要教师点评各个小组的合作成果即可。教师往往采用传统单一的评价方法,通过解答情况来检验小组合作的结果。没有完整的评价体系会影响小组合作的效果,也不利于学生核心素养的发展。其实,在小组合作教学中,还应该强调小组互评、组内互评、学生自评,只有让学生真正参与到评价中来,才能够激发学生合作学习的热情,形成团队凝聚力。

二、小学数学小组合作教学创新策略

(一) 科学分组,保障效率

科学的分组是指向核心素养的小组合作教学的基础和保障。教师应深入了解学生的数学能力、数学基础、数学兴趣等,并以此为基础,将学生合理划分为4—6人小组。并且,在分配成员时,尽量保证每个小组水平大体相当。也就是说,在小组中,既要有基础扎实、成绩优异的"领头羊",还要有水平一般甚至是数学能力较差的"学困生",以达到互帮互助的目的,确保小组合作的效率与成效。在科学分组的基础上,教师要引导学生合理分工,让每个小组成员明确自身职责,从而实现小组合作教学"独立思考＋合作探究"的双重功效,真正将数学课堂交到学生的手上,促进学生的整体性发展。

比如,在"100以内数的认识"的教学实践中,教师首先根据学生的数学基础、学习能力等将学生划分为了低中高三个层次,并让学生自由结组,尽量保证每个小组为"2高＋2中＋2低"的配置。紧接着,教师为学生布置了三项任务"数出一百以内的数字""正确认识一百以内的数字""明白不同数字的含义",让学生分工完成三项任务。随后,教师为学生展示了"水面上的鸭子"动画,让学生数一数水面上共有多少只鸭子,在游过来一群鸭子之后又变成了多少。学生通过小组合作,数出了原有的鸭子数量和游过来一群鸭子后的数量。在合作中,有学生负责数原有的鸭子数量,有学生负责估算,有学生负责数游过来鸭子的数量,还有学生负责记录。每位学生完成了自己的部分,就相互分享成果,交流信息。在这样的教学活动中,每个学生都真正参与到了小组合作中,不仅规范了合作学习的秩序,还提升了合作学习的质量,发展了学生的逻辑思维,强化了学生的合作意识与能力。

(二)问题驱动,学会学习

1. 前置问题,有效预习

在传统的数学教学中,教师通常会在小组合作中,直接抛出一系列的问题,让学生讨论和分析。学生准备不充分,找不到解题思路。而且上课时间有限,留给学生们交流的时间就更短了。假如没有提前做好准备,学生难以在短时间内得出有效的结论,合作效率低下。因此,为了真正实现学生核心素养的发展和培养,教师应提前布置合作预习任务,让学生在预习中熟悉问题,并将预习过程中产生的问题记录下来,既锻炼学生的学习能力,又能够让学生做好充足的准备,课堂讨论需要的时间被缩短了,合作学习的效率和效果提高了。

比如,在"长方体与正方体的体积"的教学中,教师为学生布置了前置性任务,要求学生讨论用怎样的材料可以完成长方体与正方体的转化。学生在课前自主思考,在课堂讨论环节,为了顺利求得长方体与正方体体积,提出了自己的思路和想法。有的学生提出了可以用橡皮泥制作,还有学生提出可以在橡皮上截取。这样一来,学生在小组讨论中就能够顺利求得长方体与正方体的体积。由此可见,前置性问题的提出,让学生有备而来,从而能更高效地进行课堂讨论。

2. 课堂提问,指明方向

小学阶段的学生因为年龄比较小,所以认知能力和生活经验都比较有限。在数学学习中,如果教师完全将课堂交给学生,很可能会导致学生出现不知所措,完全无从下手的情况。为此,在小组合作教学中,教师不能完全对学生放任自流,要发挥自身的引导作用,以驱动性问题,为学生的学习指明方向,最大程度培养学生的学习能力,让学生全身心地投入到合作学习中去,在交流和探讨中掌握数学知识,学会在和谐愉快的合作氛围中学习。

比如,在"认识图形"的教学实践中,教师可以为学生提供长方形、三角形模型,让学生以小组为单位观察图形,思考并分析图形的具体特点,并在小组中交流和沟通,发表自身看法。但是,低年级学生思维能力相对较弱,这时,教师就要提出驱动性问题,引导学生从边、角等不同的角度观察和分析图形,以提问的方式为学生提供解题的思路和方法。学生在驱动性问题的引导下,发现了三角形、长方形和正方形的边都是直线,初步掌握了不同图形的特征。随后,教师再次提问:请同学们观察一下我们的教室,想一想,教室里有什么图形?在小组讨论中,有小组提出了门和黑板是长方形,有小组提出了自己的铅笔盒是长方形。在自主探索与合作讨论中,学生的观察能力、分析能力、思考能力和总结能力均得到了不同程度的提升。

(三) 双向互动,自觉参与

在小学数学合作教学中,教师要设计合理的教学方案实现双向互动,与学生共同参与到小组探讨中,为学生提供自我展示的机会,鼓励学生发表自己的见解,增强小组合作的效率和效果。而且,在有效的双向互动中,师生应处于平等地位,教师应充分尊重学生的想法和观点,并围绕学生的想法进行有效的讨论,以此完成数学知识的教学。在双向互动中,学生更愿意参与数学学习活动,学习效率和效果会得到有效增强。

比如,在教学"两位数与三位数相乘"时,为了使学生掌握运算的性质,养成验算的习惯,教师要求学生完成难度不同的算式闯关,并且以小组为单位进行闯关。在这一过程中,学生需要在规定的时间内完成算式的计算,最终,计算速度最快、准确率最高的小组可以获得荣誉称号。在合作与竞争的过程中,就实现了教师与各个小组,以及小组内的双向互动和交流。此外,教师给学生出了一个题目,让学生思考一下:三位数乘两位数的积应该写什么地方?如何验算?学生在教师问题的引领下探究答案,真正认识到了验算的重要性,学生逐渐形成了良好的计算习惯,合作学习成效不断提升。

(四) 游戏引入,摒弃弊端

指向核心素养的小学数学小组合作教学,应围绕学生的兴趣和特点,将游戏引入小组合作活动中,以此提升合作学习的趣味性,革除传统教学灌输、乏味的弊端,最大程度提升学生的合作学习效率和效果,促进学生的多元发展。

比如,在讲授"小数乘整数"时,学生先初步了解小数乘法的相关知识点。在课堂教学中,教师组织学生以小组形式参与算式接龙游戏,让学生以接龙的方式完成计算。在这一过程中,学生对于游戏都很积极。并且,在游戏结束后,教师要求学生进行了自我评价和小组互评,寻找失败的原因,分析自身不足与小组优势。同时,针对未获胜的小组,教师给予了针对性较强的评价,在温和的语言中让学生真正认识到自身劣势,从而提升后续合作学习的质量,推动学生核心素养的发展。

(五) 概念探究,培养思维

让学生难以理解的数学公式、数学概念等内容,在小学数学教学中比比皆是。为此,教师应组织和实施概念探究活动,让学生发挥团队力量,深入理解和掌握数学知识,化解数学教学的重难点,发展学生的数学思维。

比如,在统计图的制作中,为了让学生真正掌握整理和收集数据的方法,教师要求学生在课下完成小组合作任务:调查班级内部所有学生的身高。并且,教师设计了问题:在班级中,谁身高最高? 身高为多少? 谁身高最矮? 身高为多少? 学生要想解决这一问题,就要按照从高到矮的顺序整理数据,并制成一目了然的统计图。而且,在图表的制作中,学生需要思考数据信息。这样就能有效地培养学生的探究能力和分析能力。可见小组合作的教学模式确实尊重了学生的差异,让所有学生都能参与到合作学习的活动中来,学生互帮互助、相互学习,一起解决问题,达到了学以致用的目标,最大程度提升了数学教学的质量,实现了教师教学与学生学习的双赢。

总而言之,指向核心素养的小学数学小组合作教学是学生持续增长知识与见闻的过程,完整的数学教学过程离不开合作探究。合作本身就是核心素养教育的重要渠道,在激活学生数学学习兴趣、提升学生创造能力和表现能力的同时,可以为学生提供自由、宽松、愉悦、和谐的数学学习环境和氛围,以实现学生个性与优势的展现。因此,在小学数学小组合作教学中,教师要以科学的分组保证合作学习的效率,让学生在问题驱动下学会学习;以游戏的引入革除传统教学模式的弊端,并在数学概念的深度探究中发展和培养学生数学思维,以此落实学生核心素养的培养,促进学生的全面发展和进步。

参考文献:

[1]　庄文娟.浅谈小组合作学习在小学数学教学中的应用[C]//中国陶行知研究会. 2023年第三届生活教育学术论坛论文集,2023.

[2]　王金瓯.小学数学教学中小组合作学习的应用探究[J].理科爱好者,2023(2).

[3]　县琴琴.小学数学教学中小组合作学习的策略探析[J].试题与研究,2023(12).

[4]　陈元东.基于小组合作的小学数学高效课堂构建策略[J].天天爱科学(教育前沿), 2023(4).

[5]　陆凯.探究小学数学教学中如何实施小组合作学习[J].当代家庭教育,2023(8).

[6]　王鸿芳.推动小组合作学习,打造小学数学高效课堂[J].课堂内外(高中版), 2023(11).

育人为本，建构核心素养导向的新体育教学

——以中华传统体育类运动项目武术《华拳大单元》教学设计为例

上海市浦东新区观澜小学　俞振豪

【摘　要】 新课改强调立德树人根本任务，遵循育人为本教育理念，提出了培养学科核心素养的教学目标，也引领了传统教学设计的大变革，从设计一个知识点或课时转变为设计一个大单元。本文以中华传统体育类运动项目武术《华拳大单元》教学设计为例，从坚持"健康第一"的教育理念出发，分析体育课程健身育人的本质特征；以发展学生体育学科核心素养为引领，就核心素养导向下的体育与健康课程大单元教学设计思路与育人为本理念下的体育教育教学方式的转变展开研究和探讨，期望可以对小学体育教学提质增效有所助益。

【关键词】 育人为本　核心素养　体育教学

《义务教育体育与健康课程标准（2022年版）》（以下简称"新课标"）明确指出，体育与健康课程要培养的核心素养，主要是指学生通过体育与健康课程学习而逐步形成的正确价值观、必备品格和关键能力，包括运动能力、健康行为和体育品德等方面。

随着新课程改革的逐步深入，核心素养这个概念也逐渐成为小学体育与健康课程教学的讨论焦点。三大体育核心素养，提示着广大体育教师在教学中要坚持育人为本的理念，既要关注体育基础知识和基本技能的培育，

又要重视学生的全面发展,全方位提高学生的运动能力,塑造学生的健康行为,培养学生的体育品德,提升学生的综合素质。

一、坚持"健康第一"理念,促进学生全面发展

新课标指出,体育与健康课程应坚持"健康第一"教育理念,以中国学生发展核心素养为引领,重视育体与育心、体育与健康教育相融合,充分体现健身育人本质特征。

《华拳大单元》教学设计以育人为本,坚持健康第一,落实立德树人。在教学过程中通过真实情境的创设,培养学生对华拳运动的兴趣;通过课堂上徒手练习、器械练习、单独练习、小组对练等方式,提高学生的体能与华拳技巧;运用各种体能游戏,发展学生灵敏、协调和反应等能力;创设擂台展示及比赛等活动环境,让学生了解简单规则,形成安全意识;通过小组合作,磨炼学生意志,培养互爱互助的团队精神;通过与家长合作进行练习,倡导校内外结合的体育锻炼习惯。从《华拳大单元》教学设计中对于教学方式、教学目标的相关阐述可以发现,本单元的设计充分体现了健康第一的教育理念,通过教学引导学生形成健康、安全的意识与良好的生活方式,促进学生身心健康、体魄强健,促进学生全面发展。

二、遵循核心素养导向,推进大单元教学设计

新的体育与健康课程标准决定了新的内容组织,建构了"培养目标、课程目标、教学目标"的层级化育人目标体系,同时深度挖掘了目标的内涵,建构了以体育核心素养为统领的课程目标、内容标准、学业质量标准。这里,仅以武术《华拳大单元》教学设计为例,和广大教师探讨单元层面的内容组织问题。

(一)"大"为主导的教学设计思路

华东师范大学课程与教学研究所崔允漷老师曾经对"大单元"的概念作过一个很具体的阐释,我们可以这样理解:大,一是指高阶位的素养目标,二是指采用同一目标、多课时实施的方式,三是体现微课程建设,四是常用的单元组织者有大观念、大问题和大任务。这样的大单元就意味着对课程内

容的理解不仅涉及学什么和怎么学,还涉及为什么学,即从学科逻辑、活动逻辑走向了学习逻辑。结合崔老师对于"大单元"的阐释,我们再来看《华拳大单元》的教学内容、教学要求和课时安排。

《华拳大单元》教学设计围绕核心素养,依据新课标提出的水平目标,选择水平二"中华传统体育类运动项目中的武术类运动项目华拳"作为单元学习内容。参照水平二目标要求,结合学校华拳课程教学参考,在深入理解武术项目所提出的具体要求基础上,根据四年级学生年龄特征和对武术专项运动技能学习掌握的情况,梳理与细化了四年级武术《华拳大单元》内容要求如表1所示。

表1　四年级《华拳大单元》内容与总体目标

内　　容	总　体　目　标
基础知识与基本技能	在华拳练习及游戏中学习和体验基本动作与组合动作,能说出华拳的基本动作术语,知道华拳的起源与发展、基本礼仪、安全行为守则等基础知识
技战术运用	在华拳实战对练游戏中运用所学的基本动作和简单组合动作
体能	知道华拳需要的体能简单学练方法,乐于参与体能游戏
展示与比赛	在华拳游戏及实战对练中勇于展示基本动作与组合动作,并积极参与形式多样的趣味比赛及挑战,尝试创新
规则与裁判方法	知道华拳游戏的基本规则和要求,能基本判断华拳动作的对错
观赏与评价	知道华拳比赛或表演的观看方式和途径,观看不少于四次华拳比赛或表演;结合生活经验和学习经历对观看的表演或比赛作出合理中肯的评价
备注:参考《义务教育体育与健康课程标准(2022 年版)》	

依据新课标,综合考虑华拳教材内容特征、难易程度和学生年龄特征,对四年级华拳专项运动技能的单元规模确定为 9 课时的大单元,主要内容包括:基本功及运用、单个动作技术及运用、组合动作及实战对练。根据单元规模,确定四年级《华拳大单元》课时分配如表 2 所示。

表2 四年级《华拳大单元》学习内容与课时安排

知 识 点	具体学习内容	课 时
基本功	学习基本步型、手型和简单组合动作	2课时
单个动作技术	学习魁星仰斗撩绿襕、黑虎掏心拗步拳、马上挽弓射大雁、蹲身炮接贯耳拳、叶底藏桃下压拳、太公钓鱼回身按、白蛇吐信奔喉间、二郎担山一条鞭、浪子蹴球朝前踢、迎面炮锤冲前拳、英雄打虎收招势、伸手摘星并步立等动作	4课时
组合动作及实战对练	学习实战组合动作,进行双人实战对练	3课时
		合计:9课时

《华拳大单元》的教学设计将目标、多个知识点、多课时、情境、活动、学生学习、教师指导和评价内容等组织成为一个课程,并采用了同一目标、多课时实施的方式。在具体的教学内容计划中,对于高阶素养的要求也有一定的体现,如华拳展示与表演中的创新尝试、观看比赛后的评价等。另外,设计中的单元基本问题、关键问题与环节问题作为问题链,串起了整个单元的教学进程,也明确了大单元的教学任务,较好地对接了关键能力、正确价值观、必备品格等素养目标。

(二) 育人为本的核心素养导向

以中国学生发展核心素养为中心指导新的体育课程改革,是学校体育课程落实立德树人根本任务的应有之义。育人为本是教育的生命与灵魂,是教育的本质要求和价值诉求。育人为本的教育思想,要求教育不仅要关注学生的当前发展,还要关注学生的长远发展,更要关注学生的全面发展。

1. 育能——提高运动能力

核心素养之一的运动能力,是指在学生参与体育运动过程中所表现出来的综合能力,包括体能状况、运动认知与技战术运用、体育展示或比赛三个维度,主要体现在基本运动技能、体能、专项运动技能的掌握与运用。学生通过体育与健康课程的学习,享受学习乐趣,掌握与运用体能和运动技能,提高运动能力。

在《华拳大单元》教学案例中,我们要求学生掌握的运动能力核心素养的相关要素是华拳单个技术和对练组合动作,以及武术体能的提高,由此设计了相应的学习要点,以达成教学目标。

2. 育行——塑造健康行为

健康行为是指学生增进身心健康和积极适应外部环境的综合表现,包括体育锻炼意识与习惯、健康知识与技能的掌握和运用、情绪调控、环境适应四个维度。学生通过学习,理解体育锻炼对健康的重要性,养成锻炼的好习惯,牢记安全第一,学会调控情绪,学习健康知识,保持良好心态。

在《华拳大单元》教学案例中,我们要求学生掌握的健康行为核心素养的相关要素是主动与同伴一起参与华拳的游戏和比赛、体能活动,同时也与同伴进行交流、互爱互助,建立团队意识等,由此设计了相应的学习要点,以达成教学目标。

3. 育德——培养体育品德

体育品德是指学生在体育运动中应当遵循的行为规范和体育伦理,以及形成的价值追求和精神面貌,包括体育精神、体育道德和体育品格三个维度。通过学习,学生做到循规蹈矩,遵守体育规范;积极进取,提升精神风貌;培根铸魂,优化体育品德。

在《华拳大单元》教学设计中,我们要求学生掌握的体育品德核心素养的相关要素是按照规则和要求参与形式多样的华拳活动,表现出勇敢顽强、文明礼貌、乐于助人等品质。由此设计了相应的学习要点,以达成教学目标。

体育与健康核心素养的三个方面密切联系,相互影响,在体育教学过程中得以全面发展,并在解决复杂情境的实际问题过程中整体发挥作用。

三、强调"育人为本"理念,转变教育教学方式

新课标指出,体育与健康课程根据体育学习实践性和健康教育实用性的特点,强调从"以知识与技能为本"向"以学生发展为本"转变。遵循新课

标精神,在体育学科素养的培养中,要求学生通过系统全面地学习体育理论知识与技能,提升对体育知识与技能的认知和应用能力,从而更好地受益于个人终身发展与社会发展的需求。这种素养既体现为体育知识与技能的有效整合,又表现在体育学习方法与过程的有效统一。因此,体育教师应转变教育教学方式,优化教书育人理念,坚持以人为本,从注重知识传授转向注重学生全面发展,提升学生的核心素养,促进学生的身心健康。

《华拳大单元》教学方法的设计,在充分考虑教材特点与运动技能形成规律的基础上,对授课对象的身体素质、学习习惯、运动能力等进行了细致的了解与排摸,在实际教学中跳出"以教师讲解与学生练习为主"的常规框架,采用了"讲解示范法、游戏巩固法、比赛激励法、探究学习法、合作学习法"等丰富的教学方式。例如,运用"探究学习法"学习武术基本动作"马步架打",教师抛出问题:"右拳上架时的肘外撑与左拳的冲出,怎样配合更好?"学生带着这个问题进行探究学习,不断地尝试练习,或者观察他人动作,琢磨动作要领,之后得出"右拳上架时的肘外撑与左拳的冲出,必须是一撑一冲在同一时间内完成,并且与马步的构成也要协调一致"的结论。在此,教师引导学生带着问题进行学习和训练,并在解决问题的过程中巩固对动作技术的认知,提升了学生自主学习能力和发现问题与解决问题的能力。再如,在"合作学习法"的实施中,将集体学练、小组学练与个人学练有机结合,学习基本动作"挽臂弹踢",在互帮互助式的训练中培养学生的团队精神与责任意识。由此可见,体育教育教学方式的变革,能大力激发学生的学习热情,帮助学生理解和掌握知识与技能,提高学生解决体育与健康实际问题的综合能力。

四、结语

新方案、新课标为我们的体育教学描绘了一幅未来教育的美好蓝图,在核心素养的引领下,我们的体育教学工作思路与方式有了较大的转变,通过实践与探索,也获得了一定的成效。但从新课标到新教学还有落差,由于受地域、文化、个体等因素的影响,单元化的教育教学内容与方式在适用性、实践性等方面存在一定的局限性。因此,如何更有效地将核心素养培育理念体现在我们的体育教学中,如何让每一位学生都可以将所学的体育知识与技能运用到生活中,解决实际问题,如何更好地提升学生的体育素养,促进学生全面发展,这些都是亟待我们去研究和解决的问题。让我们不忘初心,继续扬帆前行,坚持育人为本,建构核心素养导向下的新体育教学!

参考文献:

[1] 谢艳丽,吴炎兵.核心素养视阈下武术套路课程体系构建研究[J].武术研究,2023,8(8).

[2] 周珂,乔石磊,周艳丽.体育与健康课程大单元教学的理论适切和教学方略——基于课程层次理论的分析[J].武汉体育学院学报,2023,57(8).

创新教学方式，助力数学课堂

上海市浦东新区观澜小学　徐丽婷

【摘　要】　新课标指出，教师要积极探索新技术背景下的学习环境和方式的变革，探索线上线下深度融合的学习方式。本文在论述探究视频软件优势的基础上，结合其在课堂中的运用，通过具体教学案例表明信息技术在线上课堂的积极作用，体现了现代信息技术在激发学生学习兴趣、丰富课堂形式、突破教学难点、提升课堂质量上的促进作用，为丰富课堂教学，提升课堂质量提供一种新思路和新方向。

【关键词】　线上课堂　信息技术　小学数学

《义务教育数学课程标准(2022年版)》中提出，在现代信息技术的发展模式下，当前的数学老师要"致力于改变学生的学习方式，扩展数学课堂内容"。从而促使课堂教学更加形象化、多样化、视觉化，提升课堂教学的效果。这是教学的必然趋势，也是新时代教师应当学习的教学方式。教师要合理利用现代信息技术，提供丰富的学习资源，设计生动的教学活动，促进数学教学方式方法的变革。在实际教学中，教师要创设合理的信息化学习环境，提升学生的探究热情，开阔学生的视野，激发学生的想象力，提高学生的数学信息素养。

一、视频剪辑软件的优势

在线上课堂中，笔者会使用视频剪辑软件来辅助备课，制作视频，为数学课堂增光添彩。视频剪辑软件的优势如下：

（一）提高备课效率

视频剪辑软件使用手机操作就可以完成，可以随时随地进行备课。无论是手机端还是电脑端，它操作起来都很便捷，软件界面较清晰，很容易上手，这也大大提高了线上备课的效率。

（二）突出视觉效果

通过视频剪辑软件，我们可以将数学易错题与实际运用相结合，制作出形象生动的视频，突出视觉效果，让学生直观地了解分析题目的过程，更好地理解和掌握知识。

（三）增强课堂互动性

视频剪辑软件既可以添加图片、录制音频；也可以添加视频，给视频配音；还可以将几段视频剪辑成一段视频、添加字幕、音乐等等。学生通过生动有趣的数学教学视频，可以更好地融入在线数学课堂，提升数学学习兴趣。

二、视频剪辑在课堂中的具体应用

（一）优化教学思路，提升学习质量

小学数学的大多数知识点都能被学生吸收消化，但也不乏一些较难的知识点，有的比较抽象、有的涵盖的知识点较多。为了更好地讲解这类知识点，基于视频动态视觉效果，本文提出了一些新的讲课思路与方法，如图 1 所示。

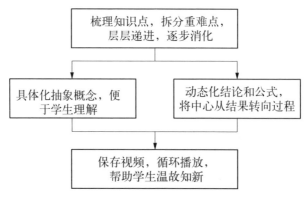

图 1　讲课思路与方法流程图

传统教学模式下,大部分知识点是通过教师口口相传,教学的难点主要落在如何让学生更容易、更快速地消化吸收。故事型导入方式是大多数教师引入新知识点的首选方案,但即使再生动形象的故事,都会受制于教师的讲解方式和讲课时的临场状态,实际的效果并没有预设的那么理想。

相比而言,采用视频故事的引入方式,更能激发学生学习兴趣。同样的故事在视频的演绎下,会更加生动有趣。视觉和听觉的双重刺激能给学生留下更深刻的印象。更重要的是,教师可以在疏通知识点的基础上,通过视频剪辑,拆分知识点,使学生便于理解、记忆。此外,教师可以有意识地利用丰富的动画和音效元素将重难点知识突出表现,主动引导学生更沉浸地投入学习,提升学习效果。

除此以外,视频具有将抽象问题具体化的优势,视频动态的效果更是赋予抽象概念更生动形象的表现。同时,视频表现的内容更加丰富详细,相比传统教学强调知识结论,视频教学方式更加注重过程的引导。对于较难的知识点,视频可涵盖很多的细节讲解,从过程逐步推向结论,引导学生在过程中发现并主动归纳结论,帮助学生更好地掌握知识。一个设计巧妙的视频,可以让学生学习有兴趣,学起来不吃力,学完之后掌握得更牢固。

以沪教版五年级《列方程解决问题》这一课为例。列方程解决问题的一般步骤是找等量关系、写设句、列方程、解方程。在备课的过程中,笔者将情境、解题步骤等一步步的过程制作成视频,学生在直播课堂时,可以更好地跟随视频中的步骤,自主学习列方程解决问题的思路及方法。视频故事的推进可以用具体实例帮助学生建立等式关系,让抽象的思考具象化,让学生更易于理解和吸收。此外,采用视频的讲解形式,可以将解题思路层层分解并前后相连,这样学生可以更清晰明了地学习到解题方法。视频解析的趣味性,也能提升学生的兴趣,引导学生积极思考。

简言之,短视频的引入给教学课堂注入了新的活力,能够帮助教师优化教学方法,细化教学内容,突出教学难点,激发学生学习兴趣,最终提升教学质量。

(二) 搭建展示平台,提升学习积极性

尊重差异,尊重个性发展,是教师一直以来在教学活动中秉持的原则之一。日常教学中,作业展示不仅是学生展示自我的平台,也是学生相互启迪的一种方式。作业展示不仅可以让优秀作业的学生自豪地看到自己的作业,也可以让其他学生看到优秀作业的样子,还可以让优秀作业的学生看看其他同学完成的情况,学习他人的优点,弥补自己的不足,在相互交流中共同进步。

现如今,作业的形式也更加多样化,数学作业的常见形式有小调查问卷、绘制知识小报、思维导图等等。传统教学方式下,这些不同形式的作业,往往也只是通过纸质作业或者教室里的公示角进行展示,受制于纸质作业形式上和公示角空间上的限制,实际的展示效果也大打折扣。相比之下,视频软件拥有强大的内存,可以容纳所有学生的学习成果,可以切实落实教育中尊重差异的理念。同时短视频平台丰富的表现形式,也能尽可能凸显作业蕴含的学生个性与优点。因此,以视频软件为展示平台,通过视频形式展示学生的学习成果,是教师与学生互动的有效途径,同时也为学生之间相互学习搭建了新的平台,能增强学生学习自信,激发学习兴趣。

三、总结与展望

信息技术在现代课堂中的应用已经成为教育改革的重要方向,传统教学方式外的新型教学方法。教师要善于多用巧用这些新方法、新技术,调节课堂气氛,激发学生兴趣。学生对新鲜事物感兴趣,适当引入这种新媒体的教学方式,也能缓解他们课堂上的精神疲劳。视频的教学形式,也让作业讲解更高效,学生的作业质量也随之提升,优秀作业也变多了。

线上教学,教师要充分利用各类线上平台资源,结合学科特点,帮助学生进一步理解知识、巩固知识和应用知识。学生通过这样的视频形式也能不断深入学习,真正体验到学习数学的意义。

戏水墨　画物语　悟传统

——以"基于'育美'实践的'水墨·老城厢'特色课程建设"项目为例

上海市浦东新区观澜小学　瞿　虹

【摘　要】　水墨画历史悠久,通过水和笔墨的无穷变化能产生生动、质朴、简洁的艺术效果,深受学生的喜爱。挖掘富有特色的川沙本土文化资源——营造馆中的传统泥瓦、木工工具,感悟家乡文化魅力,探究以现代水墨形式为主的创作方式,使学生通过美术活动学习技能、提高审美、懂得传承,提升综合文化素养。

【关键词】　儿童水墨教学　本土文化资源　特色课程建设

《义务教育艺术课程标准(2022年版)》指出,美术教学应结合生活中常见的或具有地域特色的中华优秀传统文化内容,引导学生观察、选择适当的工具和材料,指导学生采用网络搜索或实地考察等方式,传承和弘扬中华优秀传统文化,坚定文化自信。

中国画作为传统文化的精华之一有着独特的艺术魅力。但当前的小学美术教育教学中,由于教师的个人素养差异且国画教学程序材料的复杂性,国画教学相对薄弱,致使学生对国画疏离、陌生。很多学生对传统艺术的认识较浅薄。因此,国画课程教学更具其研究价值。

我校地处上海浦东川沙老城厢,与黄炎培故居隔街相望。学校育人环境优美,亦古亦今的校园设施形成了特有的民族韵味。校园及周边老城厢环境提供了丰富的教育资源,有利的地理位置适宜学生开展探访、写生等各项美术教学活动。

在多年的美术实践活动积累下,我校的区级课题"基于'育美'实践的'水墨·老城厢'特色课程建设"项目应运而生。作为主要研究成员之一,笔者积极开展水墨教学研究,并在拓展性课程实践中开设科目——"营造馆"主题活动,深受学生喜爱。

一、依托课题背景——科目构建系列化

"基于'育美'实践的'水墨·老城厢'特色课程建设"项目尝试让学生在"水墨·老城厢"特色课程实践中,丰富艺术实践体验,提高艺术创造能力;感受水墨画的魅力,弘扬中华优秀传统文化,增强文化自信;引导学生认同本土传统文化、传承优秀的民族精神;通过收集、探究并用水墨艺术形式来表达具有川沙老城厢特色的本土文化资源,得到文化浸润和素养发展。

在课程总框架的设计构建中,我们的课程有"水墨·老建筑""水墨·老街巷"和"水墨·老作坊"三大模块,根据梳理的本土文化资源,每个模块又包含三个主题活动单元。

作为课题组的主要成员,笔者承担研究课程三大模块之一·"水墨·老作坊"系列,"川沙营造馆"科目是其中一个主题活动单元。另外两个分别是"传

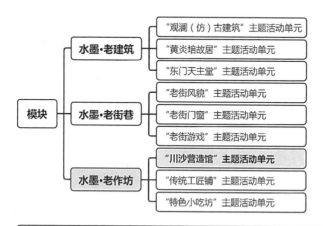

图1　学校特色课程"水墨·老城厢"框架结构图

统工匠铺"和"特色小吃坊"主题活动单元,项目组成员分工承担不同单元的实践研究,争取形成系列化微型特色科目,尝试在拓展型课程中循环开展教学。

二、凸显课程特色——科目内容本土化

川沙老城厢文化资源丰富,曾经走出了"一把泥刀走天下"的近代上海营造业领袖杨斯盛,著名的江海北关大楼(现上海海关大楼)就是他的作品。见证川沙建筑业悠久而辉煌历史的川沙营造馆,就在学校 100 米开外,其中陈列了浦东"三刀一针"的传统老工具,极好地体现了家乡传统文化的丰富内涵。

我校周边环境提供了丰富的教育资源,得天独厚的地理位置适宜学生对老城厢开展探访、写生、创作等各项美术学习活动。更重要的是,水墨的创作形式又和古镇的表现内容相得益彰。

每到社团课,学生便可以带上速写本,徒步三五分钟来到营造馆。通过参观营造馆,探访"一把泥刀走天下"的故事,实地欣赏老川沙、老浦东地区负有盛名的泥瓦匠、木工工匠们的丰富工具,了解它们的不同用途,观察它们形状结构,记录它们的"身影",探究它们的故事。让学生在探究实践中捕捉它们的造型要素和人文要素,在表现老行当、老手艺的活动中,感受家乡先辈勤劳勇敢、心灵手巧、安居乐业的淳朴民风,更体会到艺术创作的素材就在我们的身边,让学生在潜移默化中了解本土文化基因。

三、生成教学基石——科目设计规范化

学习内容是落实教学目标的基石,是课程建设的核心要素之一。平时的拓展型课程以社团形式开展,内容选择和课时安排等往往会有"零敲碎打"的倾向。要形成微型特色课程(科目),使之在拓展型课程实施过程中适用、实用且能有效循环运用,必须更完整地架构科目内容,更精准地匹配教学评价,更规范科目的落实与保障。

在实践摸索和思考调整中,我们逐渐找到了一些规律,根据本校学情,尝试制定本科目纲要内容如下。

(一) 科目设置

科目性质:自主开发的校本课程,具有拓展型、探究型课程的学习功能。

科目对象：以小学三至五年级学生为主。

科目安排：每周一 12:50—14:00（2 课时），总计 32 课时。以学期为学习周期，排入课表。

（二）科目内容

表 1 科目内容表

科目名称	水墨·老作坊之川沙营造馆		
单元设置	学习内容	目 标 要 求	课时安排
第一单元：走进营造馆	杨斯盛其人其事	探究寻访川沙营造馆，了解泥瓦匠杨斯盛生平及成就	2
	熟悉笔墨线条	1. 用墨点与墨线作画，感受水墨表现的乐趣 2. 体验用笔法：中锋与侧锋 3. 体验用墨法：浓、淡、干、湿	2
第二单元：一把泥刀走天下	老匠具之泥工工具	收集整理：交流了解泥工的传统工具，写生了解造型要素	4
		水墨创作：学习中锋勾勒墨线的造型方法，能运用浓淡墨色，画画泥工工具	
	老匠具之瓦工工具	收集整理：交流了解瓦工的传统工具的名称和作用，写生了解造型要素	4
		水墨创作：学习中锋勾勒线条、侧锋块面染擦的表现方法，运用富有浓淡干湿的墨色，画画瓦工工具	
第三单元：渐行渐远的木工工具	老匠具之墨斗	收集整理：交流了解传统木工工具墨斗，写生了解造型要素及吉祥花纹	4
		水墨创作：学习中锋勾线、侧锋染擦、深赭色复勾的表现方法，画画木工工具墨斗	
		创意拓展：尝试添加文字介绍，丰富画面内容	
	老匠具之斧锯刨凿	收集整理：交流了解传统木工工具，写生了解造型要素	8
		水墨表现：运用中锋勾线、侧锋涂色、重墨画线、深赭色复勾的表现方法，画画自己喜欢的木工工具	
		创意拓展：作品手册《木工工具图录》	

续 表

单元设置	学习内容	目 标 要 求	课时安排
第四单元：家乡先辈的精湛工艺	营造馆中的精品	收集整理：交流你发现的营造馆中的精湛工艺作品,写生了解造型要素	4
		水墨表现：继续综合运用勾、皴、点、染、擦等不同笔墨技法,并且能根据构图,确定添加文字、小物件等位置,增加画面内容	
		创意拓展：我为营造馆设计明信片	
	生活中的艺术	收集整理：交流你发现的生活中的精湛工艺作品,写生了解造型要素	4
		水墨表现：继续综合运用勾、皴、点、染、擦等不同笔墨技法和干、湿、浓、淡的笔墨变化,并且能根据内容、构图,确定添加文字、小物件等位置,增加画面内容	
		创意拓展：宣传布袋绘制	

（三）科目评价

表 2 科目评价表

评价标准			
评价内容	合 格	良 好	优 秀
形成个体的兴趣爱好	初步体验水墨画创作乐趣,形成对水墨表现形式的兴趣	能体验到水墨画创作的乐趣,主动欣赏自己与他人的水墨画作品	能充分体验到水墨画创作的乐趣,主动探究与练习水墨画创作,对水墨画创作兴趣浓厚
掌握所学科目的相关知识与技能	会运用中锋、侧锋、浓墨、淡墨来表现画面	能较好地运用中锋、侧锋,浓墨、淡墨,表现出有层次的、有细节的水墨画面	能有创意地对水墨画进行拓展延伸,较熟练地运用中锋、侧锋,浓墨、淡墨表现有丰富变化且有水墨韵味的水墨画面

评价内容	合　格	良　好	优　秀
积极参与科目学习活动	能基本参与欣赏、收集资料、写生与创作的活动,学习水墨画表现的基本方法	能主动参与欣赏、收集资料、写生与创作的活动,学习水墨画表现的基本方法	能积极参与欣赏、收集资料、写生与创作的活动,学习水墨画表现的基本方法
呈现作品成果,通过科目测评	初步感受水墨画的艺术美,能展示自己的水墨画作品4幅	感受水墨画的艺术美,展示具有一定的美感的水墨画作品6幅	能鉴赏水墨画的艺术美,展示具有独创性的水墨画作品8幅

四、有效分步推进——科目实施模式化

营造馆中丰富多彩的工具受到了学生的青睐,如何将这些陌生的工具让学生了解其造型美感、包含的历史文化、蕴藏的先辈传统显得尤为必要。

在一次次的探索实践中,我们总结出四步教学法来开展活动。以木工工具单元中的《老匠具之斧锯刨凿》一课为例。

(一) 考察探究——心中有物方能笔下有形

川沙营造馆中保存着丰富多样的木工工具,但学生对这些斧锯刨凿知之甚少。因此在探究创作素材环节,带领学生走进营造馆进行实地考察显得尤为必要。通过观察实物,让学生了解木工工具中斧锯刨凿的种类及用途,并在众多的工具中寻找自己最喜欢的物件。在看、摸等活动中,他们更为直观地感受到其外形特点、结构特征、细节纹理等信息,再通过网络探究补充更为丰富的种类及用途等知识,完成小小探究单。

对于在生活中离学生渐行渐远的斧锯刨凿,让学生全面了解之后再创作,既满足学生对喜爱之物的情感需求,同时也激起学生期待表达(创作)的热切之情。

(二) 写生梳理——随物象形心中自有成竹

通过比较与赏析之后,教师引导学生找出木工工具上需要重点关注和突出表现的结构细节——即最精彩的部分,引导学生用小幅正方形的铅画

纸进行写生(对应正方形的水墨创作宣纸),用大胆、率真的有个性的线条表现工具,积累写生画稿。教师还提出创作要求,要注意细节的丰富性,注重画面的疏密关系。这一张线描写生稿,就是之后水墨表现的参考画稿。

针对写生稿构图不够合理,教师可以引导学生对写生作品进行选择性裁切,保留一个最美或最具特色的局部,或根据画面构图均衡感,增加文字位置,使文字作为画面的一部分,丰富画面内容。

(三)感悟再创——笔墨铺展再现匠心独具

如何将写生稿中自己喜爱的工具变成富有水墨特色的作品,是学生最喜爱的环节。通过一次次的教学、归纳,我们将水墨画创作的重点定为"简化传统的创作方法",强化水、墨、色的交相呼应,使画面既有水墨韵味,又不失现代气息。只有降低了笔墨创作的技法要求,才能使学生在创作时,更为大胆,也更加富有独特性。

用笔上,中锋、侧锋两种用笔方法相结合。运用中锋勾线、侧锋涂色、重墨画线的方法表现造型特征。以中锋淡墨勾勒造型,在细节处应细致表现,如木纹可以用线条勾,也可以用块面画;表现立体效果时,还可以用侧锋皴擦。

用墨上,灵活运用笔墨的干、湿、浓、淡的变化。如何表现出木工工具古朴的感觉?单纯的墨线略显单薄,用深赭色复勾造型,也可以运用色点等创作元素为画面增加一点色彩,使画面更为生动,同时也应指导学生生动表现作品的节奏感。

(四)展示评价——多元拓展丰富艺术感染

一幅画作的完成,只是艺术创作活动的一个环节,让学生的作品更好地发挥其价值也同样重要。教师挑选完整而有趣味的学生水墨作品,经装裱和装框之后布置于校园内,并组织学生进行参观欣赏与交流。此外,结合"我为营造馆设计明信片""布袋装饰我来画"等活动,通过明信片等多种形式,丰富其艺术价值。

学生在浓淡干湿、勾染点擦的体验中,感受着中国水墨画的无穷魅力,丰富了艺术实践体验,提高了艺术创造能力,更让他们在观察探究这些工具的同时,感受家乡先辈们的优秀。

五、小结

川沙营造坊一直是学生社团课上最爱去的地方。在教师的带领下,川沙营造坊内的每一个"宝贝"几乎都成了学生的"画中物语"。学生们积极探究、认真记录,他们用水墨的语言讲述这传统的"神奇"工具,感受着先辈们的生活点滴,体悟到家乡工匠们的心灵手巧和精湛技艺。几乎每一期学员都是从忐忑不安地落笔到大胆创作,在水墨天地中肆意嬉戏,水墨画逐渐成为社团学员们的小"骄傲"。

特色科目的实践积累已近两年,我们的科目设计也在不断调整完善中,从最初的一课到一个单元,再架构完整的系列单元,课时内容匹配的目标要求也在不断细化并形成技能难度递进。或许我们的科目还略显稚嫩,个别单元的设计和作品还有待于进一步优化,但培养学生发展的眼光、开放的审美心态,提升学生的审美能力、人文素养和综合实践能力始终是我们努力的方向。

期待通过这样一个科目的学习,学生们收获的不仅仅是一幅幅画作,而更多的是体验到优秀传统艺术的魅力,感受到与家乡文化的共鸣!

小学语文单元教学设计的实践研究

上海市浦东新区观澜小学　蒋欢欢

【摘　要】　小学语文单元教学设计围绕语文核心素养展开,是语文单元教学顺利开展的必要准备,也是提高语文课堂教学质量的有效途径。基于语文单元内容,小学语文单元教学设计以一个单元为整体进行一种系统化、科学化的教学设计,凸显语文单元教学过程的整体性、关联性、递进性。本文从"关注组元和目标,凸显单元整体""注重分配和细化,建立单元关联""聚焦要素和梯度,掌握单元递进"三个方面进行阐述,展现小学语文单元教学设计时关注人文,聚焦素养,凸显单元整体、建立单元关联、掌握单元递进的思考过程,为语文单元教学实践时引导学生从单篇阅读走向单元阅读,积聚语言能量与人文智慧提供支持,让我们与学生一起驰骋于大语文的广阔学习天地!

【关键词】　小学语文　单元教学设计

新课标,新实践。小学语文单元是基于语文学科核心素养,以相关主题与任务为线索串联起来的教学内容单位,相关内容的组成符合语文学科知识发展的逻辑顺序和学生的认知规律,有明显的结构化。

单元整体设计背景下的小学语文教学是小学语文教学过程中最小的一个教学阶段,是依据小学语文单元学习目标、学习内容,集中围绕一定的问题展开教与学的活动。小学语文单元教学设计是围绕语文核心素养,为语文单元教学顺利开展的必要准备,也是提高语文课堂教学质量的有效途径。

基于语文单元内容,小学语文单元教学设计是以一个单元为整体进行一种系统化、科学化的教学设计,凸显语文单元教学过程的整体性、关联性、递进性。

一、关注组元和目标,凸显单元整体

(一) 把握小学语文单元教学设计的双线组元

小学语文单元教学设计,要把握统编版语文教材"人文精神"与"语文要素"双线组织单元的编排特点。我们来看一个普通单元一般情况下的内部组成结构,各部分内容环环相扣,相互配合,形成合力,使每个单元形成一个整体。

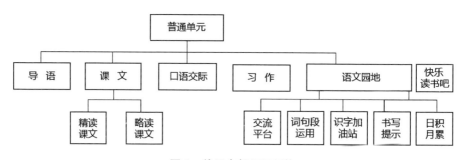

图1 单元内部组织架构

以普通单元的一组课文为例,它们是人文精神组元和语文要素组元双线并进的一个学习单元,是同一主题下相对独立且自成系统的内容整体。人文精神组元,即将一组人文精神主题相同的课文组合成一个学习单元。每一个单元有一个学习的主题。语文要素组元,即以某一语文能力训练为目的,按特定的要求把一组课文组合成一个学习单元。每一个单元有一个语文要素是需要通过语文学习提高的语文素养。

以三年级语文上册第六单元为例,从人文精神组元看,这个单元的主题是描写祖国壮美山河景色;从语文要素组元看,这个单元要掌握的语文能力是"借助关键语句理解一段话的意思"。

再以三年级语文下册第三单元为例,从组元看,单元的导语中就明确了这个单元的双线:以"中华优秀传统文化"为人文主题,以"了解课文是怎么围绕一个意思把一段话写清楚的"为语文要素。双线并进的单元组元让语文单元设计双管齐下。

(二) 明确语文单元教学设计的教学目标

单元整体语文教学中,语文单元教学目标是核心。小学语文单元教学设计的教学目标主要指围绕单元目标对单元教学内容和学生学习方式进行整体规划,也就是整体思考如何依据单元目标,设计单元中每篇课文的具体的教学目标、教学内容,使单课的教学内容能聚焦某一知识技能的获得和能力的培养,设计讨论、提炼、概括等学习活动,使学生在单元的学习活动中获得语文学习的策略,从而发展学生的语文思维。

1. 语文单课教学目标与语文单元教学目标保持一致

以三年级语文上册第三单元为例,这个单元是童话的主题单元,语文要素是"感受童话丰富的想象"。单元目标是引导学生进一步体会童话丰富而奇特的想象,帮助学生建立对童话这种文学体裁的初步认识。

本单元的课文《卖火柴的小女孩》是常人体童话,而课文《那一定会很好》《在牛肚子里旅行》《一块奶酪》是拟人体童话,那么引导学生感受童话的想象的方法也有不同。可借助插图、联系自己的生活实际、把自己想象成童话中的主人公,提炼习得的感受童话丰富的想象的方法;在本单元的快乐读书吧中能产生课外阅读《安徒生童话》《稻草人》《格林童话》的兴趣,提升自主阅读这三本童话作品的能力;习作《我来编童话》则是学生发挥想象编写童话故事,这样就构成一个完整的双线组元,从而达到单元教学目标。

2. 语文单课教学设计重点与语文单元教学设计重点灵活运用

语文单元教学设计要思考将单元目标和语文要素落实到单元中的每篇课文阅读的教学目标及教学内容中。基于单元目标,语文单元教学设计重点体现引导、鼓励学生运用获得的相关知识解决具体情境中的具体问题,单课的教学设计使学生在各种不同的情境中,思考辨析用什么方法最有效。

以三年级语文上册第四单元为例,预测是最常用的阅读策略,这个单元就是以预测为语文要素的阅读策略单元。单元设计中教师引导学生一边读课文一边掌握"预测"的基本方法,同时课文情境不同,预测的重点和方法也有所不同,设计学会根据情境选择最有效的预测方法。

本单元中《总也倒不了的老屋》根据课文的题目、插图和故事内容预测情节的发展；《胡萝卜先生的长胡子》根据题目、插图、内容预测情节发展的同时，说清预测的依据；《小狗学叫》根据三种不同的故事情节和线索预测故事的不同的结局，体会预测的多样性，感受边阅读边预测的乐趣。

二、注重分配和细化，建立单元关联

小学语文单元教学设计体现了一定的整体性，与语文单课教学设计之间是"线"与"点"的关系。

（一）合理分配，建立目标与内容的关联

从语文单元教学设计到单元中各课时教学设计，语文单元教学目标不仅要分解，更需要合理分配，并注重目标与内容的关联。语文单元教学设计要聚焦促进语文能力的发展，围绕单元中核心语文能力的提高，将每一部分的目标内容细化，做到各课时教学与单元整体教学既有分工合作又紧密联系。

以三年级语文上册第五单元为例，这是一个新型而特别的单元，是统编教材中第一次出现的习作单元。统编教材中的每个习作单元，都以一个明确的习作关键能力为训练目标。这个单元的主题是"观察"，注重学生观察能力和方法的学习，偏向能力单元。这个单元由两篇精读课文《搭船的鸟》《金色的草地》，交流平台、习作例文、习作四个部分组成。

语文单元教学设计时要细化每一部分的目标与内容。单元中《搭船的鸟》通过细致观察翠鸟的外形、动作描写翠鸟，学习观察描写动物的表达方法；《金色的草地》通过留心观察草地和蒲公英的变化，学习观察描写植物及场景的表达方法。交流平台，侧重归纳、梳理、提炼表达方法，用看、摸、听、闻、尝等多种感官观察。习作例文，侧重进一步感知方法，为习作呈现可以模仿的样例。这样，本单元的习作时，让学生综合运用精读课文、交流平台、习作例文中学到的、归纳梳理提炼的表达方法，结合自己生活中的观察，把一种动物或植物或场景写清楚，形成单元设计的学习成果。

（二）细化点线，加强要素与方法的关联

继三年级语文上册的"预测策略单元"、四年级语文上册的"提问策略单元"单元教学设计后，五年级语文上册第二单元"提高阅读速度策略单元"，继续加强要素与方法的关联。课文《搭石》集中注意力，不回读；《将相和》连词成句地读；《什么比猎豹地速度更快》借助关键词句阅读，《冀中的地道战》带着问题读。

五年级语文上册第八单元主要由《古人谈读书》《忆读书》和《我的"长生果"》三篇文章组成，关注"读书明智"的人文主题，聚焦语文要素"根据要求梳理信息，把握内容要点"。从《忆读书》一文入手，单元教学设计中，扣住题意"回忆读书经历"为线，让学生从整体入手，根据"作者回忆了读书的哪些经历"的要求梳理相关信息，进行有效的归纳和整理，帮助学生梳理了课文的主要内容，抓住"时间"和"读的书"的要点来进行学习，聚焦语言要素，从"读书经历""读书的好处"以及"作者想要告诉我们什么"来体会写法。

三、聚焦要素和梯度，掌握单元递进

聚焦小学语文"必备的语文知识、基本的语文能力、适当的学习方法和良好的学习习惯"，在语文单元教学设计时要掌握"语文要素"学习的递进梯度，体现语文学习的循序渐进。

（一）不同语文要素学习的内在联系

1. 同一册的不同单元之间的衔接

如三年级语文下册第三单元的语文要素是"了解课文是怎么围绕一个意思把一段话写清楚的"，第六单元的语文要素是"了解课文是从哪几个方面把事物写清楚的"，第六单元是对第三单元语文要素的进一步提升，从怎么把一段话写清楚到怎么把事物写清楚，体现了语文能力训练的梯度发展。

2. 不同册的不同单元之间的铺垫

三年级语文上册要求"学习带着问题默读，理解一句话的意思；借助关键语句理解一段话的意思"。而三年级语文下册则要求学生"读懂寓言，明白其中的道理；了解课文是怎样围绕一个意思把一段话写清楚的；借助关键句概括一段话的大意；了解课文是从哪几个方面把事物写清楚的；了解故事内容"。

（二）同一语文要素学习的层层递进

1. 不同册的同一语文要素的循序渐进

四年级语文上册第四单元以神话组织单元，是继三年级语文上册童话单元、三年级语文下册寓言单元之后,第三次以文体组织单元。《盘古开天地》《精卫填海》《普罗米修斯》《女娲补天》这些神话是中国古代神话和古希腊神话中的经典,学生可以从中体会古代劳动人民对自然、对世界的独特理解和神奇想象,还能感受故事中鲜明的人物形象。

本单元的第一个语文要素是"了解故事的起因、经过、结果,学习把握文章的主要内容"。这是在三年级"了解文章的主要内容"基础上的提升,也是为本册第七单元"关注主要人物和事件,学习把握文章的主要内容"做准备。《盘古开天地》引导学生讲盘古开天地的过程,《普罗米修斯》引导学生按起因、经过、结果的顺序讲普罗米修斯"盗"火的故事,《女娲补天》引导学生在默读课文后能说出故事的起因、经过和结果。

2. 不同年段的同一语文要素的学习价值

以同一语文要素"概括内容"为例:三年级语文要求借助关键句概括一段话的大意,四年级语文要求运用各种方法概括段落的大意;五年级语文要求归纳课文主要内容。再以"阅读策略"要素为例,三年级语文上册为"预测策略单元",四年级语文上册为"提问策略单元",五年级语文上册为"提高阅读速度策略单元"。

不同年段的小学语文单元学习的层进性,体现语文单元内在的学习价值。理清句子间的联系,理解段落内容,提高阅读理解能力;抓住关键信息,简洁、完整地表达,提高语言表达能力;通过理解句与句之间的联系,培养逻辑能力,提高语文思维能力;同时在小学语文单元学习中养成良好的语文学习习惯。

关注人文,聚焦素养,在小学语文单元教学设计时凸显单元整体、建立单元关联、掌握单元递进,为语文单元教学实践时引导学生从单篇阅读走向单元阅读,积聚语言能量与人文智慧提供支持,从而与学生一起驰骋于大语文的广阔学习天地!

核心素养视域下小学数学项目化学习的实践研究

上海市浦东新区东港小学　吴凤芬

【摘　要】《义务教育数学课程标准(2022年版)》将数学核心素养定义为"三会",即能够会用数学的眼光观察现实世界、会用数学的思维思考现实世界、会用数学的语言表达现实世界。在小学阶段,数学核心素养主要表现为:数感、量感、运算能力、符号意识、几何直观、空间观念、数据意识、推理意识、应用意识、模型意识、创新意识。随着"双新"政策的落地以及国家课程改革的持续深入,"项目化学习"成为提升学生核心素养的重要方式之一。项目化学习以真实情境下的具有挑战性问题为驱动,给予学生充足的时间、空间、资源进行协作探究,使他们的思维得以全面发展,并在互动与尝试错误的过程中进行优化。这一过程,学生能够深入理解并巩固数学核心知识,深化其认知结构,提升数学核心素养和能力,从而实现深度学习的目标。

【关键词】　核心素养　小学数学　项目化学习

一、从《表面积的变化》的一次课堂教学说起

五年级有一节《表面积的变化》让笔者记忆犹新。笔者知道《表面积的变化》这一课对于学生来说很有难度,学生能根据经验,把两个完全相同的长方体拼成一个大长方体,易得出体积不变,但是表面积会发生变化,而且变小,此时对于学生的空间观念、思维能力都有着较高的要求。因此,为了

使学生更好地掌握表面积的变化规律,笔者深入研读教材,认真备课备学生,准备好充足的长方体学具,课堂上给予学生小组合作、探究的机会。学生通过动手操作,结合多媒体课件展示,梳理总结出了表面积的变化规律,整堂课的气氛很活跃、很轻松。笔者自认为这节课上得很成功。但是笔者的这节课真的"成功"了吗? 本学期笔者接触到了项目化学习这一新的课题,理解了项目化学习的构建方式,明白了项目化学习应该让每一个学生都能成为自由思考的学习者。显然,与之相比,笔者只是处理了常规的课堂流程,却忽略了让学生体验有价值的学习实践活动。那么怎样促进学生个人和团体共同进步呢? 这是笔者要在接下来的核心素养视域下的项目化学习实践中要解决的问题。

二、核心素养视域下的项目化学习实践

在教学改革背景下,《义务教育数学课程标准(2022 年版)》指出,学生将在实际情境和真实问题中,运用数学和其他学科的知识与方法,经历发现问题、提出问题、分析问题、解决问题的过程,感悟数学知识之间,数学与其他学科之间,数学与科学技术和社会生活之间的联系,积累活动经验,感悟思想方法,形成和发展模型意识、创新意识,提高解决实际问题的能力,形成和发展核心素养。而"项目化学习"就是培养学生核心素养的一个重要的学习方式之一。

项目化学习的目标是鼓励学生在真实问题情境中深度理解概念,引发学生产生更深层次的抽象思维。《表面积的变化》这一课其实与日常生活中的物品包装有着紧密的联系,虽然同学们对于物品的包装并不生疏,且拥有一定的生活经验,但往往不会用数学的眼光去予以关注,更加谈不上从节约的角度去探讨相关包装问题。借助日常生活中常用的物品包装,学生可以亲自体验并研究两个及两个以上相同长方体叠放后表面积变化的规律,找寻使其表面积最小的最优策略,感悟怎样包装最省包装纸,从而进一步了解包装中的学问,减少浪费,提高节约环保意识。于是笔者把这次项目化学习的主题确定为"我是包装小达人"。

(一)聚焦核心知识,明确项目目标

在现实世界中,有良好洞察力以及判断力的人看待现象或问题的方式

往往不是通过零散的知识点,而是通过不同的概念框架。项目化学习就是将概念化作聚合器,不断地汇聚更多的知识信息,将事实性知识以一种高效的方式融合在一起,聚焦核心知识,从而确定明确的项目目标。

因此,笔者根据课程标准、教材分析、学情分析,考虑到学生对基础知识和基本技能的理解,重视数学学科核心素养的培养和关键能力的提升等核心知识,确定了这些项目目标:

1. 利用表面积等有关知识,探索多个相同长方体叠放后表面积的变化规律,激发主动探究的欲望。

2. 通过解决包装问题,体验策略的多样性,发展和提升优化思维。

3. 在操作、观察、分析等活动中,综合运用有关知识,解决物体表面积的问题,发展空间概念。

4. 体验解决问题的基本过程和方法,提高解决问题的能力。

5. 了解包装的学问在日常生活中的应用,感受数学与生活的联系。

(二)紧扣项目目标,设计真实的驱动性问题

驱动性问题能够激发学生的兴趣,使学生主动投入到项目探索之中。一个好的问题能够提供给学生一个广阔的、多维度的探索空间。它既能激发学生的求知欲望,还能引导学生深入思考并主动寻找答案。在构建驱动性问题的过程中,我们需要将具体问题提升为更本质的问题,将本质问题和学生经验建立联系,形成真实的驱动性问题。

为了使探究更富有意义,笔者以节约的环保理念作为出发点,设计了具有真实情境的驱动性问题。学生从熟悉的生活场景中寻找有价值的问题,用数学的眼光观察现实世界,激发学生学习的内在驱动力。笔者将驱动性问题定为:现在网购是一种流行的更为便捷的购物方式,如果你是快递员,当你要包装多个相同长方体物品时,你该怎么做才能节约包装材料呢?

(三)提供活动支架,开展项目化学习实践

项目化学习的实践要求从观察真实世界中提出问题,经过和知识的联结、抽象,然后再次回到真实世界,进行迁移。这意味着学生至少要经历几个阶段:在真实世界中观察与调查,提出问题;与以往所学的知识建立联系,建构理解或运用推理、批判性思维和模型进行设计;形成相关的模型或解释并进行

验证;讨论这种模型、解释、设计的适切性,并进行修订与完善,分享与交流。因此,提供学生必要的活动支架,能够更加有效地帮助学生开展项目化学习实践。

1. 以小组交流为抓手,激发学生的问题意识

在确定了驱动性问题后,教师需要给学生足够的时间与空间选择合作伙伴,并提出自己的疑问,如生活中有哪些包装问题与表面积的变化有关? 我们可以去哪里找一找? 又如多个相同长方体物品叠放后表面积会发生怎样的变化? 学生带着心中的疑问,讨论解决这些问题的方案,如可以通过上网查找有关包装的学问、去超市寻找包装的影子或询问身边人生活中包装的一些现象等方式,在小组合作中提出自己想要知道的问题、发现自己所要解决的问题、澄清自己想要解决的问题。

在此过程中,教师要充分信任学生,发挥学生的主观能动性,勇于放手,但也不能放任自流。缺乏导向的探究可能会使学生仅获得表层知识甚至偏离学习的初衷,效果欠佳。因此,笔者还为学生们设计了小组分工表,在学生们的讨论交流中明确了小组的分工情况,并且能够逐步完善。学生在为本小组取一个响亮名字的同时,明确每位同学需要完成的任务,在小组合作中有的放矢,学生就会更加积极投入其中了。

2. 以动手实践为目标,发展学生优化思想

动手实践是学生非常喜欢的一种学习方式,学生开展动手实践,在多样的情境中进行计算、预测和数据评估,将知识从探究到发现的过程全部完整地展现在面前,同时也使抽象的知识具体化、显性化。学生在小组合作中开展实践探究活动,完成小组记录表。首先,测量一个长方体物品的长、宽、高。接着,将两个完全相同的长方体以不同的方式叠放起来,发现可以左右、前后、上下三种方法进行操作。那么哪一种叠放方式更省包装纸呢? 学生利用测量出的数据,运用长方体的表面积计算公式计算出三种方式拼成的大长方体的表面积,从多种方案中,选择出了最优方案。

除了计算拼成的长方体的表面积,学生还发现了新的结论:当重叠的两个面越大,减少的面积越多,拼成的大长方体的表面积就越小,所需包装纸越少;反之,重叠的两个面越小,减少的面积越少,拼成的大长方体的表面积就越大,所需包装纸越多。这些结论都是学生通过拼一拼、画一画、算一算、比一比

获得的,学生在发展空间概念的同时,更能深刻体会到解决包装问题的方法的多样性。选择其中的最优方案,对于发展学生的优化思维有很大的帮助。

3. 以巧手包装为途径,加强学生应用意识

一般的数学课堂,当学生探究得到规律,找到这些规律在生活中的应用后,由于课堂时间的限制,教师基本都会说:"同学们可以在课后去试一试哦!"因此,大部分学生对于"数学是有用的"的理解只停留在表面了,也很少有学生在课后真的去试一试。基于此,在本次项目化学习过程中,很重要的一个环节就是请学生对概念或情境的合理性进行解释,设计可行的解决方案,在解决方案时做一回小小包装师,给两个完全相同的长方体物品进行包装。

在教师提供的不同大小、不同图案的包装纸中,学生会根据长方体物品的大小,选择大小合适的包装纸,节约意识逐渐养成。学生还在挑选精美包装纸的过程中,提升了审美能力。这样的动手实践,使学生能够把探究得到的数学规律应用于物品的包装,更深层次地体验到数学来源于生活,又应用于生活,感受到运用数学知识可以解决生活中的实际问题。学生更深刻地认识到"数学是有用的",也学会了用数学的思维思考现实世界。

4. 以班级展示为平台,培养学生创新意识

项目化学习最终要基于证据的比较,分析各种解释或方案,在探究过程中用收集的证据进行有说服力的表达,用收集的数据为解释或方案进行辩护,主要体现在可视化的作品上。因此,在这次的项目化学习过程中,笔者激励学生勇于展示自己的成果,用数学的语言表达现实世界,可以是作品、报告、计划、小报等,它揭示的是学生学习的经历和成果。

学生将本次项目化学习的探究过程以小报、视频、PPT 演讲等形式呈现在我们面前,有的还找出了生活中包装浪费的现象,并配以多媒体介绍如何减少包装浪费现象,有的还讲起了包装的起源、包装的作用等等。

5. 以评价量规为动力,提升学生探究能力

项目化学习给了学生较大的自主空间,因此,对学生的自我管理能力有着更高的要求。维系学生的参与度除了依靠项目化学习内容的吸引力外,还需要从评价机制入手。为此,笔者根据项目目标将评价融于探究过程与结果展示中,再结合学校"乐评价"体系设计了这样的评价量规(见表 1)。

表 1 "乐评价"体系评价表

评价内容	评价指标	学生评价		师评	徽章评价
		自评	互评		
自主分组 提出疑问 查找资料	1. 明确目标,形成合作小组,推选组长,小组内分工 2. 上网或询问身边人等方式,尝试探索不同的摆放方式对包装纸用量有怎样的影响	☆☆☆	☆☆☆	☆☆☆	"乐学习"
动手实践 计算用量 得出结论	1. 发现两个完全相同的长方体包装共有几种方式,并分别计算出每种包装的用纸量,选择最省的包装方式 2. 探索三个完全相同的长方体的包装方式,并计算最优解	☆☆☆	☆☆☆	☆☆☆	"善学习"
亲自动手 付诸行动 提升审美	1. 能选择最优的包装方案,参与包装过程 2. 有一定的审美能力,能挑选精美包装纸包装两个完全相同的长方体	☆☆☆	☆☆☆	☆☆☆	"勇创新"
小组交流 乐享成果 展示风采	1. 主题明确,有丰富的数学元素 2. 设计合理,布局美观,图文并茂 3. 自信大方,乐于分享	☆☆☆	☆☆☆	☆☆☆	"勇创新"

这些评价标准为学生发展探究能力提供了支架,评价过程既是对学习成果的概括,又是对探究过程中的方法和策略的深入理解与反思,促进了学生探究能力的发展。

三、项目化学习的主要成效

(一)切合学生生活实际,学生会用数学的眼光观察现实世界

项目化学习的驱动性问题来源于学生的生活实际,学生通过上网查找有关包装的学问、去超市寻找包装的影子或询问身边人包装的一些现象等方式,探究为什么要这么包装、其中蕴含着什么数学秘密。最后,项目的成果能够产生真实的影响,起到实际的作用,体现的是项目的"真实性"。

(二）激发学生探究兴趣,学生会用数学的思维思考现实世界

本次项目化学习更好地凸显了数学课堂教学的开放性,充分引导学生参与到数学项目化学习全过程,激发了学生的探究欲望。学生通过动手实践,探究两个及多个相同长方体物品的叠放方式,找出最优策略,根据最优策略包装物品,合作、交流、实践、分享贯穿于学生实施项目的全过程。驱动性问题,让学生沉浸在情境中,不仅有益于调动学生的积极性,在进一步的探究中也自始至终都发挥着一定的导向作用。

(三）蕴含学科核心素养,学生会用数学的语言表达现实世界

本次项目化学习,高度蕴含了数学学科的核心知识和核心素养。如探究得到结论:重叠的面越大,减少的表面积越多,所需包装纸越少;重叠的面越小,减少的表面积越少,所需包装纸越多等数学核心知识。在此过程中,学生的空间观念、思维能力、应用意识等都得到了有效提高。不仅如此,在项目化学习中,所有学生都有机会参与交流,学生之间的协调能力、沟通能力都得到了锻炼。在最后的展示中,学生大胆发言、开拓思维,核心素养再一次得到了提升。

项目化学习与目前"双新"政策的理念不谋而合。项目化学习让"学习"在探究中真实发生。在探究过程中学生能够深刻体会到数学知识之间、数学与其他学科之间、数学与生活之间的紧密联系,有足够的时间和空间经历观察、实验、猜测、计算、推理、实践等活动过程,突破了之前传统教学方式的桎梏,效果非常好。在国家持续深入教学改革的当下,笔者和学生将继续一起开启项目化学习之旅,在失败中总结经验教训,要保持教育的活力与创新,力争每天、每月、每学期、每学年都有变化、有进步,让项目化学习在数学教学中进一步实践和运用。

参考文献:

[1] 魏小玉.小学数学项目化学习的设计和实施[J].学苑教育,2023(4).

[2] 任红娜.基于"综合与实践"领域指导小学生开展微项目化学习的实践探索[J].新课程研究,2023(3).

[3] 陈云.项目化学习,让小学数学课堂更高效[J].求知导刊,2022(36).

[4] 郭丽丽.小学数学项目化学习的问题与对策分析[J].基础教育论坛,2022(26).

[5] 龚林霞.小学数学项目化学习设计[J].数学教学通讯,2022(10).

[6] 于家宁.指向深度学习的项目化学习设计改进研究[D].上海:华东师范大学,2021.

浅谈小学生"流感"后体能恢复的策略与方法

上海市浦东新区东港小学　计海燕

【摘　要】 新学期来临,学生们长期居家学习导致的运动能力下降。怎样才能快速恢复体能,是家长特别关心的问题,如何安全开展体育课成了体育老师之间热议的话题。本文对全校学生进行了健康状况分析,通过估量表,了解学生现状,通过速度练习、耐力练习、柔韧性平衡性练习、敏捷性练习、力量练习等方法,促进教与学的方式改变,快速恢复学生体能。

【关键词】 健康情况分析　快速适应　体能恢复方式

《关于做好 2023 年春季学期中小学体育教学活动的工作提示》中指出:新学期中小学体育教学活动要以"健康第一"为指导思想,在保障学生健康安全的基础上,遵循循序渐进的原则,稳妥开展学校体育工作,有序安排感染流感病毒且已康复的中小学生参加体育活动,发挥体育运动对增强学生体质、提高免疫力、调节情绪以及培养体育锻炼习惯和卫生健康意识等的积极作用。因此,体育教师要对学生进行针对性的辅导和体能锻炼,使之快速恢复体能。

一、现状分析

流感康复后,不少学生想运动,但又怕锻炼不当伤身体,所以就保持在不运动的状态。开学初,学生的体能处在低下水平。如何上好这个学期的体育课,对体育教师而言,确实是一个新挑战。首先,一定要摸清学生感染流感病毒的状况,包括时间、病情和恢复状态,这样才能根据学生的实际情况备好课,安排适合的课程。其次,要根据上级要求:合理安排不同练习内容、练习强度和练习要求,在适宜的运动负荷下,帮助学生逐步恢复到正常锻炼水平(课堂上要控制好运动强度,最好不要超过平时运动的 1/3,2—3 周后再慢慢恢复到平时的运动量)。最后,在科学设计教学内容,合理安排锻炼时间、运动负荷和运动强度的同时,加强体育课健康安全管理。

二、体能恢复的策略与方法

我校一直以来都是以"安全第一""分层教学"为原则,把学生的身体健康放在第一位。经学校体育教研组研究,要求每个体育教师都要根据学生实际情况制定好体育课教学的运动量。运动量按照由少到多、由易到难的顺序增加,直至回归到正常锻炼。

(一) 评估

那么,康复后多久可以正常运动呢?这个问题困扰了笔者许久,笔者翻阅了不少资料和内容,发现每个人都有不同的感受。所以笔者就采用了《主观疲劳感知评估量表》(见表 1),了解学生的健康状况。

表 1 主观疲劳感知评估表

BorgCR-10		等 级				
分 数	用力程度	1	2	3	4	5
0	休息/完全不费力					
1	非常容易/极度轻松					
2	容易/很轻松					
3	中等/轻松					
4	有些用力					
5	用力(费力)					
6						
7	很用力					
8						
9	极度用力					
10	最大程度用力					

通过几节课的锻炼,笔者对学生进行了一个初步评估。以我校一个班(38人)为例,以0—10分值区分,0分有11人,1分有6人,2分有8人,3分有9人,4分有4人,5、6分有0人,7、8分有0人,9、10分0人。从这个数值看,多数的学生处在0到4分的区间。这代表了多数学生在康复的过程中,也就是说处在低强度和中等强度的学生占多数。那么,多数学生该怎么上体育课,少数的学生又该怎么办呢?

(二)措施

对于多数已康复的学生,低强度和中强度的运动量是需要的。因为经过一段时间的居家学习,不少学生的体重飙升了不少。世卫组织也曾指出,长期居家不运动会造成肌体力量和韧性的显著降低。因此,锻炼是恢复身体健康的重要手段,但必须在安全的前提下进行,并且应该与流感病毒的其他症状一起进行管理。因此,对于多数学生采取的方式可以是低强度活动:走走跑跑、快走、慢跑、有氧耐力训练,中强度活动:跑步、韵律操、无氧耐力训练。少数学生则减半进行。对于不受影响的学生,体育教师可以根据实际情况在中强度练习的基础上适当加量进行练习。那么对于参差较大的班级,体育教师也要根据班级的实际情况适当地调整。开学初期,学生的学练内容还是应该避免剧烈、对抗性强的内容。体育课上多采用游戏法,少用比赛法。就体育课的运动负荷而言,适宜小强度、多次数,以平均心率120—130次/分为宜,可以等学生适应了再逐渐加量。所以开学第一周的准备活动,笔者避免大强度,采用的是走走跑跑(跑半圈走半圈),基本部分多数采用的是合作练习(游戏类),这样会降低强度,但可以提升学生间的配合及合作能力。

上海市特级校长、体育特级教师徐阿根建议:体育教师上课时应该充分利用差异进行指导,并时刻观察学生身体练习时的反应,倾听他们的自我感受。同时要从器械使用、场地安排、保护与帮助、运动间隔等方面进行安全检查与教育,发现问题及时纠正。所以体育教师在体育课上,需要密切关注学生的体能状况,如果发现有不足,要采取简单的训练措施,并进行安全教育。

(三)方法

传统的恢复体能的方法有很多,但由于经过了一段时间的居家学习和寒假,学生的体能都还没有恢复,加上流感康复后的学生数也比较多,运动量还不能像以往一样快速回转。因此需要选择一些简单的体能恢复的方法让学生在课堂中进行。

经过研讨,我们把相关的方法归纳成了五类,分别是速度练习、耐力练习、柔韧性平衡练习、敏捷性练习和力量练习。这些方法的运动量都不是很大,项目也是遵循了循序渐进的过程来递加的,都处在低强度和中等强度之间。如果学生在练习时出现不适应,可以根据情况在原有的基础上练习,不再增加运动量,或者减少运动次数。各类方法的分项目及内容等见表2。

表 2　体能恢复项目方法分类表

类别	项　　目	方　法　与　内　容	注　意　点
速度练习	1. 摆臂练习	请听从口令,并在空中挥动手臂,节奏由慢到快,快慢结合,每次持续 20 秒左右	
	2. 听信号加速跑	在行进间,听到信号后,迅速加速跑 5—10 米,并根据实际情况重复多次练习	
	3. 转身起跑	站在跑步的方向上,听到信号后迅速转身 180 度,加快速度跑 10 米	
	4. 快速小步跑	跑步时,要尽量保持双腿的频率,大腿用力,小腿轻松,膝关节保持轻松,脚落下后,可以做"扒地"动作	
	5. 小步跑接加速跑	小步跑 10 米左右变为加速跑	
耐力练习	1. 变速跑	跑步时,应该避免全力冲刺,而是要注重拉步子和跑步姿势。以 200 米跑道为例,一组跑步应该在 1—2 圈之间	
	2. 跳绳	跳绳是一种有益的运动,它可以在原地进行 1 分钟,也可以在跑道上进行 1 分钟。强度在 40%—50%之间	心率应保持在 120—140 次/分钟。恢复到 100 次/分钟以下,才能开始下一次练习
	3. 定时跑	在规定的时间内,学生不断地进行跑步,重点加强摆臂动态和呼吸调节,鼓励他们坚持到底,不能轻易放弃	练习时间 1—3 分钟,练习 1—2 次为宜

续　表

类别	项　目	方　法　与　内　容	注　意　点
耐力练习	4. 足球	在足球场上,不受区域限制,可以进行中速带球、运球和过人练习,时间建议在 5 分钟左右。要求不间断跑动,不允许原地运球	心率应保持在120—140 次/分钟。恢复至 110 次/分钟以下开始下一次练习
	5. 追拍跑	在一定范围内,两人或三人组成一个小组,手牵手追拍	练习时间在 1—2分钟,练习1—4次为宜
柔韧性平衡性练习	1. 人体造型	用身体摆出各种造型	
	2. 各种滚翻练习	前滚翻、后滚翻、侧手翻等动作	
	3. 模仿各种动物爬行	模仿乌龟、大象、蚂蚁、老虎等动物的爬行动作	
	4. 推起成桥	跪坐挺髋成桥、跪躺推起跪立成桥、仰卧推起成桥等动作	
	5. 韵律练习	碰碰操、欢乐操、少儿拳击操等韵律动作	
敏捷性练习	1. 叫号接球	学生围成一个圈,每人一个数,教师在圈内向上抛球,学生听见教师发出指令后快速启动接球	
	2. 闪躲练习	在跑、跳过程中迅速改变方向的各种跑、闪躲练习	练习时一定要强调安全问题,做好自我保护
	3. 躲避固定障碍物	跑跳过程中,快速躲避各种障碍物	
	4. 十字跳	摆放四个呼啦圈,让学生前后弓步、左右马步各跳一次为完成一次,20 次为一组进行练习	
	5. 绳梯练习	采用小步跑(一框一步)、快速垫步跑(一框两步)、横向小滑步、前后跳跃、并腿侧跳等方式练习	

类别	项　目	方法与内容	注意点
力量练习	1. 支撑与悬垂	支撑移动、爬墙手倒立、各种姿势的悬垂等动作	由于寒假缺少锻炼，肌体反应强烈，因此在开学初期，不建议进行专门的力量练习，通过一些简单有趣的动作来帮助学生提高身体素质
	2. 平板支撑	前臂支撑、手掌支撑、单手支撑、脚搁高处的直体、屈体俯撑等动作	
	3. 上下肢练习	俯卧撑、引体向上、蛙跳、深蹲等动作	
	4. 武术	武术动作、基本功和动作组合等	

三、注意点与思考

我们一直都把"安全第一"放在首位，因此课堂上如有学生出现不适，无论在进行何种练习，都要求学生一定要及时告知老师，教师也会及时观察和处理出现的事态。感染流感后，不少学生的体能下降、心肺功能下降、体重上升，体能的恢复是需要时间的，不能操之过急。我们遵循的是在安全的前提下循序渐进的过程。开学初期，学生的身体处在容易疲劳的阶段，所以采用的是尽可能地让身体各个部位都能参与到的练习，如：拉伸、人体造型、平板支撑、滚翻等。有了一定的基础后，就开始有一定强度的练习，如：十字跳、韵律练习、听信号加速跑等。在练习一段时间学生体能比较稳定的基础上，就可以进行中强度的练习，如：绳梯练习、追拍跑、跳绳、定时跑等练习。这样学生在负荷量和负荷强度逐渐增加的过程中慢慢适应。

"分层教学"是最难的一个过程。每个班级情况不同，学生健康状况参差不齐，在教学时需要分层教学。教师要了解班级学生的实际情况，哪些学生的身体素质好，哪些学生处在中等水平，哪些学生的身体还没有恢复，哪些学生的身体素质本身就比较差的等，根据学生的身体状况，在课堂中进行分层练习。体能强的学生的频率可高一些，强度大一点；体能弱的学生间隔时间长一点，强度也应弱一点。这是最困难的一个环节，需要教师在课堂上时刻关注每一位学生。

康复之后适量运动很有必要,一方面有助于恢复各器官功能和身体机能,另一方面,能够改善因病产生的焦虑等不良情绪,促进身心健康。康复之后不适宜做剧烈运动,但仍要加强对自身的健康监测。

1. 保证充足的休息和睡眠。高质量的睡眠可以促进免疫力细胞的增多,并且可增强肝脏的解毒能力。充足的睡眠能让体力更好地恢复。

2. 注意饮食,要多喝水,增加营养。饮食上可适量增加品类,如肉类、蔬菜,包括多种水果,让营养更加丰富。

3. 均衡饮食。补充必要的维生素 C 和优质蛋白质,多吃蔬菜水果,帮助体力的恢复。

4. 调节情绪。在生活和学习中要时常提醒自己释放情绪压力,避免长期处于紧张状态,降低免疫力。

参考文献:

[1] 吴增强.学校心理辅导通论[M].上海:上海科技教育出版社,2004.

小学航模跨学科项目化
学习的实践研究

上海市浦东新区东港小学　杨　沥

【摘　要】　项目化学习是落实学生核心素养的重要方式之一。跨学科则是项目化的主要特征。作为上海浦东国际机场配套学校，航空文化是学校打造的特色，其中的航模课程则是学校的特色课程。通过学习、思考与设计，笔者执教的《揭秘纸飞机——如何让纸飞机飞得更远》课堂教学中，采用精设探究活动，多学科有机融合；开发综合资源，寻找课程载体；融入社会发展，启蒙职业生涯；给予充裕时间，提升探究实效；借助创新技术，助力教学与评价等策略与途径，对提升学生核心素养取得了较好效果。

【关键词】　小学航模　跨学科　项目化学习

项目化学习是这几年教育领域的一个热门话题，已经成为落实学生核心素养的重要方式之一。为什么需要项目化学习？夏雪梅教授认为项目化学习是为了让学生成为心智自由的人。心智自由的人就需要面对真实的知识与学习，才能持续追求并坚持学习，即使身处困境也能勇往直前。本校是上海浦东机场的配套学校，开办以来致力于打造航空文化特色。航空航天模型课程融合了科学、劳动和体育等学科知识，是一门综合性基础课程。《航空航天模型课程标准（试行版）》指出，科学方面要"从认识航空航天模型走向航空航天模型设计、制作和探究"，"形成基本的航空航天模型知识体系和严谨的科学态度"；劳动方面要"有目的、有计划地锻炼学生动手实践能力"；体育方面要"培养吃苦耐劳、顽强拼搏、团结协作的体育精神"，由此帮助学生树立正确的世界观、人生观和价值观。

航模课也是一门真实、贴近生活的课程,运用项目化学习方式能促使学生综合运用所学知识与方法解决实际的问题,提升解决复杂问题的能力。在跨学科项目化教学中,确立统一的核心主题,找出不同课程中的交集内容,使学生从多个角度去考虑问题,从而将生活与知识联系起来,更好地提升学生的思维能力和辨析能力。多元、趣味、发散型的项目化融合课程能极大调动学生的积极性,增强他们的学习动力,进而开拓学习思路,有效提高课堂教学效率。那么,在教学实践的过程中,项目化学习的优点在哪里? 如何才能开展好项目化学习? 对于跨学科项目化学习来说,如何围绕一个统一的主题,把各个课程知识点巧妙地融合到一起,达成课程的多元性和综合性?

在参加浦东新区青年新秀培训期间,笔者接触到了《项目化学习设计:学习素养视角下的国际与本土实践》这本书,正好解答了心中的困惑与不解。书中介绍了很多理论知识与案例,对"开展项目化学习的原因""项目化学习设计的方法"以及"如何设计学科项目化学习"等也有较深入的解读。下面笔者结合书本以及课例——跨学科项目化课堂实践课《揭秘纸飞机——让纸飞机飞得更远》,谈谈自己的思考与实践。

一、精设探究活动,多学科有机融合

跨学科鼓励学生把不同学科或不同学科组中学到的知识、理解、技能和态度整合到一起,从而加深和丰富理解。航模课程"跨学科教学"的核心内容是发展学生的探究能力和实践能力,跨学科航模课就是一门"手脑并用"的课程,学生在探究过程中不仅要动手,还要动脑,同时在教师的引导下,将各学科知识有机融合,形成多学科思维模式。"跨学科教学"解决的是综合性问题,运用不同学科的知识来解决问题,体现了综合运用知识解决问题的能力。所以,在探究活动中,教师要充分调动学生的学习兴趣,使学生快乐地进行实践探究;要敢于放手,给予学生充分的探究时间;要引发深思,引导学生跨学科思考问题,综合应用各学科知识去解决问题。

如本课例"跨学科教学"中的探究活动就包含了观察、思考、交流、自学、设计、制作、测试、改进等，这些活动设计、制作环节是核心内容，是各学科知识应用的重要环节。学生运用数学、科学、工程、物理等多学科知识去解决课堂中的实际问题，获取航模知识，形成综合性的探究能力。

例如，在《揭秘纸飞机——如何让纸飞机飞得更远》这节课中，笔者精心设计了多个探究性活动："设计纸飞机比赛规则"、自学微课"纸飞机构造与飞行原理"、"交流影响纸飞机飞行的条件"和"利用卷尺探究影响纸飞机飞行远近的因素"。在"交流影响纸飞机飞行的条件"的环节中，学生提出"机翼大小、飞机长度、尾翼角度、尾舵角度、机头大小、推力大小"等因素都会影响纸飞机飞行的距离，这些因素包含了空气动力学、物理学、数学等多种学科知识。学生综合运用多学科知识，克服问题，创造性地完成学习任务，从而提升了解决实际问题的能力和跨学科综合实践能力。

二、开发综合资源，寻找课程载体

跨学科项目化学习汇聚两个及两个以上的学科概念来解释现象、解决问题、创造作品，让学生产生新知识，获得更深的理解。航模课程中的复杂问题一般都具有综合性，解决这一类问题必须要把各学科知识有机结合起来。当开展航模"跨学科教学"时，教师应积极挖掘跨学科资源，设计驱动性问题，实施多学科整合。教师还可以对航模校本教材进行全面梳理，找到相关知识，将知识进行筛选、整合、重组，真正做到综合应用教材、活用教材。为了实现"跨学科教学"，教师还可以从学生的生活实际出发，挖掘他们生活中的跨学科元素，扩展更多教学资源，实现多学科知识融合。

在《揭秘纸飞机——如何让纸飞机飞得更远》这节课中，笔者就设计了一些适合"跨学科教学"的内容，比如：在同时发射两架不同形态的纸飞机时，为了要保证数据的科学性，学生在使用两个纸飞机发射器发射纸飞机时，必须保证一样的发射角度；另外测量纸飞机的飞行距离，学生不仅需要了解卷尺的刻度大小，还要学会正确读数，这样才能读出正确的飞行距离数值。这两个内容都是数学问题，学生利用数学、科学和其他学科进行"跨学科学习"，重新回顾了数学知识"读数的方法"和"角的大小"内容，同时也学会了结合不同学科,多角度思考问题、解决问题,进一步促进了学生跨学科学习能力的提升。

三、融入社会发展,启蒙职业生涯

航空航天模型是研究航空及航天科学的有效工具,具有强烈的科学探索性质,在航空事业的发展和科技人才的培养方面起着十分重要的作用。在学生的成长过程中,通过了解航空知识、感受飞行乐趣、体验科技魅力,有助于增强学生对航空领域的好奇心,埋下从事航空事业的理想。好奇心与理想,是激励他们积极学习、刻苦钻研、克服困难的重要力量。通过上航模课,可以让学生从兴趣逐渐发展成爱好,再从爱好发展到热爱,进一步激发学生对未来从事航空事业的向往。

在本课的导入环节,笔者通过出示航空特色的校园科技节激发学生对纸飞机的兴趣,引导学生回顾"国产大飞机C919"的发展,在潜移默化中增强他们的民族自豪感和责任感。在本课末尾,添加了一段"纸飞机世界吉尼斯飞行纪录比赛"的视频,让学生震撼:纸飞机原来可以飞这么远。同时也有了自己研究实践的方向——"为了飞出更好更远的成绩",心中还会滋生挑战吉尼斯纪录的欲望。课后,学生们意犹未尽,围在笔者身边交流自己的所思所想。有位学生还和笔者一起交流了他的家庭,他的父母都在浦东机场工作,这使得他对机场很熟悉、很亲切,所以他的理想是成为一名飞行员,将来有一天能飞上天空。从他的表现能感受到对祝桥航空城和浦东机场的热爱,也让笔者意识到,课堂在学生心中播下了一颗颗为建设航空城贡献力量的种子,期待这些种子在未来的某一天生根、发芽,直到长成一棵"参天大树"。

无论学生未来是否会参与到航空领域的相关工作中,航空知识的普及更重要的意义是帮助他们学会从不同的角度思考、解决自己面对的各项问题,形成一种综合应用知识的能力。而要让这种能力真正形成,就需要学生在实践中积极地提出问题、发现问题,并在不断的尝试、试验中运用专业知识与技能解决问题。这些必备品格、关键能力等核心素养,对于他们从事任何职业,都是不可或缺的。

四、给予充裕时间,提升探究实效

美国学者兰本达说:"如果一节课一半时间是学生在活动,一半时间是教师在活动,则教师只是个及格的教师;上课时教师活动的时间越少,你越是一个好教师,甚至是一个优秀的教师。"在探究过程中,学生需要认真观察、仔细分析、大胆假设、热烈讨论、合作实践、反思改进。这一切都需要时间,这样才能真正理解现象背后的科学本质,而不是被动地了解科学知识。因此,在教学过程中,教师应把足够的时间留给学生去经历体验、去发现现象、探究现象背后的科学本质。

在传统课堂中,学生往往只有35分钟的学习时间,而《揭秘纸飞机——如何让纸飞机飞得更远》这节课中,笔者以学生为主体,给予学生一小时以上的时间进行探究和实践,经历"猜想—制作—测试—改进"一系列实践步骤,通过小组合作的方式开展纸飞机的设计、制作、改进和创新。在教学过程中,笔者给足了学生思考、设计、制作、测试的时间,让他们不仅乐于探究,勇于实践,激发出了思维的火花,也提高了分析问题、解决问题的能力和动手实践能力。

五、借助创新技术,助力教学与评价

航模教学中的课堂评价主要包括学习过程评价和成果评价两方面,但从当前小学航模教学的实际情况看,课堂评价方式以口头评价为主,评价方式太过单一。正因为缺乏有效的评价工具,才使课堂评价长期以来难以落到实处,评价也不够全面,无法有效反映学生的实际表现。为此,在本次项目化跨学科教学中,笔者使用了赛灵格教学助手软件进行辅助教学,这款软件有很多实用的功能,比如:线上分组功能、多数据对比功能、师生多维评价功能等。

线上分组功能和多数据对比功能非常便利。课前,教师可以把学生的小组名单导入软件,当授课时,可以随时根据当前班级的小组数据进行分组探究,同时学生可以在探究过程中把发现的数据记录在平板电脑上,这些数据会按照小组实时、轮流地体现在大屏幕上。当需要对比信息时,大屏幕上可以完整呈现多个小组的任务单,增强数据的对比性,促使学生能快速地从数据中获得重要信息,从而得出结论。

传统评价大多采用的是口头评价和纸质评价单。相比较传统的纸质评价单,师生多维评价功能更显优势,它能快速地进行师生互评、生生互评、小组自评和小组互评,也能直接反馈出学生的学习情况,还能对学生的评价数据进行汇总、分析和累积,为学生的总体评价提供了参考。

所以,教师如果把创新技术充分利用在项目化跨学科航模课程中,发挥它的优势作用,可以有效激发学生的学习热情,加强教师与学生的互动交流,提高学生解决复杂性问题的能力和跨学科能力,保障课堂教学的有效性,提高课堂的教学质量。

通过对《项目化学习设计:学习素养视角下的国际与本土实践》一书的阅读,结合开展的教学实践,笔者有了很多新的启发、新的感悟,课堂教学的效果也有显著提升。当然项目化学习是"新课标"倡导的具有时代意义的学习方式,需要我们不断地实践、学习和成长。我们务必继续加强项目化学习文献的学习与资料的积累,既提升理论基础,又博采众长,不断深化、优化自己的课堂实践,让项目化学习真正得到落实,让每一个学生学习更专注、更主动、更投入,成为"心智自由的学习者"。

参考文献:

[1] 夏雪梅.项目化学习设计[M].北京:教育科学出版,2018.

[2] 王晓波.多给学生一些时间——浅谈小学科学教学中的时间分配问题[J].新课程学习:下,2011(11).

运用情景表演提升小学高年级学生英语口语能力

上海市浦东新区盐仓小学　　陈　香

【摘　要】 新课改背景下,英语教学更注重学生的主体地位。教师设计教学活动开展有效教学的一个重要抓手就是融入情景教学。本文通过研究如何创设情境让学生利用情景表演,通过互动表演的方式来培养学生的语言运用能力,提升学生综合素养。从情景表演的意义、优势、准备、实施、反馈、评价等方面,探讨如何更有效地提升小学高年级学生英语口语能力。

【关键词】 情景表演　小学高年级　英语口语

一、研究意义

新课标强调,学习英语语言最终是为了实现应用,学生能学会用语言交流、做事。新课标中也明确指出要以素养为导向,体现育人为本。教师在教授学生英语知识的同时,要思考如何以学生为本创设活动,激发学生主动学习,用更有效的课堂培养学生综合素养、提升学生语言应用能力。

美国认知心理学家布鲁纳认为,"语言的交流实践是儿童获得语言的决定性因素,交往对语言的获得起决定性作用"。本研究中所提及的情景表演教学就能很好地促进学生主动学习,通过教师设定的特定情境,让学生扮演角色、互动式表演对话、融入自身动作与理解等,结合新知,从而展现自我,让课堂氛围活跃起来、让知识更富有意义。

教学中的情景表演有着以下的特点和优势。

第一,情景表演能够还学生以主体地位,更注重学生核心素养的培养。区别于以往教师的"灌输式"教学,添加情景表演内容,能够让学生参与到"说"的环节,教师通过聆听、引导等帮助学生更好地学习语言。

第二,情景表演能够有效地帮助学生巩固和应用语言知识。在教师创设的情境中,有语言学习的知识点,学生通过演绎能够正确流利地输出语言内容,即是对知识的一种反复性巩固。

第三,情景表演能够让学生感受语言带来的乐趣,提升思维品质。学生通过编排表演内容,自主安排角色,重构人物形象等,利用自己的主观想象力更好地展示表演,无疑都是学生思维开拓的一种体现。

第四,互动式、合作式的表演更能获得合作学习的快乐。小学生有活泼好动的生理和心理特征,通过合理的分组等,学生能够在小组合作中做到全员参与。通过生生互助、师生互助等,人人参与到表演中,让每个人都有获得成功的喜悦、合作的快乐。

二、情景表演提升小学高年级学生英语口语能力的实践

(一) 情景表演选材

利用情景表演来提升英语语用输出能力,其内容选择对学生最后的表演输出也有着一定的影响。

1. 从选材内容的出处来分,有课内、课外两种

课内的情景表演内容,更适合对话式的表演,更倾向于知识的反复性巩固。通过教师的有效指导,能够声情并茂地演绎课本内容,从而获得知识的深层理解。

如课内的情景表演方面,牛津英语上海版四年级下册 Module 1 Using my five senses Unit 2 How does it feel? 第三课时教学 Say and act — On the beach,在进一步理解与运用触感类词汇以及单元核心句型的基础上,在语境中初步理解与运用"Can I take off my shoes? Yes, of course you can."等内容。学生根据教师设定的目标,能利用语篇了解对话内容、有效提取信息,能朗读语篇、说演语篇;在此过程中,进一步理解与描述物品的触感,进一步感受物品的特征。在学生角色扮演准备过程中,教师及时给予指导,比

如踩到钥匙疼痛大叫"Ouch"时,用肢体语言、表情管理等,也拉近了师生之间的距离感,使学生感受到教师对语言的理解。随后翻找扎脚物件后发现钥匙时输出"Whose key is it?"来呈现问题。

2. 从内容的种类来分,主要有生活类、故事类两种

生活化的情景更容易激发学生的兴趣、引起学生的共鸣,学生在演绎的时候才能主动去理解和运用所学,同时获得愉悦的情感体验。

如牛津英语上海版四年级下册 Module 1 Using my five senses Unit 1 What can you smell and taste? 第一课时教学 Look and say 中,为了让学生更好地应用主要句型"Is it . . . or . . . ?""It's . . . ",教师采用"魔术袋"的方式让学生在课上猜测袋子中的物品,创设生活化的情景,学生在游戏的过程中,反复输出句型,赋予问句生活的意义。

相比生活类的情景,故事类的情景表演更受学生青睐,小学生对于故事都有着很深的情怀。在单元整合探索中,教师通过对教材的二次加工,用动画故事创设学习情境,给语言教学内容设立真实的情境。学生通过演绎改编版故事,挖掘人物心理,从故事的寓意里获得感悟和思考。

比如,牛津英语上海版四年级上册 Module 3 Places and activities Unit 1 In our school 第四课时教学 Read a story — In animal school,通过故事里大量生动形象的动物,在特定的情景下给学生创设了丰富多彩的交际语言。在进一步运用单元核心句型的基础上,通过动物学校运动会的情境,学生初步感知、理解目标内容,能利用阅读策略有效提取相关信息,在理解故事情节的过程中,能有感情地朗读故事、表演故事、复述故事。在此过程中,学生学会鼓励他人,明白"每个人都有自己的闪光点"。正是因为创设情境,给学生以展演的平台,让学生通过观察、思考、合作、模仿、表达等方式有效提取关键信息,能表演故事,通过语言学会鼓励他人。

(二) 情景表演展示

情景表演本是属于角色模拟游戏中的重要组成部分,趣味性十足,所以借助情景表演任务的布置能够活跃课堂教学氛围。

在设计 In animal school 的教学环节时,利用 Read in roles 和 Act out the story 环节,引导学生能够扮演好智慧的 Mr Owl,帮助学生讲好善于助

人的小伙伴们为同学加油鼓劲的语言。整个内容有 Mr Owl、Little Rabbit、Little Duck、Little Monkey、Little Dog 五个人物,学生在表演时利用所学句型、语气助攻、肢体动作来加码,在这样的环节中,既是对知识的梳理和巩固,又为运用语言提供了有效的情境。而其他学生在听同学演绎故事时,通过教师的有效引导,会有意地集中精神认真聆听,也锻炼到了自己"听"的能力。课上展示的时间有限,于是,在课后任务布置中,教师添加了根据材料复述和表演的内容。

又如,牛津英语上海版四年级下册 Module 1 Using my five senses Unit 2 How does it feel? 第四课时教学 Read a story — The blind brothers and the elephant。通过单元学习,学生能学习、感知与运用触感类词汇等;能运用"Whose . . ."等进行合理问答,在进一步感受物品位置远近的同时,知晓名词所有格"'s"的结构与表达。同时,学生进行情景表演时,主动规划和分配角色,除了所给对话,学生能够自编、续写故事,着实体现了学生的思维能力。

经过教师的指令,简单的情景表演,学生能够"背课文式"完成。虽有合作,但是学生对于角色的揣摩不够,代入感不足。课堂中给予学生一定的练习时间后,学生进行展示,从 the man、four blind brothers 和 narrator 六个角色出发,还有小组内邀请同学担任 the elephant,在表演中增添了一份喜感。但是语言有一定的局限性,学生的创造性语言较少,缺乏自己的思考。课堂的展示时间有限,于是教师设计了稍微复杂的情景表演,通过课后巩固、学生合作等方式,确保全员参与。在后一课时的表演中,明显能感受到学生的语言更流畅,肢体动作更丰富,代入感更强。还有学生拿来巨大的大象道具,让整个表演更加形象、逼真。

(三) 情景表演评价

检验学生所学的语言能力应用少不了课堂评价。学生在进行情景表演的展示时,教师及时给出评价。纠正表演学生的同时,也为其他小组的表演多了一份提醒。语言的学习最终是为了应用,学生通过模仿、合作交流等及时输出语言,在课堂中师生同欣赏、共进步,感受语言的魅力,让语言学习真实发生。同时,在整堂课结束之际,通过设计的课堂评价表让学生自己评价以总结自己课上的表现。

学生能够从自我评价、生生互评、教师评价,多方总结自己在情景表演中目标的达成情况,从而进一步提升口语能力。

表 1 评价表

评 价 内 容	评价结果		
	学生自评		
	★一般	★★良好	★★★优秀
1. 语言做到流利、情感到位。			
2. 积极参与小组合作,和他人一起表演。			
3. 表演中遇到不懂的单词、词句,能及时解决疑问。			
4. 敢于展示,在表演中用语言、肢体到位,态度大方。			
反思表演中的不足:_____			
	学生互评、师评		
	★一般	★★良好	★★★优秀
1. 语言做到流利、情感到位。			
2. 能和同伴进行交流,同伴间合作互助、共同进步。			
3. 敢于展示,在表演中用正确的语言、肢体表达情感。			
4. 活动积极,布置的情景表演都有成果展示。			
情景表演的建议:_____			

这样的评价表能够方便教师收集到更多学生学习的实际情况,以评促学、以评促教。为了更好地让学生巩固知识内容,在布置课后任务后,同样希望学生能用表演的形式自编自演,回家后和家人交流分享,不断提升学生

的口语输出能力。

三、课堂中运用情景表演问题反馈及改进举措

在平日的教学中,教师分别在 Look and say、Ask and answer、Say and act 及 Read a story 环节中有目的性地融入情景表演,学生在真正输出语言时及时得到教学反馈,以教促学、以评促教。在设计的问卷中,通过"情景表演喜好""表演情况""参与情况""表演意愿""表演内容选择"等问题设计,分析学生在情景表演过程中出现的设计问题,并能针对问题提出相对可实施的改进措施。

(一) 喜好愿景虽好,参与覆盖面不足

笔者以执教的两个四年级 60 名学生作为调查对象,开展了关于情景表演的问卷调查。53.33%的学生了解什么是英语情景表演,46.67%的学生对情景表演了解一般。而 98.33%的学生喜欢英语课堂中情景表演环节,学生对情景表演都抱有很大的兴致。在大单元整体设计的背景之下,在教研组磨课、备课中,教师都会在教学过程中创设一定的情景,融入教学内容,给学生提供语言的平台,打造一个展示的舞台。但仍有 1%和 7.43%的学生不能解读教师课上的教学环节,针对这一学情,需要个别化辅导。学生虽然愿意参与情景表演,然而实际参与情况不理想,38.33%的学生从未参加过情景表演。

所以要从任务布置开始做好监督、分配,让学生人人参与到表演过程中,即便是课上反馈时间有限,还可以利用网络等渠道进行表演录制分享,扩大表演学生面。

(二) 情景表演创新性不够

从情景表演的内容选择来看,不管是课本上的内容,还是教师提供的课外资料、教师引导下的自主改编或创编的表演材料、自己搜索的材料等,学生都有选择,但是总体来看,学生更倾向于课本上的内容。究其原因,教材在教师的有效组织教学后,学生对其掌握程度更好,更利于学生的语言输出,学生在表演输出环节的自信也就倍增。而对于自己搜索材料这一选项比例较低,所以学生的创新思维需要提升、创新理念需要培养。

为了更好地培养学生综合素养,教师要利用一些积极的方法和机制,让学生乐于去创作、创新,充分调动学生自主探究的精神和积极性。当然,还可以邀请家长参与。要更好地补充课后项目化作业,将情景表演作业延伸到家庭,让父母也参与到孩子的学习,这样学生英语学习的幸福感和成就感更强烈。

四、总结

通过情景表演,教师能从学生的表演中了解其对所学语言的掌握和运用的程度,为自己的教学提供参考;而学生则能展示其创造力和想象力等非语言能力。在教师有效的教学设计下,利用情境,结合学生自己的表演,在语言输出的同时逐步激活学生的思维、语言储备和情感,使学生在表演中整合语言,较为真实地进行表演,提升自己的英语口语能力。

故事化情景的运用,激发了学生的学习兴趣,发挥了学生的主体性,在教师的不断指导和引领下,使学生感受英语学习的趣味性,体验运用英语的成功。此外,学生也能通过与他人的合作,锻炼并提升自己的合作能力、协调能力,从他人的评价中及时发现问题,不断改进自己的表演,最终达到提升口语能力的目的。

参考文献:

[1] 孙果.小学英语表演活动中情境创设的策略——以"How do you come to school?"的教学为例[J].江苏教育研究,2021(2).

[2] 黄翠华.情景表演在小学英语课堂中的有效应用[J].当代家庭教育,2018(2).

[3] 张文芳.情境教学法在小学英语课堂教学中的运用[J].校园英语,2018(20).

[4] 赵明慧.短剧表演在小学英语情境教学中的运用[J].内蒙古教育,2016(27).

[5] 齐建军.情景表演在小学英语教学中的有效运用[J].山东师范大学外国语学院学报(基础英语教育),2013,15(6).

[6] 潘志琴.小学英语表演低效现象原因探析和改进策略[J].中小学外语教学(小学篇),2013,36(2).

核心素养视域下的小学语文大单元教学的实践研究

上海市浦东新区新城小学　杨　蓉

【摘　要】　语文学科作为新课程改革的重点学科之一,其教育目标不仅仅是让学生掌握基本知识和技能,更重要的是要提高学生的综合素质。本文以《义务教育语文课程标准(2022年版)》为指导思想,结合统编版教材特点及学情分析,提出核心素养培养背景下小学语文单元教学的设计策略。为营造更好的学习环境,帮助学生进行个性化、探究性学习,同时,也利于学生语文学科素养的提升,本文将结合实际,浅谈小学语文单元整体教学的研究探索。

【关键词】　核心素养　小学语文　大单元教学

在素质教育改革背景下,如何提高学生的语文素养成了广大教育工作者共同探讨的问题。而小学语文作为基础教育阶段重要学科之一,其教学质量直接影响到学生今后的阅读写作等各个方面。因此,从小学开始注重语文素养的培养是十分必要且迫切的。教师要准确理解核心素养的内涵,并善于在小学语文的单元教学中融入核心素养培养;结合学生的个体差异与不同的发展需求,一步一步地落实小学语文单元教学的设计策略。单元整体教学是一种以语文教材主题单元为基础的教学模式,旨在整合教学内容和课外资源。本文通过对小学语文大单元教学的实践研究来探讨如何在核心素养培养理念下开展小学语文单元整体教学,希望能够给相关教育工作者提供一些借鉴。

一、核心素养背景下小学语文大单元教学的重要性

小学阶段,小学生心智发展尚不完善,对外界的事物缺乏正确的认知与辨析能力。因此,在语文教学活动中,教师不仅要对学生的学习负责,更要对学生进行科学的指导,以帮助学生深化对外界的事物正确的认知。在进行小学语文单元教学时,教师应该在每个单元主题目标的引导下,通过确立课时目标与课堂教学活动内容,引入丰富的课外资源,进行单元整体的教学设计和实施。这样不仅可以优化教学策略,实施结构化的教学,还能提高教学的质量和学生学习的效率。

大单元教学模式与传统教学模式的不同之处在于,单元整体教学更注重学生的综合能力,从而培养他们的综合语言技能。系统的教学方法可以更紧密地融入教学内容,而且,在大单元教学中,教师可以从整体出发,不重复教学,这减少了教师为每个独立文本花费的时间,显著提高了教学效率。

此外,小学生的学习模式相对被动,教师往往会忽视学生的理解和接受程度。实施大单元整体教学,教师指导学生积极探究,同时从多个角度思考培养学生在学习过程中发现、分析和解决问题的能力,充分体现学生的主体性。在学习完一个单元后,教师应该评估整个单元的重点,并利用课程帮助学生更深入地理解。在准备好基础课后,教师应选择不同的教学方法确定研究问题,例如,讲解、讨论或小组作业。这些方法有助于激发学生的兴趣和热情,促进自主学习和协作学习。通过这样的方式,学生可以逐步形成良好的学习习惯和学习态度,不断提高自己的语文素养。

二、核心素养背景下小学语文大单元教学的实践策略

在新课程改革的要求下,单元教学模式已经成为越来越多小学语文教学工作者的研究方向。核心素养的培养贯穿于所有学科教育全过程,可以为学生的能力、品质及道德的发展带来积极影响。小学语文作为义务教育基础学科,将核心素养培养与学科单元教学设计相互融合,能够有效体现出单元教学的功能。在小学语文教学过程中,大单元教学法在促进核心素养培养方面发挥了很好的作用,并得到了大多数教师的认可。

（一）确定单元教学目标，搭建教学框架

在单元整体教学中，教师必须首先确定单元教学目标，制定单元教学计划，建立完整的教学框架。这样才能保证教学进度和教学质量。在设计教学主要内容时，同时也要围绕语文课程标准与核心素养要求，使单元目标与知识内容形成紧密的联系，共同发挥作用，提升语文教学的效率。

例如，在学习统编版小学语文五年级下册第二单元时，教师可以制定以下单元目标：① 学习通过猜读、跳读、借助资源等方法读懂课文题目与难理解的词句，能按事情发展顺序说出故事的主要内容，生动地讲述"武松打虎"等精彩片段；② 学习借助资料、结合影视剧、对比阅读等加深对小说中人物的理解，并能对人物作出简单的评价；③ 能主持"怎么表演课本剧"的讨论，并通过课本剧、读后感等再创作的方式，分享阅读中国古典名著的成果，进一步产生阅读的兴趣。通过这样的单元目标设定，我们可以清晰地知道本单元的教学重点在于能借助资料、结合影视剧，通过对比阅读、表演课本剧、分享读后感等，加深对故事及人物的理解，激发阅读中国古典名著的兴趣。

在小学语文教学中，单元整体教学具有重要意义。它有利于帮助学生构建完整的知识结构，有利于提高学生的自主学习能力和思维品质，有利于落实语文学科的人文性特征，符合当前素质教育的理念。

因此，小学语文教师要重视大单元教学设计策略的应用，从核心素养培养的角度出发组织教学活动，以实现学生的全面发展。只有这样，我们才能更好地适应新课程和教育改革的新要求。

（二）单元整体预习，让学生树立整体意识

小学语文综合课可以帮助学生将分散的理论知识有机地结合起来。在语文教学过程中，教师只能大胆地采用新的统一的综合教学模式，以适应变化并实施教育改革和创新。教师可以引导学生从每个单元中学习，统一进行预习活动。

例如，学习统编版小学语文三年级上册的第一单元，本单元课文主要是"学校生活"，主要由《大青树下的小学》《花的学校》和《不懂就要问》三篇课文组成，目的是引导学生学会把握课文的主要内容，体会和想象童年生活的美妙，热爱学习生活，积极向上。教师应结合单元主题与教学目标提出本单元总体预习的要求：阅读课文时，关注有新鲜感的词语和句子，并学会抓住关键词句理解课文；注重扩展知识，让学生参考课文，口头或书面表达，使用标点符号突出文本中的亮点，画出不理解的地方，然后与同学讨论。通过这样的方式，学生可以提前了解本单元的主要内容，明确自己的学习任务，有针对性地开展自主学习，为后续的深入学习打下坚实的基础。

(三) 开展单元教学活动，提高学生的学习兴趣

在大单元教学实施过程中，教师可以将核心素养培养融入教学活动中，设计多元化的教学活动，以实现知识目标与素养目标同时达成的效果。教师可以结合单元教学内容，选择合适的教学活动，构建关联紧密、目标任务相同的教学体系。常见的教学活动主要包括任务式教学、问题式教学、情境式教学等。在大单元教学过程中，教师可以灵活地使用单元指南来指导学生阅读课文，体验情绪，探索单元主题，以激发学生的兴趣，并让学生轻松地学习语文。

例如，小学语文五年级下册第一单元的主题是"童年往事"。爱玩是孩子的天性，每一个孩子都应该在玩中长大。童年心动神怡的最深刻的记忆当然也应该是在玩中产生的。为了激发学生的情感和记忆，在这一单元中，教师可以安排以下三个教学活动：①"小时候，我们这样玩"。和身边的亲人、朋友聊一聊，我们怎么玩，说说小时候都玩过哪些玩具、最喜欢玩的游戏是什么、做过的最勇敢的事是什么。在聊一聊、比一比中发现身边人和自己童年的不同，感受不同年代人童年的快乐。②"寻找成长的那一刻"。人的长大总是一瞬间的事，有时是因为一个人，有时是因为一件事，有时是因为一个物。说说自己认为自己成长的瞬间。③"记下我长大的那一刻"。用心回想自己成长的历程，用笔写下触动内心那一刻的成长故事，发现属于自己的成长密码。教师可以使用关键词来指导学生表达，并为学生提供独立的表现机会，从而调动学生的学习热情。

(四) 抓住单元主题，让学生开展深度学习

大单元教学注重找到文本整合的切入点，抓住单元主题和重点，连接分散的知识，设计本单元的整体课程。在教学中，所有教学的融合、教材的整合和教学活动的合理实施，可以促进整个单元的有序教学，达到最佳的教学

效果。

例如,小学语文四年级下册第三单元,编排了一个现代诗单元,编选了冰心的《繁星》(三首)、艾青的《绿》、叶赛宁的《白桦》、戴望舒的《在天晴了的时候》,另外还设计了朗诵诗歌、编辑诗集等综合性学习活动。在单元整体教学中,首先让学生明确本单元的主题——诗歌,让我们用美丽的眼睛看世界。接着在学习诗歌的过程中,教师可以让学生收集、创作一些小诗,收集相关的资料,初步了解现代诗的一些特点,体会诗歌的情感,并初步学习整理资料的方法。最后,合作编写诗集,举办诗歌朗诵会。学生不仅要读懂诗的内容,还要初步了解现代诗的一些特点,教师要尝试开展综合性学习,来培养学生对现代诗的兴趣。

参考文献:

［1］ 李怀源.立人为本的小学语文单元整体教学［J］.语文教学通讯,2016(3).
［2］ 王飞.单元整体教学法在小学语文教学中的应用［J］.西部素质教育,2016,2(10).
［3］ 李萍.基于核心素养培养理念的小学语文阅读教学创新策略研究［J］.天天爱科学(教学研究),2023(2).
［4］ 朱季平.指向核心素养培养的道德与法治大单元教学策略研究［J］.中学政史地(教学指导),2023(2).

浅谈小学语文减负提质、
迈向绿色课堂的意义及策略

上海市浦东新区新城小学　陈剑虹

【摘　要】　本论文旨在研究如何在小学语文教学中实现"减负提质"的目标,并同时倡导绿色课堂的理念。通过分析当前小学语文教育存在的问题,提出了减轻学生课业负担、提高教学质量以及推动环境教育的策略,以更好地培养学生的综合素养。

【关键词】　小学语文教育　减负提质　绿色课堂　环境教育

一、引言

随着社会的不断发展和教育理念的日益丰富,小学语文教育作为培养学生语言表达能力、思维能力和文化素养的重要途径,面临着新的挑战和机遇。在传统教育中,我们经常听到"减负"和"提质"的呼声,既要求减轻学生的课业负担,又要提高教育质量。这一挑战在小学语文教育领域尤为突出。与此同时,绿色课堂理念强调环保教育,培养学生的环保意识,也是当前教育的重要方向之一。我们将结合教学实践,探讨如何在小学语文教育中实现"减负提质"的目标,以及如何构建绿色课堂,为学生的全面发展提供更加有益的教育环境。

二、小学语文减负提质,迈向绿色课堂的意义

(一) 提高教育质量

通过减负提质的策略,教育体系能够更好地满足学生的学习需求,提供

更丰富、深入的教育体验,从而提高教育质量。学生在这样的环境中更容易获得知识和技能,培养批判性思维和创造力。

（二）减轻学生课业负担

减负提质意味着更注重核心知识和技能的传授,避免了过多无效的学习任务,有助于减轻学生的课业负担,缓解学习压力,提高学习效率,促进学生身心健康。

（三）培养环保意识

通过将环保教育融入语文课程,学生能够更深入地了解环保的重要性和方法。这有助于培养他们的环保意识,使他们成为可持续发展的倡导者和实践者。

（四）综合素养培养

绿色课堂不仅关注学术知识,还关注学生的社会、情感和生活素养。通过多元化的教学方法和环保实践,学生可以培养协作、沟通、创造力和社会责任感等综合素养。同时,绿色课堂的实践不仅包括教育内容,还包括资源的节约和环境的保护。这有助于减少资源浪费,降低对环境的冲击,为未来社会的可持续发展创造更好的条件。

总之,小学语文教育的减负提质、迈向绿色课堂,不仅有益于学生的学术和综合素养发展,还有助于培养他们的环保意识和社会责任感。这是一项具有深远意义的教育目标,有助于塑造更有担当、有创造力的未来公民,并为社会和环境的可持续发展作出贡献。

三、小学语文减负提质、迈向绿色课堂的策略

（一）优化教学内容

1. 简化教材

为了提高小学语文教育的质量并减轻学生的负担,教师要对语文教材进行深入梳理,确定核心知识点和关键技能,让这些核心内容成为课程的焦点,将过时、重复或不必要的内容剔除,使学生能够更集中精力学习重要概念;要强调对教材内容的深度理解,而不仅仅是表面记忆;鼓励学生提出问题、展开讨论,并探索不同层面的文本理解。

2. 引入跨学科元素

为了促进综合性学习和更全面的教育体验,可将跨学科元素融入语文课程中。例如,将科学和数学的概念与语文教学相结合,在学习科学相关的文章时,学生可以进行相关科学实验或数学问题的探讨;引入历史、地理和社会学等社会科学元素,以更好地理解文学作品的历史背景和文化背景;鼓励学生在语文学习中进行艺术创作,如绘画、音乐、戏剧表演,以丰富他们的文学体验。

3. 引入现实生活案例

为了增强学生的兴趣和实际应用能力,将教材与现实生活联系起来,教学中引入与学生生活相关的实际问题,鼓励学生思考并提出解决方案。例如,通过文学作品或文章讨论社会问题,鼓励学生思考如何参与社会变革。还可以通过实地考察、组织学生参观实际场所、与专家互动并亲身体验相关主题,以增强他们的理解和学习动力。同时,鼓励学生开展实际项目,如写作、演讲、社区服务等,以展示他们所学知识在实际生活中的应用。

这些方法的综合运用使小学语文教育更具吸引力,有助于提高学生对语文学科的兴趣和理解,同时确保他们学到的内容更贴近现实生活和未来的实际需求。

(二) 灵活的学习安排

1. 多样性的课程设计

为了满足不同学生的学习需求,小学语文课堂引入了多样性的课程设计。这些设计不仅仅涉及内容,还包括教学方法和活动。可以实施小组讨论和合作学习。例如,每个语文单元的开始,学生被分成小组,鼓励他们共同探讨文学作品、课文或诗歌。这有助于学生分享不同的观点和理解,增强他们的合作能力。还可以引入跨学科项目,要求学生选择一个与语文内容相关的主题,然后展开研究和创作项目。例如,学生可以选择一个历史时期作为背景,研究相关事件,然后创作与该时期相关的小说或剧本,将语文与历史结合在一起。还可以定期组织实地考察,让学生亲身体验与文学作品或语文课程相关的地点。例如,当学习有关大自然的文章时,学生可以去植物园或自然保护区进行观察和研究。

2. 个性化学习计划

每学年初,学生参与学习风格和兴趣的评估,教师了解每个学生的学习方式和兴趣爱好。同时,教师与每位学生一起制定个性化的学习计划,确定学习目标和学习重点,并且根据学生的实际学习进度,灵活调整学习计划,确保每个学生都能够在适合他们的节奏下学习。为满足个性化需求,教师会提供不同的教材和资源,包括难度不同的文本、学习工具和支持材料。

这些举措帮助学生在语文课堂中获得更多的自主性和个性化支持,有助于提高他们的学习兴趣,培养创造力。同时,教师也能更好地调整教学,提高教学效果,实现"减负提质"的目标。

(三) 多元化的评估方式

1. 引入综合评价

为了更全面地了解学生的能力和知识,我们采用了多元化的评估方式,除了传统的笔试,还可以采用以下四种方式。口语表达:学生参与口头演讲、小组讨论或课堂演示,展示他们的口头表达能力、逻辑思维能力和沟通技巧;项目作品:学生完成综合性项目,这些项目要求他们运用所学知识解决实际问题,或创作文学作品,或进行独立研究,这有助于培养他们的创造性和批判性思维;小组合作:鼓励学生参与小组项目或合作任务,以培养沟通和团队合作的能力,评估他们在小组中的贡献;书面作品:如论文、散文、诗歌等,这有助于评估他们的写作技巧、文学理解和创造性表达。

2. 自我评价和互评

为了培养学生的自我反思和评价能力,以及鼓励他们互相学习,我们采用自我评价和互评的评价方式。自我评价指学生在完成作业或项目后进行自我反思,并及时改进。这有助于他们更好地了解自己的学习水平。互评是指学生参与互相评价同学的作品或项目。他们提供反馈和建议,帮助同学提高质量。同时,教师要定期提供反馈,帮助学生了解他们是否有进步。这有助于学生根据反馈做出改进,持续提高自己的能力。

这些多元化的评估方式不仅能更全面地了解学生的学习水平,还有助于培养他们的批判性思维和协作能力,从而更好地迎接未来的学习和职业挑战。

(四) 环保教育的融入

1. 环保主题教材

为了培养学生的环保意识,学校引入了与环保相关的文学作品和文章,以及其他教材资源。在文学作品的选择上,精心挑选与环保相关的文学作品,如以自然和环境为主题的小说、诗歌和散文。通过阅读这些作品,学生可以深入了解环保问题的重要性,同时还可以欣赏文学的美。在语文课堂中,教师巧妙地将环保知识穿插在故事中,让学生在阅读的过程中培养环保意识。例如,通过小说中的角色或情节,讨论环境问题的根本原因和解决方法,并且鼓励学生分析和讨论现实生活中的环保案例,如环境破坏事件、可持续发展事件等。这有助于将课堂学习与实际问题联系起来。

2. 绿色课堂实践

学校通过组织学生参与各种环保活动,将环保教育付诸实践。例如:举办植树活动,让学生积极参与,了解树木对环境的重要性,同时组织学生参与绿化社区的工作;进行垃圾分类教育,教导学生正确分类和处理垃圾,减少环境污染;组织学生参与校园绿化、废物回收和可持续发展项目,亲身体验环保实践,培养环保习惯;鼓励学生参与社区环保服务,如清理公园、参与环境保护组织,积极承担社会责任。最后,学生与教师一起反思他们的环保活动,讨论所取得的成就以及未来的改进方向。这有助于培养学生的环保意识。

四、结论

小学语文教育"减负提质、迈向绿色课堂"这一目标的实现,不仅有助于提高学生的学习成绩,还有助于塑造他们的品格和价值观,使他们能够更好地适应未来社会和环境的挑战。这也反映了教育的本质,即在知识传授的同时,塑造有担当、有情感、有思考能力的公民。通过坚定地实施这一目标,我们可以更好地迎接未来的挑战,建设更加美好的社会。

参考文献：

［1］ 樊文忠."双减"政策下的小学语文作业设计优化路径[J].教育科学论坛,2023(26).

［2］ 汪成山.聚焦"双减"落实,助力减负增效[J].第二课堂(D),2023(8).

［3］ 张晶晶.减负增效背景下小学低年级语文作业的创新设计[J].小学生(上旬刊),2023(8).

［4］ 徐如萍.构建小学语文绿色课堂的策略[J].课堂内外(高中版),2021(23).

［5］ 林桂丽.构建绿色课堂,让小学语文课堂更具生命力[J].考试与评价,2021(4).

第三章

关注素养 · 优化方式

大单元视域下小学语文
表现性评价应用研究

上海市浦东新区观澜小学　瞿蒙蜜

【摘　要】　在小学语文大单元教学中,表现性评价是测评学生语文核心素养发展程度的重要方式。表现性评价既是语文教学改革的必要趋势,也是对学业评价改革的有效回应,还是小学语文大单元教学评价创新的现实诉求。表现性评价强调提供真实性表现任务,关注学生在问题解决过程中对于语文知识理解的深化和主动建构,能够真正破解小学语文大单元评价难题,推动小学语文大单元评价理念的创新。基于此,本文结合实践经验,以大概念统领,引导学生在表现性任务中亲历真实问题的解决过程,并以规则的制定,协助学生完善自我反馈,明确提出了大单元视域下小学语文表现性评价应用的"目标、任务、规则"设计策略。

【关键词】　大单元　小学语文　表现性评价

《义务教育语文课程标准(2022年版)》明确提出,小学语文教学应坚持学科核心素养的培养。而大单元教学作为语文核心素养培育的重要途径,引起了一线教师的广泛关注和实践应用。但是,现阶段的小学语文大单元教学通常将情境任务、实践活动的设计作为重心,评价处于脱节、模糊的状态。如何使目标、教学与评价达成一致,是教师必须要思考和解决的问题。表现性评价是对学生在学习活动中具体表现的评价,关注学生素养与能力的发展,与大单元教学适切度极高。因此,本文从大单元视域出发,研究并思考了小学语文表现性评价的应用策略(见图1)。

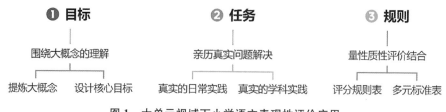

图1　大单元视域下小学语文表现性评价应用

一、明晰表现性评价目标——围绕大概念的理解

表现性评价是素养导向下教学评价转型的实际选择。因此,表现性评价目标的设计应与核心素养相匹配。科学且合理的表现性评价目标为后续评价任务的设计与规则的制定提供了"方向"。而大概念聚合了大单元的核心性知识、技能和策略,是表现性评价目标设计的关键来源。而且,大概念能够将零散的知识点以核心要领的方式统整起来,帮助学生构建完善的知识体系与结构,对于学生而言,是真实且有用的知识,为学生展示了语文知识与技能运用的现实通道,实现了语文技能的灵活迁移。因此,表现性评价目标的制定应以语文核心素养为旨归,以大概念为核心,以学生的理解、运用与迁移为目的,以此培养学生实际问题的解决能力。

（一）围绕课标与教材,提炼大概念

在小学语文大单元教学中,大概念是语文核心素养与语文教学内容有效嫁接的实践结果,教师应在课程标准与教材内容的研读中提取大概念。

1. 课标摘取

课程标准作为国家课程的纲领性文件,单元大概念的提取必须将课程标准作为源头。在大单元教学中,不少大概念可以直接从课程标准中摘取。教师应仔细研读课标,将其中反复出现且体现语言文字与运用规律的关键词句,作为单元大概念。

2. 教材提炼

小学语文统编教材中每个单元的导语部分明确提出了针对阅读、表达的训练点,这是教师提炼大概念的重要着眼点。当然,语文要素并不等同于大概念。教师应从语文要素中得到启示,理清怎样的观点、思想可以清晰解释语文要素。这就要求教师深入思考大单元的主题与要素对应的学科观点与思想。需要注意的是,语文要素不只是出现在导语部分,还隐藏在学习提示、课后练习等部分,教师要在系统性把握和认识语文要素的基础上提炼大概念。

当然,大单元核心性知识与关键能力的梳理,要综合课标与教材要求,只有这样才能够找到体现知识与能力的思想和方法,将其抽象、概括成单元大概念。

例如:教师根据课程标准梳理了复述故事教学板块的具体要求,并结合教材中"课后练习""语文园地""口语交际"不同板块的内容确定了单元大概念,并确定了"复述故事"大单元的表现性评价目标,如表1所示。

表1　"复述故事"大单元表现性评价目标

常　规　目　标	核　心　目　标
1. 正确认读生字,读准多音字,掌握汉字与词语的正确书写	1. 可以借助表格、示意图完整梳理故事内容,在故事的复述中,不会遗漏重要的情节
2. 分角色朗读课文内容,能够有感情地读出故事人物的语气,把握人物的特征	2. 自觉主动练习故事当中不同人物的语气与动作,以自身理解塑造不同人物的形象,生动、形象且具体地复述故事
3. 针对自己认为"有意思的内容",开口表达自己的观点,与教师、同学交流自身看法,体会故事趣味	3. 根据不同故事中的具体对象与要求,用自己的话复述故事,并能够进行恰当的调整

(二) 以大概念为起点,设计核心目标

表现性评价应将大概念的理解与实际运用作为表现性评价目标设计的起点,以此构建大单元知识的联系。大概念是语文知识的结构化体现,指向"语文知识可以做什么""语文知识能够做什么"。这一特性恰好符合表现性评价的要义,即关注学生掌握语文知识的同时更关注学生是否可以运用语文知识解决现实问题。因此,在表现性评价目标的制定中,应将理解、运用大概念作为核心性的目标,让学生能够运用核心性的语文知识,解决与之相

关的现实问题,并使学生能够将其迁移到任务情境的相关现象与问题中。相反,如果表现性评价目标的制定围绕碎片化的知识与技能,则会将学生留在当下情境中,无法真正实现知识的有效掌握、应用和迁移。

例如,低年级的书面表达为写话训练。在写话训练中,教师常常会将写作格式的掌握与正确应用作为评价的目标,并未体现写话核心概念的理解与实际应用。缺乏系统知识的整合,学生无法真正掌握写话的方法和技巧,在新情境、新问题中,会不知道从何下手、无所适从。因此,教师从知识能力、过程方法、情感态度与价值观三个层面出发,围绕“写话内容、形式、过程以及书写规范”设计了写话的表现性评价目标。在统编版语文二年级上册“语文园地三”中,写话训练主题为“你最喜欢的玩具是什么”,这一写话训练的完成需要学生描述玩具的样子、好玩之处。教师将表现性评价目标设计如下:① 说出自己最喜欢的玩具;② 从玩具的形状、颜色等出发,描述玩具的具体模样;③ 从静态和动态两个方面出发,描述玩具的具体玩法。表现性评价目标的制定,学生的学习目的更为明确和具体,势必能够激发学生的写话热情。

二、设计表现性评价任务——亲历真实问题解决

表现性评价通过大单元问题解决任务的设计,让学生在与真实任务的探究、互动中,收集学生学习发生的证据与表现。因此,教师应将真实性问题的解决作为大单元评价的任务载体。那么,真实的问题从何而来?如何寻找真实问题?这是表现性评价任务设计必须要思考和解决的问题。

(一)真实的日常实践

从学生的日常生活中寻找和挖掘真实性的问题是表现性评价任务设计最为有效的方法,也是最符合低年级学生身心发展特征的方法。一方面,语文学科与学生的日常生活有着密切的关联,日常生活中蕴含着听说读写的相关活动。另一方面,低年级学生对自身生活的世界最为熟悉。

例如,在“诗歌”大单元的教学中,教师设计的单元表现性任务很好地体现了生活问题的解决:“同学们,你们知道自己的名字怎么写吗?了解自己名字的具体含义吗?请制作一份班级人名谱。”在《姓氏歌》的阅读中,学生

能够在一问一答中掌握自己与其他同学姓氏的书写方法,并在阅读中,理解诗歌的精髓与内涵。结合本单元学习的语文知识,教师布置表现性任务,全班合作编写《班级人名谱》,通过姓氏书写,记录每个同学的名字,并根据其名字,写几句流畅的"小诗歌"。该单元的核心目标为阅读诗歌,了解诗歌内容,产生感悟,并进行简单的创编。学生在任务的完成中,就建立起了单元知识与生活问题的联结,最终完成了人名谱的编写。

（二）真实的学科实践

真实的学科实践要求所学语文知识与某个具体领域的工作实践进行有效的联系。

例如,针对低年级学生活泼、爱玩的性格特征,教师在"推荐一部动画片"的口语交际教学中,设计"小主播"的表现性任务,要求学生自主撰写主播词,向观众介绍自己最喜欢的动画片、喜欢的人物或情节、喜欢的原因、观看后的感悟等。这样的任务赋予了学生媒体行业从业者的身份,学生需要在有限的时间内完成口语交际和表达的任务。在大单元学习中,将课文作为学习资源,运用详略得当的方法介绍"喜欢的动画片",学生能真正掌握解决相关问题的方法和策略。

三、制定表现性评价规则——量性质性评价结合

只有制定科学、合理的表现性评价规则,才能够准确且全面地评价小学语文大单元教学活动。在大单元教学表现性评价中,教师可以采取量性与质性评价结合的方式。量性评价指的是教师依据一定的维度,评价小学生的具体学习情况。质性评价则指教师使用评语来评价学生的大单元学习情况,拥有既定的标准,可以进行准确且公正的评价。通常情况下,教师需要围绕学生表达能力、技巧掌握情况、学习态度等内容制定评价规则。

（一）评分规则表,衡量学生具体表现

评分规则表的制定是大单元表现性评价的关键环节,客观且公正的评分规则与标准,有助于教师教学与学生学习的调整,可以协助学生进行有效的自我反馈,并调整语文学习进程,强化学生的自我效能感。评分规则通常包括大单元表现性任务完成的具体水平、等级以及学生的具体表现。

比如,教师结合评价的目标,针对语音语调、语言表达、流利度、内容与动作等多个维度设计了"朗读任务"评分规则表,如表 2 所示。

表 2 "朗读任务"评分规则表

维　度	指　标	表　现　水　平	评　分
语音语调(40 分)	发音(10 分)	清晰发音,口齿伶俐	
	音量(10 分)	音量适中	
	语调(10 分)	朗读有节奏,正确停顿	
	语速(10 分)	有起承转合、急缓变化	
语言表达(20 分)	词语(10 分)	用词准确且恰当	
	普通话(10 分)	普通话标准	
流利度(20 分)	表达(10 分)	表述流畅	
	语义(10 分)	内容表达清晰且明确	
内容(20 分)	主题(10 分)	主题明确,突出主题内容	
	要点(10 分)	有理有据,观点新颖	
满分(100 分)			得分:

(二) 多元标准表,真实反映学习状态

在小学语文大单元教学的过程中,教师可以通过学生自评、团队评价等方式,全面、真实且具体地反映学生的学习状态,以此加深学生对自身的认知,为教师评价提供证据。

1. 团队评价表

在小学语文大单元教学中,教师要想全面且准确地评价学生的学习状态,需要从多个角度进行完整的评价。在大单元教学中,团队合作学习是最常用的方式。团队之间的表现性评价可以调动学生的学习热情,形成相互学习、相互促进的氛围。基于低年级学生的学情,针对阅读板块的大单元教学,教师将团队评价标准表设计如表 3 所示。

表3 团队评价标准表

评价等级	一级	二级	三级	四级
组织计划	有基本计划,但无法适应复杂问题	有组织和计划,但是缺乏系统方法	组织规范,思路清晰	具有系统性的组织方法
阅读的准确性	文字阅读错误较多	有一些阅读错误	没有实质性的阅读错误	阅读完全正确
阅读理解	完全没有理解	尝试理解,但不完整	理解较为清晰,但不连贯	理解非常清晰,思考连贯
合作素质	团队散漫	团队分工不明确	成员分工明确且积极参与	成员合作意识强且分工较为明确
文字知识	不理解,未掌握	了解基本文字知识,但是不会运用且不完整	掌握完整的文字知识,但运用能力较弱	文字知识掌握扎实,且能够灵活运用

2. 个人评价表

在团队合作中,教师需为学生提供自主评价的标准。针对阅读板块的大单元教学,教师将个人评价标准表设计如表4所示。

表4 个人评价标准表

评价等级	一级	二级	三级	四级
阅读能力	差	一般	不错	较强
组织计划	没有组织计划	有基本计划	有阅读规划	有高度系统性
阅读理解	错误理解较多	有一些错误理解	没有实质性的错误	理解完全正确
语言表达	组织困难	语言流畅	表达全面	表达全面且逻辑性较强
团队合作能力	不积极参与	过于胆怯或者过于关注自己表现	积极参与团队合作	积极参与,心系团队利益

总而言之,在小学语文大单元教学中表现性评价的应用至关重要,可以

真正推动学生语文核心素养的发展。教师在实际教学中,要围绕学生对于大概念的理解和实际运用,明晰表现性评价的目标,以表现性评价任务的制定引导学生亲历真实问题的解决过程,通过表现性评价规则的明确,协助学生自我检测、自我反馈,以此促进小学生的全面发展,推动学生综合能力的提升。

参考文献:

[1] 林立南.指向核心素养的小学语文学科表现性评价[J].教育科学论坛,2022(20).
[2] 刘玉雪.表现性评价在小学高年级语文口语交际教学中的应用研究[D].烟台:鲁东大学,2022.
[3] 李岚.表现性评价在小学语文口语交际教学中应用的调查研究[D].上海:上海师范大学,2022.
[4] 杜虹欣.小学语文表现性评价设计策略研究[D].重庆:西南大学,2022.
[5] 宋玉芬.表现性评价在小学语文教学的应用研究[D].太原:山西大学,2021.
[6] 刘艳.表现性评价在小学语文阅读教学中的实践路径探究[J].考试周刊,2021(48).
[7] 胡佳丽.小学语文教学表现性评价的问题及对策研究[D].曲阜:曲阜师范大学,2019.

小学体育教学中过程性评价的实践研究

——以课堂表现维度为例

上海市浦东新区观澜小学　尹　杰

【摘　要】　体育评价是体育教学中重要环节之一,通过有效的学习评价,促进学生达成课程目标。有效的体育评价能让学生感知到自身的优势与不足,有策略性地调整学习方式,从而提升体育课堂教学效果,不断完善教学结构。通过研究,从课堂表现维度出发,探寻更科学更合理的课堂表现评价方式,确保体育评价在课堂上发挥到最大的作用与价值。

【关键词】　小学体育教学　过程性评价　课堂表现

在新课标、新课程的引领下,体育与健康课程有了更科学更全面的指导。小学体育教学不仅要体现学生在课堂中的主体地位,而且要引导学生自主参与体育课堂教学,并且能够刻苦学练、自主发展、自信开朗。课堂表现评价在体育教学中起到了非常重要的作用,能及时、有效地改进教学方法和教学模式,提升体育教学效果。

一、小学体育教学评价现状与问题

近几年,小学体育课程教学评价方式在逐步丰富,比起以往传统的评价方式,有了质的飞跃,从百分制到等第制,再借助现代信息技术,有学生自评、生生互评、教师评价等,形成了多元化的评价方式。有研究指出,体育学科新课程评价体现了以人为本、素质教育等教育理念;提高了学生对体育学科的学习兴趣,发挥出学生潜在的体育能力,有效提高体育课堂教学效率;评价的意义和功能得到了进一步的凸显。但实际上体育教学仍缺少细节化的评价——课堂表现过程性评价,所以仍存在以下问题:

1. 对学生综合性、个体差异性的评价不多。每个学生作为独立的个体,差异性的评价也不可少。

2. 偏重最终评价。不能全面地评价学生在课堂中的表现,时常只是单一的总结性评价。

3. 学生课堂学习积极性不高。课堂表现过程性评价内容不丰富,不利于教师调动学生课堂学习积极性,时常会出现教师讲,学生被动听的现象。

二、基本概念定义

(一) 课堂表现的定义

指学生在课堂上的听课、发言、合作学习和完成课堂学习任务的情况表现。

(二) 过程性评价的定义

过程性评价是评价功能与价值的集中体现,从教学评价标准所依照的参照系来看,过程性评价属于个体内差异性评价,即把每个评价对象个体的过去与现在进行对比,从而得到结论的评价方法。目标与过程并重,及时反映学习中的真实情况,促进总结、纠正不足。"过程"是相对于"结果"而言的,具有导向性,关注教学过程中学生智能发展的过程性结果,如解决现实问题的能力等。及时地对学生的学习水平做出判断,肯定成绩,找出问题,是过程性评价的一个重要内容。

三、课堂表现过程性评价的特征

(一) 突出评价情境的真实性

体育教学过程中,发现问题,指出问题,纠正错误技术动作,学生得到改进,在真实的场景中,提高学生实践能力。

(二) 展现个体学习的标准

以教学目标为标准,了解学生个体体育学习前后的差异性,辨别他们存在的不足和潜在的优势,提倡"学生提高了多少,而不是达到了某个程度"的评价。评价的结果起到激励的作用,要把统一标准和个体标准区别开,这样个体标准的评价效果会更好。

四、小学体育教学中课堂表现过程性评价的具体实践策略

传统的小学体育教学评价方式主要依靠体育项目的达标手段和硬性指标,特别在体育项目测试时,体育教师只能给学生单一的成绩评价,但在课堂表现中,可以给予过程性评价。本文主要研究的是课堂表现这一维度,以二年级教材中"跳跃:跑几步越过一定高度的橡皮筋"为例,探讨过程性评价的具体实践策略。

(一)科学评价,凸显学科核心素养

《义务教育体育与健康课程标准(2022年版)》,明确指出体育学科课程核心素养是运动能力、健康行为和体育品德。在教学中,围绕学科核心素养,设计有针对性的小学体育教学学生课堂表现的过程性评价,如表1所示。

表1 小学体育核心素养方向的课堂表现过程性评价语句

核心素养内容	评 价 内 容	引导评价语句(例句)
运动能力	运动技能	你完全掌握了动作方法 动作真是太优美了
	体能	每次完成得都很标准,充满力量感
	专项运动技能	你跳跃的能力真是让人羡慕
健康行为	体育锻炼意识与习惯	你有良好的运动习惯
	健康知识与技能的掌握运用	对你来说,学什么都轻轻松松
	情绪调控	对待每一次的学练都轻轻松松
	环境适应	不要紧张,你可以轻松完成的
体育品德	体育精神	积极进取、勇敢顽强、坚持到底等
	体育道德	遵守规则、诚信自律、公平竞争等
	体育品格	自尊自信、文明待人、有正确的胜负观等

案例呈现：

小然是个活泼好动的男孩，课堂表现不太稳定，时常会因情绪的变化而改变学习态度，时而进步飞快，时而差强人意。课中，依据他的课堂学习表现，围绕学科核心素养进行了三次课堂表现过程性评价。

今天的小然，有点不一样。

当小然基本掌握动作方法时，可以说："你的跳跃动作再连贯一点，就更好了。"

当完全掌握动作方法时，可以说："比起前一次的动作，你更加自然、轻松了！"

每一次完成动作都很流畅时，可以说："你积极进取、不断超越的练习态度，老师太喜欢了。"

小然在练习中，一次比一次好，所表现出来的精神状态，认真程度远远超过了班级其他学生。

对于二年级学生来讲，直接讲述健康行为、体育品德方面的内容，学生不可能完全理解，只能听个一知半解，教师要进行再处理，用学生更容易接受的语言来评价。在这节课中，从学科核心素养角度以过程性评价的方式来引导学生，并且每次的评价是递进式的，学生更容易接受和理解。学科核心素养也随之得到了发展。

（二）关注学生个体差异，打造活力课堂

俗话说："世界上没有两片树叶是一模一样的。"学生也是一样，都是鲜活而又独特的个体，有时用简单或固定的评价，不能全面、真实地体现学生的学习水平。过程性评价的目的就是激励学生参与到体育技能的学练中去，并凸显学生个体差异性，打造活力课堂。

案例呈现：

小越是学校武术队队员，身体素质非常好，擅跑能跳，在体育的学习上基本没遇到困难，对于自己的能力也很自信。因此，对于她的评价，要偏向个性化，调控好她身上的"野"，引导她向着体育小健将发展，让她的体育魅力感染到班中的其他学生，成为班中的体育"明星"。

依据她的课堂表现，我是这样评价的："你的跳跃动作，总是能受到大家的一片掌声,真是班中的体育小明星!"

"每一次的练习都表达了你的态度,超越自己,精益求精,持之以恒,点赞!"

个性鲜明的个体,需要个性化的评价。小越是体育优秀生,以她为切入点,做好课堂表现过程性评价,她的运动能力可以得到更大的提升,体育的魅力就能在班里同学间正向传播。像这样的个性化评价多多益善,从而提升评价的激励性。

(三) 跨学科融合,促进评价内容多元化

在传统的小学体育教学中,多元体育学习评价对学生体育学习兴趣的影响,已有显著体现。跨学科融合是明确方向,能促进评价内容多元化。

案例呈现:

经过两次跳跃课的学练后,学生掌握的技术动作基本成型。

评价 A 同学:你真是身轻如燕、动作灵巧。(语文修辞手法)

评价 B 同学:你在空中腾跃移动的轨迹,宛如一条完美的抛物线。(数学)

评价 C 同学:Good job!(英语)

在跨学科融合过程中,体育教师既要依据新课程教学改革的基本思路,同时还要根据学情、校情、体育学科教学资源和各运动项目的基本特征等开展教学设计,以明确教学目标、优化教学思路,进而提高教学效果。体育与其他学科融合必须紧扣教学目标,更好地突出"生活化""实践化"特性,与学生日常实践行为相联系。根据教学内容、学生身心特点,创设自主选择和自我发展的跨学科学习主题与情境,激发学生的学习兴趣,引领学生在丰富多彩的场景中经历真实体验。

五、结语

对学生进行评价的主要目的是促进学生主动学习,激发学生的学习兴趣,提升课堂教学效果。评价的方式和内容必须丰富多元,包含学生课堂表现的方方面面,在学生完全掌握技术动作后,及时进行过程性评价,可以提高学生的能力,挖掘潜能。学生可以从课堂表现评价中得到多个方面的反馈,从而更清晰地了解自己的能力,明白自己所处的水平,也能给予学生更多的鼓励。但对学生学习的评价完全到位、真实是有难度的,需要不断摸索。每个学生的差异性和发展多样性决定了评价永远不会过时。创新的评价方法要合乎学生新的学习方式,满足学生的发展需要,才能在新课程中适应改革的步伐和需求。

参考文献:

［1］　张娟.体育新课程评价应用于小学体育教学的路径探究[J].新智慧,2021(4).
［2］　张海静.小学体育教学中过程性评价优化策略[J].天津教育,2021(30).
［3］　汪晓赞,季浏,秦海权,等.多元体育学习评价对中小学生体育学习兴趣的影响[J].体育学刊,2008,15(12).

指向素养提升的小学语文作业优化设计

上海市浦东新区观澜小学　朱奕沁

【摘　要】 随着新课程改革的深入,传统的语文作业模式已无法满足学生发展的需求,尤其是学生语文核心素养发展的需求。因此,教师要结合学生实际情况以及新课程改革的要求,对语文作业的设计做出相应改进,真正使语文作业成为以学生为中心,以教师为组织者、引导者身份的创新型作业。提升作业的质量,能够让语文教学更加符合当下教育理念和贴合学生的身心发展特点,设计多样化、趣味性、层次性的语文作业,融合语文核心知识,能够助推学生语文核心素养的提升。

【关键词】 素养提升　小学语文　作业设计

在核心素养的指向下,帮助学生改变单一、被动的学习方式,形成自主、探究、合作的学习方式,促进学生在教师指导下主动地、富有个性地学习,是小学语文作业设计的核心目标。作为教学过程基本环节之一的作业,是促使学生认知、能力、情感全面协调发展的重要途径。我们不仅要研究和改革课堂教学,还要以学生发展为本,精心设计作业内容与形式,更好地促进学生主动学习,促进学生核心素养的发展。

一、当下小学语文作业设计存在的问题

(一) 作业内容零碎,缺少整合性

"为了作业而作业"是长期以来存在于语文作业设计与实施中的一个误

区。语文作业不是以其自身的流畅和最终完成为目的的,其根本宗旨在于促进学生各方面素质的综合发展。教师布置的作业以零碎的知识点再现、死记硬背居多,难以促进知识迁移。即便是迁移也仍处于同类迁移阶段,跨知识面迁移的能力较弱。仅呈现教学重点内容,与课堂教学内容有机融合的作业较少,难以帮助学生形成系统、全面的认知。

（二）指向单一教学目标,缺乏结构化

学生思维的高阶发展需要依托递进式的作业设计,借助练习、巩固、消化,对所学知识进行深入理解与运用。现阶段的作业设计指向单个或某几个教学目标,作业难度的结构性低、拓展延伸面较狭窄。在这样的作业设计下,学生难以获得知识的全貌。

（三）追求理论知识,缺少实践性

传统语文作业"重理论、轻实践,重背诵、轻趣味",学生在反复练习、填鸭式教育中极易产生逆反情绪。新时代作业设计应向课外延伸,与生活接轨。作业设计应遵循可操作性、趣味性原则,设计类型丰富、实践性强的作业内容,帮助学生掌握知识、再现知识,让学生动手实践、深度参与,在解决真实复杂情境的问题中发展思维。

二、指向素养提升的小学语文作业优化设计的原则

教师要想使语文作业最大限度地发挥其自身的教育价值,做好作业的合理规划和设计是必不可少的。因此,在设计与实施语文作业时,教师要时刻坚持以学生为主体,将语文课程的教育目标、主题内容与学生发展需要相结合,对作业进行合理的规划设计,不断丰富作业的内容形式,增强作业的趣味性和挑战性,更好地吸引学生完成作业,并在此过程中得到发展。

（一）实效性原则

小学语文作业的优化设计,要坚持实效性原则,作业内容和形式一定是能够触发学生最近发展区的,必须以中高阶学习目标为标准,不能一直停留在简单重复或模仿复制的浅层次作业模式中。

落实实效性原则的根本前提和基础,就是设计让学生真正认可和喜爱的作业形式。在实践过程中,具有高参与度的作业能够将语文学科素养的

培育融入学生的自主探究之中,提升教育实效性。根据学生的身心发展需求来设计和实施作业,让学生从自主探究中收获新知的同时,满足学生自身的兴趣爱好、求知欲和成就感,从而真正地推动核心素养的提升。

(二) 驱动性原则

知识是从兴趣中获得,能力是从实践中提高。教师布置的作业要注重趣味性,更要注重驱动性。在作业优化设计中,要保证作业具有一定的挑战性和探究深度,驱动学生在兴趣的支持下去自主完成,并且把已经获得的知识和经验应用于解决实际问题。尤其是在布置课外作业时,应立足课本,放眼生活,将作业的内容和学生兴趣指向、生活经验相结合,让语文作业真正在学生心中变得"意趣相融"。在实践中,教师必须想学生之所想,始终以学生为主体,在师生平等互动中支持学生解决问题,夯实经验和能力,切忌将知识直接灌输给学生。

驱动性原则要求教师在设计语文作业时,要科学把握以学生为主体教学理念,在考虑他们学习兴趣的基础上筛选整合作业内容,以保证学生能积极主动地完成作业。因此可以针对他们年龄和认知特点,精心设计趣味性的作业,激活他们的主动探究欲望,变被动为主动,让语文作业成为学生喜欢并且乐意去主动完成的任务。

(三) 层次性原则

语文作业的层次性原则源于对学生个体差异性的尊重,分层作业的目标是通过作业结构的优化来促进不同学业水平学生的学习。分层作业有多种方式,其最终的目的都是促使不同学习水平的学生有效地完成作业,并在原有水平上获得更好的发展。

层次性原则需要教师对分层作业有清晰而深入的认知,否则就会导致分层作业在实施过程中产生负面的问题。比如有的是表面分层,有的教师认为平时作业中有基础题和拓展题就是分层;有的是机械分层,分层作业仅仅是难易程度不同的题目,没有相关的实践类、阅读类的作业,这种分层作业长此以往学生也会失去兴趣,认为数学就是解题;另外还有标签化,有的教师将学生分为优、中、差三类,并且规定优秀学生可以选择 C 类作业,比较差的学生只能选择 A 类基础类作业,将学生分为三六九等,而我们的分层作业似乎就成了"罪魁祸首"。这些分层作业的做法对学生的影响一定是负面的。

三、小学语文作业优化设计的有效策略

素养提升指向下的语文作业优化设计,不仅为学生的身心发展注入了新的动力,更为教师的专业发展提供了更深入、更广阔的拓展空间。语文作业的设计优化需要我们充分认识到语文教学的重要性,在充分考虑到学生身心发展特点的基础上,通过丰富作业内容、形式及内涵,增加趣味性和挑战性来发挥其教育价值。最大程度上发挥语文作业的功效,使学生能够乐在其中,受益无穷。

(一) 提升作业整合性,推动学习目标达成

小学阶段的语文课程难度不高,学生可以通过认真学习而理解和掌握。其真正的难点在于——当学生完成语文作业的时候,他们的耐心会很容易被单一的作业内容消磨掉。整合式作业是指立足学习目标的达成,对作业内容和方式进行高效的整合,包括将已学课程的复习和下节课的预习内容进行有机整合,将写作作业与实践作业相结合,甚至将本学科作业与其他学科作业相融合等。

例如,在课文《珍珠鸟》的作业设计中,教师通过生活中见到的小鸟作为切入点,引导学生对平日里见到的小鸟的外观、叫声等进行观察记录,并根据自己的兴趣制作思维导图。学生利用"标本""图画""符号""照片"等自己喜欢的元素进行思维导图制作,不仅很好地完成了作业任务,而且充分激发了学生自主学习的意愿,也提升了自主学习和独立思考的能力。

整合式作业的落脚点在于对照学习目标,整合作业内容与形式,减少作业数量,提升作业质量,让学生真正成为作业的主人,从而自觉自愿地去认真完成,提高学习效率。

(二) 拓展作业自主性,共同开发作业形式

在坚持以"学生本位"为导向的核心素养指向下,如何让学生自主探究、自主思考,成为语文教师在作业设计中必须要考虑的环节之一。

例如,在常规的作业形式之外,教师将学生"自主设计"的作业形式纳入

新的作业模式之中,主要包括表演型作业、实践型作业、创意型作业等。表演型作业是指学生以角色模仿、情景再现、配乐朗诵等方式完成的作业类型,并且在表演型作业中,学生们还可以进行互相合作,任何同学都能够找到适合自己的角色,从而增强了学习的信心,提高了表达能力、合作能力和运用能力。实践型作业是指通过猜谜、做游戏、改编课本剧、创编故事、设计广告、参加竞赛等方式完成的作业类型。实践型作业将所学知识运用到生活中去,感受知识运用所带来的成就感。这类作业可以提高学生在实际生活中知识的积累和运用,还可以培养学生观察、探索、交流等方面的能力。创意型作业是指没有固定完成方式,学生可以通过视频、照片、图文、演说等形式自主完成的作业类型。创意型作业依据学生年龄特点进行设计,每位学生都是极富有个性的生命体,他们对待创意的理解有其独特性和创造性。创意型作业的设计既巩固了所学知识,又把所学的知识综合运用起来,起到了事半功倍的效果。

教师在设计与实施语文作业中,要始终坚持以学生为主体,并充分认识到每个学生都是一个独立的个体,让学生自己动脑动手,积极引导学生发挥自身的能动性,在现有经验、能力的基础上,充分激发学生的潜能从而更有效地实现自身能力的提升。

(三) 强化作业层次性,优化设计分层作业

分层作业对于提升学生的学习兴趣、促进学生深度学习是有很大作用。指向素养提升的语文作业优化设计,需要遵循"减轻课业负担,提升作业质量"的指导思想,围绕激发学生语文学习兴趣、提高学生语文应用能力和学科思维,同时积极挖掘作业的载体功能,通过设计难易不同的分层作业,为学生创造更大的探究性学习空间,让学生可以在完成作业的过程中自由思考、自主探究、自主分享。

例如,在《青山处处埋忠骨》一课的作业设计中,教师按照分层原理把作业分成三个维度:A 类作业是"本篇课文背景抗美援朝的探寻和整理",B 类作业是"从文中描写毛主席动作、语言、神态的句子中,体会毛主席的内心世界",C 类作业是"查找资料,结合人物故事,说说对'青山处处埋忠骨,何须马革裹尸还'的理解"。学生可以根据自己的学习能力认知和兴趣来自主选

择作业类型。这样一来,不同层次和学情的学生就有了更加明确的任务驱动和目标,学生个体的主观能动性都得到了有效激发,从而提升了作业的辐射能力和深度影响。

语文作业作为课堂教学的延续,学生完成作业的过程不仅是对语文知识习得和应用的重要过程,更是实现对教学效果深化的重要途径。我们在进行作业设计时,不仅要确保作业内容有助于促进学生学科知识的内化吸收,更要注重借助作业的载体功能和丰富的内容形式,为学生创造在实际生活中运用语文知识、体验语文内涵的机会和途径,让学生在加深对知识理解的基础上,在学以致用中实现自身全面发展的目标,让学生在完成作业的过程中真正地实现语文素养的提升。

参考文献:

[1] 黄晶晶,潘涓涓.优化设计凸显实效——核心素养下小学语文单元作业设计研究[J].文理导航·教育研究与实践,2021(8).

[2] 周丹平.小学语文教学中如何对作业进行优化设计的研究[J].散文百家,2020(27).

[3] 逄云阁,刘学联.巧"整"妙"融",让作业提质增效——"双减"背景下小学语文作业的创新设计[J].山东教育,2022(z1).

小学生课外阅读指导的实践与探究

上海市浦东新区观澜小学　张　丹

【摘　要】　统编版小学语文教材提出"精读、略读、课外阅读"三位一体的教学模式,把课外阅读的内容编进了教材中,使其成为语文教学的有机组成部分,努力实现课外阅读课程化,由此可见课外阅读在语文教学中的重要性。但根据笔者的实践经验与观察,当前的阅读推进方式有很多局限性,学生的阅读兴趣没有被调动,阅读能力没有实质性提升。针对此现状,笔者进行了探究与实践。

【关键词】　小学生　课外阅读　实践探究

苏霍姆林斯基说过,让学生变聪明的方法不是补课,不是增加作业量,而是阅读,阅读,再阅读。宋代文学家苏辙说:"早岁读书无甚解,晚年省事有奇功。"可见,读书重要,从小读书尤为重要。

多年来,阅读的重视程度有增无减。然而,根据笔者的实践经验与观察,目前小学生的阅读情况存在很多问题,阅读其实处于"虚热"状态,甚至可以说,我们一直以来惯常使用的阅读推进方式是有很多局限性的,学生的阅读兴趣没有被调动,阅读能力没有实质性提升。

一、小学生课外阅读指导的误区

教师自然明白阅读的重要性,因为惯性思维和认知告诉我们,阅读可以提高学生的写作能力、语言表达能力、阅读理解能力,对提高学习成绩有很大的帮助。但是,"为什么学生就是对阅读爱不起来?"这其实是有迹可循的。教师一旦对阅读的认识不够,就容易走进阅读的误区。

（一）误区一：阅读就是识字

低年级的语文教学中，识字教学是重点。不能否认的是，阅读会给学生带来很多益处，但阅读并不单纯为了识字教育。有的学生在阅读中确实认识了很多汉字，但结果却是以失去阅读兴趣为代价，彻底失去了阅读的快乐。试想，被大人逼着指着书上的字读，读完还要检验学习成果，这样的阅读哪个学生会喜欢呢？

有时候，越是心急想要获得，失去的就会越多。阅读便是如此，抱着太多的功利心，往往适得其反。

（二）误区二：太多"拷问"式提问

每读完一个故事，有的教师就会追问学生："这个故事讲了什么内容？你明白了什么道理？"每一次都像是在做阅读理解题，渴望从学生口中得到不偏离中心的标准答案。然而，每一次阅读都要被问及感想和收获，这就让阅读变得非常有负担。有时候学生答不上来，就会产生挫败感，时间久了也就对阅读慢慢失去了兴致。

在读故事时追问，其实也是在打断学生的注意力和故事的完整性。如果能以开放的心态和学生聊聊故事内容，随机引导，也许反而会有惊喜。

（三）误区三：只许看"有用"的书

有些教师是见不得学生看"闲书"的，比如漫画书、搞笑类书籍等，并极力给学生推荐自己认为"有用"的书，如文学名著、名人传记等。然而依笔者所见，只要是内容积极向上的，漫画书又有何不可？五年级语文统编教材中出现了习作《漫画的启示》，试问，从小没有看过漫画书的学生，读得懂漫画的含义，写得好漫画的启示吗？可见，书籍"有用"和"无用"，不能加以世俗的偏见。只让学生读大人所谓"有用"的书，难怪他们会觉得读书是件苦差事。

回顾以上种种，都是教师在给学生的阅读层层加码，要求过高且太急，还带有功利性，自然是不利于培养学生的阅读兴趣的。在新课标中，语文课程每个年段的"阅读鉴赏"目标中都特别强调学生阅读兴趣、阅读习惯、阅读理解、感悟、鉴赏与思辨能力的培养。可见，阅读不仅仅是知识的学习，更是一门指向核心素养和生命发展的课程，它会在潜移默化中帮助学生完成精神建构。一个学生如果拥有良好的阅读能力,通常普遍会拥有良好的自主学习能力,而小学阶段正是儿童阅读启蒙的黄金时期,也是阅读习惯、阅读兴趣养成的最佳时期。

二、小学生课外阅读指导的实践与探究

"双新"背景下,根据课程教学提质增效的要求来看,阅读能力培养是重中之重,从助力学生成长的角度来看,语文教师更有责任和义务激发学生的阅读兴趣,培养良好的阅读习惯,提升阅读能力。

(一) 更新观念,扩大小学生课外阅读视野

叶圣陶先生说:"学习语文,单凭一本国文教材,是远远不够的,必须在国文教材以外,多看一些书,越多越好。"统编小学语文教材中的"快乐读书吧"栏目是一大特色,这个栏目设置目的就是为了激发学生的阅读兴趣,让学生感受读书的快乐,习得阅读的一些基本方法,逐步形成良好的阅读习惯。"快乐读书吧"对整个学期的课外阅读有着提纲挈领的作用,因此,在立足文本提供的阅读要素基础上,可开启"阅读菜单",以此扩大学生的阅读视野。教师要根据学生心理、年龄的特点,选择不同的书籍。例如,在小学低段的阅读教学中,适合聚焦绘本、儿歌童谣和童话故事类书目。

基于新课标和统编教材,笔者结合课内教材中的篇目开出"阅读菜单",学完《端午粽》,去读绘本《小粽子,小粽子》;学完《四个太阳》,去读童诗《太阳小时候是个男孩》;学完《怎么都快乐》,去读任溶溶的《没头脑和不高兴》。"阅读菜单"就像是一份营养全面的"套餐",即便有指定的阅读范围,但也让学生拥有了更多的自主选择权。

(二) 改进方法,激发小学生课外阅读兴趣

叶圣陶先生认为,没有教师指导的"课外阅读"属于消遣性的阅读,因此,教师要精心设计与规划学习活动,激发学生的阅读兴趣。

1. 欣赏封面和插图

封面和插图相当于一本书的窗户,通过它们能直观、迅速地看透作者和编者的用心。低段儿童读物大多配有生动有趣的插图,通过展示封面和插图,让学生大胆猜测书的主题和内容,从而产生阅读的兴趣和欲望。

就好比确定了旅行的目的地一样,接下来尽管去书中遨游,去验证自己的猜测正确与否。这个过程正是叶圣陶先生提出的"求疑—答疑—复核"的阅读方法。

由于低段学生识字量、理解力等方面的受限,可能会对阅读产生畏难情绪,但阅读过程中的图文对应,一定程度上能帮助学生理解故事内容,树立读书的信心,产生内驱力,享受阅读的乐趣。

2. 分享书中精彩片段

低年级的学生很喜欢听故事,教师可以朗读激趣,通过呈现精彩片段的方式,抓住故事中的一个片段,将学生带入故事情境中,吊起学生的"胃口"。

笔者结合本校的"澜星读书节"活动,利用每天早上 20 分钟的读书时间,绘声绘色地为学生朗读故事片段,时而是老奶奶,时而是小男孩,时而是大老虎,时而是小青蛙。学生听得如痴如醉,故事片段的朗读直接激发了其阅读欲望。

3. 问题引导激发期待

阅读之前,教师可提出问题,或制造悬念,以激发学生的好奇心,激发阅读期待。学完课文《雪地里的小画家》,笔者的"阅读菜单"中又加入了《大雪有多大》一书。书中用幽默的语言让人见识了雪有多大,从文字中见证了积雪由浅到深的过程。边读边想象是阅读时常用的方法,在阅读这本书时也可以顺着书中的画面加入想象:"第一节课一个红红的鹅冠游过操场,第二节课一个猪头拱着雪朝雪食堂走过去,那第三节课、第四节课、第五节课呢?如果让你接着描绘积雪变深的过程,你会怎么说、怎么画呢?"

有雪的地方就有童心,结合生活实际,一下子拉近了学生与文本的距离,以问题引导的方式激发学生的阅读期待,阅读兴趣油然而生。

(三) 提供支架,引导小学生养成阅读习惯

阅读其实可以关联教材的单元,也可以围绕特定阅读主题展开,形成拓展式迁移。教师要为学生提供支架,建构阅读体系,养成阅读好习惯,达成阅读的育人价值。

1. 制订计划

"凡事预则立,不预则废"。制订读书计划可以帮助学生更加明晰阅读的目标和进度。首先是阅读时间,既可以空出固定的时间阅读,也可以利用碎片化的时间阅读。如果在学校里能有特定时间给学生阅读便再好不过,例如我校历来的"澜星读书节",每天早晨 20 分钟的阅读时间,全班共读同一主题的书目,营造了浓浓的书香氛围。其次是阅读数量,比如《小巴掌童话》是由多个故事构成的,学生可以根据个人的阅读速度制订阅读计划。每个学生的认知水平与接受程度有差异,因此阅读也要允许分步走,允许有不同频率的步调。

2. 家校合作

教师要向家长传递正确的阅读观念与方法,进行家庭阅读方法的指导。现在学校实行"全员导师制",教师也可聘任家长为"阅读导师",结合学校各项活动,积极推动家庭阅读的广泛开展。例如,通过线上读书交流会、读书沙龙等系列活动,邀请班中重视家庭阅读、热爱读书的家长代表交流分享,家校合作,助力学生养成阅读习惯。

3. 读书记录

在日常阅读过程中,教师要根据阅读计划,引导学生进行各种形式的读书记录。低年级的学生喜欢涂涂画画,阅读记录可以推陈出新,比如,发挥自己的想象,画出书中的部分情节或自己感兴趣的场景,或是为书中人物绘制人物卡、做成头饰等。教师也可鼓励家长和孩子分角色演一演故事里的情节,以视频记录的形式与同学、老师分享。有的学生识字量大,朗读能力强,还可以录制读书音频和大家交流。教师应鼓励学生以自己喜欢的方式进行阅读记录,呈现自己对阅读的独特理解。

(四) 搭建平台,鼓励小学生进行阅读交流

阅读的推进离不开教师的引领,通过搭建交流展示的平台,可以推动学生的阅读向纵深处发展。阅读交流其实就是思维的碰撞,使个性化的体验和集体智慧融合在一起。学生大多喜欢交流和表现自我,教师可结合学生的阅读实践,引导从几个方向展开阅读交流。

1. 我和家人一起阅读

家庭是人生的第一所学校,家长是孩子的第一任老师,在孩子的阅读成长过程中起着举足轻重的作用。教师可引导学生和家长开展亲子共读,形

成"共读—讨论—思考—再读—再思考"。学贵有疑,在亲子共读过程中,孩子有想法或疑问涌现时,家长要及时解惑,并和孩子一起解决问题,潜移默化地助推他们的阅读成长。

2. 我和伙伴一起阅读

"阅读与鉴赏"目标之一是"尝试阅读整本书,用自己喜欢的方式向他人介绍读过的书",要鼓励学生自主阅读、自主表达。教师要激发学生的进取精神,培养其自主、合作和探究的学习方式。阅读之后,同学之间的交流可以小组方式进行,每个学生根据自己的读书记录在小组内分享自己的读书体验,可以分角色朗读、演一演故事情节、说一说令自己印象深刻的场景等,也可以提出自己在阅读过程中的问题,听听伙伴的见解。小组的团队协作会激发学生的探究能力,有助于共同进步。

笔者曾在班中开展每日 10 分钟"阅读交流",这 10 分钟是随性和自由的交流,不定人员、不拘内容、不限形式,只要想表达和分享,都可以积极参加。实践证明,虽然只有短短 10 分钟,但学生的热情总是那么高涨,话题也五花八门、层出不穷。学生不再被要求必须读什么书,"因为自由,所以快乐",他们在交流中获得了强烈的成就感与被认可的自信。"自由阅读"真正激发了学生的阅读兴趣、好奇心和求知欲。

3. 我和老师一起阅读

在学生阅读的过程中,教师应当积极参与学生的思维过程,及时给予方法的指导,适时给予鼓励与肯定,帮助学生养成良好的阅读习惯,习得阅读的好方法。

笔者在班中开展"阅读漂流"活动,与学生共读一本书,大家可以将阅读中的困惑或感受写在便利贴上,贴到班级的"阅读驿站",师生可随机选取便利贴互相交流和答疑。于是,那些不善于表达、比较害羞的学生也有了一片畅所欲言的天地,笔者更是无数次得到惊喜,原来看似沉默寡言的学生竟有如此独到的想法。

从精神角度来说,师生共读就是教师和学生共同体验当下与奔赴未来的美好相遇,通过阅读、阐释、碰撞,编织共同的语言密码和精神密码。阅读的意义,就这样在共读中走向丰满。

三、结语

新课标和语文统编教材都非常重视阅读,新课标还提出了"语文核心素养",要求学生在学习语言文字运用的同时,提升思维能力、审美能力和文化自信。因此,阅读之路,任重道远。教师自身也当饱读诗书,更应大量读童书,以孩子的视角洞察孩子的内心,与孩子产生共鸣,优化课外阅读指导方法,让孩子爱上阅读,产生读书的内驱力。

参考文献:

［1］　翁美凤."双减"背景下小学语文低段整本书阅读教学策略——以《一起长大的玩具》为例[J].小学生作文辅导(语文园地),2022(9).

［2］　王夏萍.让孩子的心灵在阅读中飞扬——浅谈小学阶段整本书阅读的引导策略[J].求知导刊,2020(5).

基于文化意识培养的
小学英语单元整体作业设计

——以牛津英语(上海版)4B M4U2 Festivals in China 为例

上海市浦东新区观澜小学　　朱奕纾

【摘　要】　语言是文化的载体,文化意识是英语核心素养的重要内容之一。小学英语学习中,注重培养学生的文化意识,树立学生的文化自信,有助于真正有效地落实英语学科核心素养。作业,作为英语学习过程中的重要一部分,如何更好地在单元整体作业设计中对学生进行文化意识的培养,本文对此进行了实践与思考。

【关键词】　小学英语　文化意识　单元整体作业设计

《义务教育英语课程标准(2022 年版)》中提到,"通过英语课程学习,学生能够了解不同国家的优秀文明成果,比较中外文化的异同,发展跨文化沟通与交流的能力,形成健康向上的审美情趣和正确的价值观;加深对中华文化的理解和认同,树立国际视野,坚定文化自信"。因此,除了课堂教学中的文化渗透,在单元整体作业设计中,如何更好地帮助学生丰富文化知识内涵,提高学生的文化表达能力,有效促进其文化意识的培养,也是教师需要思考的。本文以牛津英语(上海版)4B M4U2 Festivals in China 一课的单元整体作业设计为例谈谈如何在单元作业设计中落实培育文化意识的一些思考与探索。

一、小学英语作业中培养学生文化意识的意义

小学英语学科的学习,需要以语言为媒介,在学习过程中关注学生文化

意识的培养。其中,中华传统文化学习则是一种文化的传承、价值的涵养。学生只有真正了解中华传统文化,并能够学习、传承与发扬,才能更好地发展文化品格。通过借助语言知识的学习,教师也可以引导学生在学习中感受中西方文化的差异,从而培养学生的文化意识,帮助学生塑造良好的文化品格。在英语学习过程中,可以让传统文化与现实生活联通,学生能在学习中感受中华民族深厚的文化积淀,从而让中华传统文化的基因在学生心中生根发芽,增强他们的文化自信。

二、小学英语单元整体作业设计中文化意识培养的现状分析

(一)作业设计中对文化知识的渗透稍显欠缺

教师在平时的单元整体作业设计中,容易偏重语言知识的操练,主要以"一读、二背、三抄写"这样的方式布置作业。这样的作业学习形式非常单一,内容也比较枯燥。机械式的作业设计往往也容易没有层次性,无法关注到学生的学习差异性,也就做不到因材施教。

同时单一的作业形式,教师也无法很好地兼顾到学生文化意识的培养,文化渗透仅仅只能停留在表面。因此,作为教师,应有意识地设计形式多样的英语作业,同时也要尽可能地保证内容丰富,从而提高单元整体作业设计的深度和广度。

(二)学生对文化知识感知度不高

通过观察发现,大部分学生在学习过程中缺少语言交流的机会和语言浸润环境,所以还是比较容易以中文思维进行表达。同时受学习的大环境影响,学生也更容易偏重语法知识等内容的学习,忽略了文化意识的培养。主动学习欲望的缺失导致学生大多不会主动探究学习,也就缺少了去探究了解学习内容背后文化内涵的兴趣。

三、小学英语单元整体作业设计中培养学生文化意识的实践

(一)链接生活,享真实文化体验

教材的单元主题围绕人与自然、人与社会等进行设计,因此,单元整体作业的设计也是与单元主题紧密相连的。单元整体作业设计中,作业内容

设计链接学生的真实生活经验,能够激发学生的学习兴趣、促进新旧知识的使用。如 4B M4U2 Festivals in China 一课是以中国节日为主题展开,介绍了许多中国的传统节日。所以在单元作业设计中,应紧紧围绕这一主题,以情境化的整体设计,带领学生在课后更深入地了解中国传统节日。如本单元第一课时的作业就将课本中提及的传统节日与学生生活经验所联系。学生在真实的生活情境中,尝试搜集信息,运用所学知识与对传统节日的了解进行简单描述。这样的作业既是对知识的巩固和复习,也是确保学习的实用性。

在单元整体作业设计中,依托单元主题,教师应尽可能地挖掘教材中的文化元素,结合生活中的真实素材,在各课时作业中为学生的学习提供真实、可靠的学习资源,生活化的学习资源也是将人文文化融合进英语学习的一种途径和方式。

（二）拓展内容,提升文化自信

文化是具有丰富性、多元性、历史性的,单纯依靠教师在课堂上进行文化内容的讲授,培养学生的文化意识是非常困难的。在课堂教学的基础上,教师还要为学生拓展文化知识,以拓展学生的知识面,让他们感受不同文化的特点,以提升思维能力。

在本单元第五课时复习作业设计中,考虑到学生前几课时的学习内容,以思维导图的形式,引导学生探索不同节日背后更深层次的文化含义,如食物、风俗等,进一步挖掘节日背后的民族文化。思维导图是一种支架式的教学实践,以主题为中心,它能够帮助学生整合新旧知识,建构知识网络,培养学生的发散思维和创新能力,提高学生用英语获取信息、处理信息、解决问题的能力,从而逐步培养学生英语表达能力。教师可借助导图的形式,在激活旧知识的同时激发学生探究的好奇心。

在单元整体作业中教师也可以尝试合理应用思维导图、看图分析等形式的任务,一方面为学生提供更为丰富多样的作业形式,摆脱单一枯燥的机械作业模式;另一方面,多样化的任务形式,能够帮助教师更好地传递单元主题下所蕴含的文化内涵,增强学生学习的有效性,拓展其语言知识运用能力,更好地培养学生文化意识。

（三）内化迁移，品深厚传统文化

诚如新课标所说，学生核心素养的形成可以在多学科融合的基础上，打破学科与学科之间的边界，建立课堂所学与学生实际生活的关联，注重多学科融合，鼓励学生迁移创造。文化意识培养也可以在多学科融合学习中，有更深入的学习体验。

本单元第四课时的作业设计涉及重阳节的知识。根据学生的学习经验，以古诗词学习将语文和英语两个学科知识融会贯通起来，让学生以诗词为媒介、以语言结构为支撑，提升其语言实际应用能力。学生在完成这项任务时，首先要具备一定的文化素养，对古诗词本身有一定的了解和掌握，进而才能在任务中借助已有的知识，转化思维，体会不同语言表达下的诗词美。

类似这样的作业任务设计能够在巩固学生语言知识和技能的同时，使他们在学科间的互通、思维方式的转变方面得到一定的锻炼和提升，同时也提高了学生的文学鉴赏能力，从而培养学生的文化意识。

（四）阅读故事，悟传统文化内涵

语言学习是培养学生文化自信的最佳媒介之一，教师应当充分、合理利用单元整体作业设计，在其中尝试渗透中国文化内涵，培养学生的文化自信意识，提升学生学科核心素养。在小学英语教学中整合经典中国故事与教材资源，贴近学生生活，符合学生身心发展特点，可在潜移默化中加深学生对中华优秀传统文化的认识和热爱。比如，本单元主题为 Festivals in China，与中国传统节日相关的故事非常多，因此，在单元整体作业设计中，教师努力挖掘传统节日故事，比如关于重阳节的起源、春节生肖的故事等。选择与教材内容主题相呼应的故事，带给学生更为生动的文化体验。在故事阅读中，学生可以了解到节日背后的含义，或者是节日里风俗的起源等。

单元整体作业设计中的故事阅读，一般是在教材原有内容的基础上的补充和拓展，除了可以丰富学生的学习资源，还能在潜移默化中增强学生的文化意识。

四、结语

总之，单元整体作业设计作为英语教学中的重要组成部分，需要关注培养学生的文化意识,引领学生走向文化自信,这也是英语课程落实立德树人根本任务的一个重要方面。学生文化意识的培养和文化自信的树立也不仅仅停留在教师的讲解和简单的学习记忆,而是应该遵循学生的认知与情感,注重文化知识的学习,文化内涵的提炼,真正将文化意识培养落到英语教学中去。

参考文献:

[1] 徐立芬.创新教学方法,提升学生文化意识——探究在小学英语教学中提升学生文化意识的策略[J].校园英语,2023(14).

[2] 张霖."双减"背景下小学英语作业创新设计研究[J].海外英语,2022(11).

[3] 林琪.将文化自信意识融入小学英语教学的实践探究[J].亚太教育,2023(5).

"双减"背景下，指向核心素养的小学语文单元作业设计

上海市浦东新区观澜小学　张莉萍

【摘　要】　小学语文单元作业设计应基于语文要素，统整单元作业的目标，变革作业的形式，从而提升小学生语文学科核心素养。此外，小学语文单元作业设计还应尊重学生的个体差异，兼顾学生的体验与探究、合作与个性，体现分层的要求，让学生在作业中实现知识的迁移，能灵活运用语文知识，提高学生学习的积极性，增强学习的效果。

【关键词】　核心素养　小学语文　单元作业设计

随着"双减"政策的落地，其中的重要一"减"是减轻小学生过重的作业负担，提质增效，因而作业成为落实"双减"政策的关键载体。传统的作业多分为课前预习、课堂练习和课后作业，以知识能力的机械、重复训练为主，这样的作业既加重学生课业负担，又无法提升学生的核心素养。本文旨在通过指向核心素养的小学语文单元作业设计流程，探索以核心素养培养为目标的小学语文单元作业设计的有效策略，以统编版小学语文教科书三年级下册第二单元的作业设计为例，谈一谈具体的实践与思考。

图1　指向核心素养的小学语文单元作业设计流程图

一、单元作业设计的内涵与意义

单元作业设计是指教师根据教材或同一主题学习内容,按照学生发展核心素养培养目标要求,进行系统、完整的作业规划与设计。它以"单元"为训练的基本单位,打破了传统的单篇、零散化的作业设计模式,变"应试训练"为"素养培养",通过聚焦单元主题,整合单元语文要素,创设和学生生活相关联的真实情境,促进学生的学习。

(一)作业设计呈现新角度:单元作业整体性

很多时候,教师会根据每节课教学的重点内容以及核心目标来给学生布置相应的作业,这样的作业设计虽然可以让学生更加精准地把握每一节课的重点,但却无法有效促进学生对于单元主题、语文要素的整体认知和把握。

单元作业设计是对一个单元不同课时作业内容、要求的统筹思考,可以加强不同课时作业内容与要求之间的关联,还可以减少一些仅仅针对低水平目标、反复操练性质的作业在不同课时的简单机械性重复,减轻学生不必要的作业负担。单元作业的整体性规划,还可以增强不同课时作业内容之间的衔接性和递进性。

(二)作业实施进行新探究:尊重学生差异性

平时教师们布置作业经常与课后练习以及教材配套的习题相结合,而且要求每一位学生必须完成。其实,教材配套的习题中,部分作业对于基础较为薄弱的学生来说,是有一定难度的,虽然作业量相同,但他们完成起来需要更长的时间;而且这些作业不仅不能有效培养学生的核心素养,还会影响学生睡眠和活动。随着"双减"政策的落地,"提质增效"成为教师们面临的一大挑战,如何实现作业的有效性?

在进行单元作业设计时,首先要尊重差异,以学定教。每个学生是不一样的,教师要尊重学生的个体差异,在作业设计上要充分了解学情,以学定教。其次,要分层设计,因材施教。每节课的课后作业可以采取必做、选做等相结合的方式,给予学生自主选择的权力,真正实现因材施教。

(三)作业功能体现新成效:能力发展进阶型

统编版语文教材单元内容根据知识的难易程度进行了合理规划,考虑到了学生的年龄特点和真实学情。进行单元作业设计,可以促进学生对单元内容的整体理解,同时让学生按照顺序学习,有效提升语文素养。学生知识技能的提升应是一个循序渐进的过程,单元作业设计一定程度上考虑了学生的学习特点,从低阶素养指向高阶素养,使学生的能力进阶发展。

二、"双减"背景下,小学语文单元作业设计的策略

(一) 基于要素,紧扣主题,统整单元作业目标

统编版语文教材以双线组织结构为单元,在单元内容中统整了人文主题和语文要素,教学内容呈螺旋梯度式编排。教师可以基于此构建符合语文学科基本规律、适合学生身心发展特点的语言文字训练的目标序列。这个目标序列是随着学生认知水平的提高而逐步深化的,因而单元作业的目标不能只着眼当下,而应置于整个教材编排体系和学生能力体系中进行确定。

三年级语文教材下册第二单元以"寓言"组织文篇,这是继三年级上册童话单元之后,第二次以文体组元。本单元共编排了《守株待兔》《陶罐和铁罐》《鹿角和鹿腿》和《池子与河流》四则寓言故事。本单元的阅读要素是"读寓言故事,明白其中的道理"。这次专门编排寓言单元,旨在引导学生进一步认识和了解寓言,帮助学生形成对寓言这种文学体裁的初步认识。本单元的四篇课文运用多种形式引导学生不仅要理解寓言故事的内容,还要关注寓言中蕴含的道理。"交流平台"则引导学生对寓言的基本特点及阅读寓言的好处进行总结梳理。本单元的习作要素是"把图画的内容写清楚"。三年级上册和本册第一单元对如何观察开展了进一步的训练,学生对"按一定顺序观察"有了基本的能力。在此基础上,本次习作进一步学习按顺序观察图画,并根据图画展开想象,把自己看到的、想到的写清楚。

本单元还安排了"快乐读书吧"栏目,推荐阅读《中国古代寓言》《伊索寓言》《克雷洛夫寓言》等经典寓言故事,提示阅读寓言故事的基本方法,旨在进一步激发学生阅读寓言故事的兴趣。

基于此,我们可以细化本单元的作业目标:① 识记本单元字词(常规目标)。② 能正确、流利、有感情地读好寓言,根据寓言角色的不同,朗读出角

色的独特情感(常规目标)。③ 知道课文讲了什么故事,通过抓住人物语言、动作、神态等读懂人物的行为和想法,体会角色的性格特点(单元目标)。④ 了解寓言的丰富形式,初步认识寓言的文学形态,积淀寓言文化(学期目标)。⑤ 结合生活实际,明白道理,能联系生活,独立思考,发表自己的看法(学期目标)。

根据本单元主题,笔者创设了"漫游寓言王国"的语文实践活动情境,并设计了七个作业项目,如表1所示。

表 1　单元作业框架

作 业 项 目	作 业 时 机
单元整体预学	单元教学前
《中国寓言故事》读一读	《守株待兔》教学结束
人物形象画一画	《陶罐与铁罐》教学结束
妙趣横生演一演	《鹿角和鹿腿》《池子与河流》结束
七嘴八舌辩一辩	口语交际结束
寓言故事讲一讲	本单元学习结束的一个周末
妙笔生花写一写	词句段运用和习作课堂

本次单元作业既有基础性学习任务(如通过以"答题兑入场券"的方式,接受国王的考核进入寓言王国),又有发展性学习任务(如分享印象深刻的寓言故事,进行实用性阅读与交流),还有拓展性学习任务(如来到"历史博物馆"查找资料,了解语文园地"日积月累"寓言故事中的人物和道理、"人物形象画一画"、"妙趣横生演一演"、"《中国寓言故事》读一读"等),不仅形式多样,而且体现了学习任务的层次性。

(二) 巧设计,构建多元作业新样态,提升核心素养

1. 灵活设置基础性作业,提高语言运用能力

语言运用是语文学习之本,学生的思维能力、审美创造、文化自信三大素养其实都是建立在学生对语言运用的基础之上。因此,指向语言运用的

语文要素在单元作业中多以基础性作业的形式呈现。对于这一类作业，我们应当灵活处理其具体表现形式。如此，不仅可以避免机械、枯燥的训练，而且有助于提高作业的有效性。

例如，笔者在设计这一单元作业中"单元整体预学"板块时，让学生在完成本单元课文预学后，对生字词音形的掌握情况等进行自测。其中有一道题要求学生"火眼金睛"，区分易混淆的生字，引导学生能联系学过的熟字来辨别，提高学生的识字能力和识字效率。这样的作业设计就不单单聚焦理解层面的训练，还关注方法层面的巩固。

2. 善于利用探究性作业，着力提升高阶思维能力

语文是学习语言文字运用的综合性、实践性课程。鼓励学生积极参加讲故事、辩论、角色扮演等实践活动，能帮助学生在实践中获得语文知识以及运用语文知识的经验，并在活动中培养创新力，提升思维能力。

在设计本单元作业时，笔者力图让每个项目活动都具有情境性、趣味性，不断提升学生参与的积极性。比如，在本单元学习结束后，设计了"寓言王国成果墙"板块，要求学生利用之前学到的读寓言、解寓意的方法，联系课文进行对比梳理，锻炼学生提取、整合信息的能力。

又如，在本单元《鹿角和鹿腿》《池子与河流》学习结束后，笔者还布置学生完成"七嘴八舌——辩一辩"板块作业，让学生基于合理的标准，对其观点进行多角度分析和判断，运用"观点＋理由＋例子"的方法进行结构化分析，进而培养学生的逻辑思维和表达能力。

3. 实践性作业丰富审美经验，积淀寓言文化

本单元以"寓言故事"主题，为此，我们在单元作业中专门设计了"寓言故事分享会"活动，鼓励学生讲一讲寓言故事、评一评人物形象、说一说寓言蕴含的道理，开启为期一周的"寓言故事分享"之旅。学生在这样的语言范式中，建构起读寓言的思维方式，并乐于分享思考成果，培养阅读寓言故事的兴趣，积淀寓言文化。

(三) 基于学情，尊重个体差异，实行分层指导

每一个学生学习习惯与能力的不同，造成了完成作业所需时间的长短有明显差异。为避免学生陷入"吃不了""吃不饱"的窘境，也为了能让不同

层次的学生在原有基础上获得最大程度的发展,单元作业设计应当在作业量、作业难度等方面进行分层,给予学生一定的自主选择权,提高他们完成作业的主动性、积极性。

1. "分"在可累加的内容上

在作业设计时,我们要给不同层次的学生自由选择的空间。比如,字词掌握、句段积累等作业,我们可设计不同的数量标准。比如,在"寓言故事分享会"中,我们允许学生根据个人兴趣与能力,自由选择喜欢的寓言故事进行阅读(最少阅读一个寓言故事)。

2. "分"在作业的难度上

比如,本单元作业"妙笔生花写一写"就明确提出了不同层次的写作要求:初级,按照一定的顺序观察画面,看清楚图画中有哪些人、景、物,他们之间有什么联系,他们在干什么,在确定图意的基础上,写清时间、地点、人物和事件;中级,抓住细节描写,观察人物的服饰、容貌、表情等,反映人物的内心,表现人物的特点;高级,结合生活实际,根据画面内容展开合理想象,让画面动起来。这样的分层要求让学生能够不断挑战自己,提高学生探索钻研的兴趣。

3. "分"在作业提交的时间上

适当放宽学生作业完成的时间,有助于减轻部分学生的学习压力,有助于他们在完成作业的过程中体验到成功感,从而帮助他们重拾学习信心,提高学习语文的兴趣。

三、结语

综上所述,在当前"双减"背景下,教师需要根据语文教学的需求,针对当前的作业设计进行分析和调整,立足学科核心素养的培养,紧紧抓住单元学习目标,设计分层化、可持续发展的系统化单元作业,这样才能确保"双减"政策的落实,实现"减负提质",在提高学生语文学习能力的同时促进学生语文素养的提升和综合素质的全面发展。

"双新"背景下小学语文作业
优化设计策略研究

上海市川沙中学南校　沈　磊

【摘　要】　在小学语文教学中,作业设计是教学过程中的重要环节,学生完成作业是巩固所学知识,提高学习能力的重要途径,是学习和运用之间的重要桥梁,能更好地进行文化积淀、提升学生的文化修养。当前小学语文作业设计存在作业形式单一、作业内容乏味、作业缺乏层次性的普遍现象,而作业优化设计基于新课程改革的要求,有利于提高学生完成作业的兴趣,提升学生的语文素养。在作业优化设计的研究过程中,教师采用多元策略、趣味策略、分层策略来设计作业,让每一个学生在做作业的过程中,得到符合自身实际的锻炼和提高,使学生获得更多的知识与情感体验,激发学习语文的热情,体会学习语文的乐趣,从而提高学生的语文素养。

【关键词】　"双新"背景　小学语文　作业设计　优化策略

新课标指出:"义务教育语文课程培养的核心素养,是学生在积极的语文实践活动中积累、建构并在真实的语言运用情境中表现出来的,是文化自信和语言运用、思维能力、审美创造的综合体现。"随着"双减"政策的实施,社会提倡减轻学生作业负担、提高教学质量,"减负增效"的号角遍及各个教育领地。

在小学语文教学中,作业设计是教学过程中的重要环节,学生完成作业是巩固所学知识,提高学习能力的重要途径,是学习和运用之间的重要桥梁,能更好地进行文化积淀、提升学生的文化修养。优化设计小学语文作业,既能改善学生的学习体验,使学生对所学的知识起到巩固作用,又能使学生在完成作业的过程中提升语文素养。

一、小学语文作业设计存在的普遍现象

(一)作业形式单一

在课堂教学结束后,大多数教师布置的语文作业是朗读、抄写、背诵、默写等,形式比较单一。如果作业量大的话,就会占据学生大部分课余时间,加重他们的学习负担,使学生产生抵触心理。在课间观察或和家长交流过程中,教师会发现很多学生在做这些单一作业的同时,会做一些其他的事情,降低了学习效率。学生机械式地朗读、抄写、背诵、默写,整个过程缺乏自主思考,虽然看上去花费了大量的时间,但是收获的成效却很低。形式单一的作业违背了语文学习的规律,不利于激发学生学习语文的积极性。

(二)作业内容乏味

大多数教师在布置作业时,往往不能根据学生的课堂表现来及时调整作业内容,而是直接布置课后习题或教材配套的练习册。这样的作业枯燥乏味,缺乏趣味性,降低学生完成作业的积极性。经过观察,教师发现有的学生不愿意做作业,有的学生会直接问家长答案或借助网络搜索答案,这样导致教师无法通过学生的作业情况了解他们掌握知识的情况,很难及时发现学生学习的薄弱点。作业缺乏趣味性,使学生在被动状态下完成作业,不利于培养学生主动学习的能力。

(三)作业缺乏层次性

学生之间是存在个体差异的,可是大多数教师在布置作业时,往往忽视了这一点,布置的作业缺乏层次性。无论是学习基础好还是学习基础差的学生,接受能力强还是接受能力弱的学生,都要求他们在相同的时间完成相同数量、相同难度的作业。这种"一刀切"方式,对学习基础较差的学生来说,会觉得学习比较困难,没有办法真正完成作业,甚至出现抄写作业的现象,他们长期处于"吃不了"的状态,挫伤了他们的学习积极性;而对于基础好、成绩优异的学生来说，会觉得作业过于简单，无法满足他们的学习需求，他们长期处于"吃不饱"的状态，缺少挑战的机会，慢慢养成了惰性，各方面能力得不到锻炼。

如今，社会提倡"减负增效"，这就要求教师必须要优化作业设计，给学生设计少而精的作业。这样的作业不仅可以使学生巩固课堂所学知识，还可以让他们有更多的时间去拓展课外知识，提升语文学习能力。

二、小学语文作业优化设计的必要性

（一）有利于满足新课程改革的要求

在新课程改革背景下，教师要更关注作业的质量和学生的学业负担问题，作业要考虑量力性，遵循的是"少而有效"的原则，既不加重学生学习负担，又能发挥学生潜能。作业优化设计能够有效地促进学生牢固掌握语文知识，增强学生灵活应用语文知识的能力，真正满足新课程改革的要求。

（二）有利于提高学生完成作业的兴趣

在课堂教学过程中，教师会从多方面、多角度调动学生的感官，使其参与到课堂学习中，提高了学生的学习积极性和学习效率。同样，教师要优化设计作业，通过作业指导学生充分运用感官，以听、看、尝、闻、触、想象等多种手段来巩固知识、探讨学问。优化设计作业能提高学生完成作业的兴趣，能使其通过丰富多彩的作业形式展现其学习、思考的结果。

（三）有利于提升学生的语文素养

教师应根据学生的兴趣、特点和学习能力，运用有效的策略对作业进行优化，再结合学生的个性差异，因人而异地布置作业。优化设计作业能够有效地提高学生学习语文的乐趣，培养学生的语文思维能力和创新意识，全面提升学生语文素养，为学生的成长和发展奠定良好的基础。

三、小学语文作业优化设计的策略

为了让每位学生的语文作业达到实效，教师应该根据学生的实际情况，优化设计小学语文作业，设计多元化、有趣味、分层次的作业，让每一个学生在做作业的过程中，得到符合自身实际的锻炼和提高，使学生获得更多的知识与情感体验,激发学习语文的热情,体会学习语文的乐趣,从而提高学生的语文素养。

（一）多元策略

多元化作业设计,就是教师根据学生的兴趣、爱好、特长设计形式多样的作业,引导学生运用多种感官,以听、看、尝、闻、触、想象等多种手段完成学习任务,从而产生获得感。

1. 才艺类作业

才艺类作业就是教师根据学生的个性、特长、喜好,引导学生选用朗诵、绘画、表演等多种形式,通过展示自己的才能来表达自己对学习内容的理解与感悟。如学完统编版二年级上册《黄山奇石》一课后,为了调动学生的积极性,满足不同学生的个性爱好,教师设计了以下作业:朗读能力强的学生,可以选择配乐朗诵,拍下视频或录下语音分享在班级群中,与同学们分享自己对大自然的赞美和热爱之情;绘画能力强的学生,可以用画笔描绘出那些形状奇特的石头,并配上文中相应的语句制作成手抄报,展示在班级的"学习园地"中,供大家学习;口才比较好的学生,可以根据课文内容,编一段导游词,在班中开展比赛,以导游的身份向游客介绍黄山风景区的美景,选出"最佳小导游"。才艺类作业往往最能展现学生的"闪光点",触发学生的成就感,提高学生的学习兴趣。

2. 实践类作业

实践类作业就是教师根据教材的内容,引导学生动手操作实验或亲身体验生活,让学生走出课堂,走出家门,走进大自然,走进社会,在实践活动中获取知识,把生活实践与文本内容相结合,从而加深对知识的理解。如在学习统编版四年级下册《海上日出》一课的前两周,教师让学生根据家里的实际情况,有条件的可以和家长一起看一次日出,并且用照片和视频记录看日出的过程。看到这样的作业,学生兴趣高涨。在上课的当天,当教师讲到课文所表达的内容与学生亲眼所看到的画面相一致时,他们就与作者和文本内容产生了共鸣。在让学生"说一说海上日出的景象"这个环节时,学生并不是死记硬背课文内容,而是有感而发。实践类作业激发了学生做作业的兴趣,有效地巩固学生所学的知识。

3. 搜集类作业

搜集类作业是教师根据实际教学情况，让学生自己或在家长的帮助下，到课外书籍、杂志、互联网中查找、搜集与学习相关的文字、图片、视频等资料，帮助学生加深理解文本内容，拓展与文本内容相关的知识面。如学习统编版三年级下册《海底世界》一课后，教师让学生分组合作找一找海底的动物、植物、矿物的资料，学生在组长带领下整理资料，并在组内推选两位学生介绍本组搜集整理的内容。搜集类作业，能够提高学生的动手能力、思维能力，促进学生之间彼此启发、彼此学习、彼此合作，进而实现共同提高的目的。

多元化的作业，激发了学生浓厚的学习兴趣，帮助学生深入理解与掌握课文内容，提升了学生搜集信息、利用信息、提炼信息的能力，从而推动他们进行高效的自主学习。

（二）趣味策略

趣味化作业设计，就是教师遵循语文学科的特点，根据学生的年龄、心理特征，突破常规的思路与传统的做法，寓学习要求于娱乐之中，设计新颖、灵活、富有趣味的作业，从而达到学习目标。

1. 火眼金睛

火眼金睛就是教师组织学生校内互相检查作业本，找出错别字及时纠正；引导学生校外搜集广告牌、商家公告栏等社会上各种不规范的用字用词，记录在册或拍下照片，定期交流。有的学生利用周末跟随父母到马路、广场、菜场等地方，去寻找错别字，他们发现停车的"停"写成了"仃"，马铃薯的"薯"写成了"暑"，番茄的"番"写成了"蕃"，胡萝卜的"萝"写成了"罗"，等等。学生发现许多店牌、张贴的公告中经常出现错别字，有的还闹出了笑话。其实，学生自己也很容易把以上这些字写错，可能这些错误的字就出现在学生自己的作业本上，但自从布置了这项作业，学生认识到规范写字的重要性，他们学习生字时就特别认真，做作业也仔细多了。

2. 词语擂台

词语擂台就是教师组织学生利用每天语文课课前的两分钟时间，根据每篇课文需要识记的生字词语,小组之间开展"词语接龙"擂台赛,变机械枯燥的"抄背默",为有趣的"词语接龙"。为了争得擂主之位,学生积极主动识记大量的词语。学生积极参与"词语接龙"擂台赛,这种活动形式激发了学生参与课堂学习的积极性,从而大大地提高了学习效率。

3. 影音欣赏

影音欣赏就是教师引导学生欣赏与文本相关的影视或音乐,通过视觉、听觉的刺激,激起学生的学习兴趣,在完成作业的同时加深对文本内容的理解。如学习统编版五年级上册《圆明园的毁灭》一课时,教师布置预习作业,让学生观看有关圆明园的一些视频资料,了解圆明园辉煌的过去和毁灭的经过;布置课后作业,让学生查找我国珍贵的历史文物图片或视频资料,并在班级群中分享,这样的作业激发了学生学习的高度热情,在交流作业的过程中,热爱祖国文化的情感油然而生。

趣味性作业,不仅减轻了学生重复抄写、背诵的负担,还让学生找到了做作业的快乐。他们在趣味作业中,最大限度地发挥了各自的潜力,享受到了成功的喜悦。这样的学习,愉悦而高效,从而达到事半功倍的效果。

(三) 分层策略

分层次作业设计,就是教师充分考虑到学生存在学习能力的差异,有针对性地对不同能力的学生设计基础性、提高性、拓展性等不同数量、不同难度的作业。教师根据每个学生的智力发展和能力水平,把学生分成 A、B、C 等若干层次。刚开始,教师可以发挥主导作用,合理引导学生选择适合自己能力的作业,但学生的各种能力是在发展的,所以学生也可以根据自己的学习能力,自主选择适合自己的作业来完成。

以下是以统编版五年级上册《松鼠》一课为例,为不同学习能力的学生,设计基础性、提高性、拓展性的分层作业。

1. 基础性作业

对于接受能力、理解能力、解题能力相对弱一些的 C 层次学生来说,教师在布置作业时应以基础性作业为主,适当减少他们的作业量或适当降低作业的难度,使这些学生"够得着"。如表 1 是教师设计的《松鼠》基础性作业,包括写出本课重点词语,在具体语境中理解"驯良""善良""温顺"的意思,根据课文内容填空,在理解课文的基础上摘录文中有关松鼠信息的语句。

表1　《松鼠》基础性作业

层次	作　业	评　价
基础	一、读拼音,写词语。 1. 这只 sōng shǔ(　　　)小巧 líng lóng(　　　),真惹人喜爱。 2. 松鼠搭的窝,窝口朝上,很 xiá zhǎi(　　　)。 二、选词填空。 　　　　　　　驯良　　善良　　温顺 1. 对他们来说,这种(　　　)的动物是最好看的。 2. 鹿是一种性情(　　　)的动物。 3. 妈妈是个非常(　　　)的人。 三、根据课文内容填空。 　　小松鼠面容_____,眼睛_____,身体_____,四肢_____,非常敏捷,非常_____。 四、摘录文中有关松鼠信息的语句。 _____ _____	★★★

基础性作业,侧重于复习、巩固课文的重点字词和语段。这类作业对于学习能力较弱的学生来说不难,他们能积极主动地完成作业,并能通过自己的努力在所做的作业中得到"★★★"的评价。这样的作业,既提高了学生完成作业的兴趣,又锻炼了他们独立完成作业的能力。

2. 提高性作业

B层次学生的学习能力虽然暂时处于A层次学生之下,但这一类学生是有潜力的。因此,给B层次学生设计作业,既要源于书本知识,又要能够让他们学着表达自己的想法。教师设计的作业如表2所示。作业1是仿照课文第一段的写法,介绍自己喜欢的一种小动物,这项作业需要学生读懂课文第一段是按照从上到下的顺序介绍了小动物的面容、眼睛、身体、四肢、尾巴,在理解的基础上模仿写段;作业2是用上表示先后顺序的词来写一段话,这项作业需要学生在感悟这些词的基础上,能介绍其他小动物或人物做某件事情的先后顺序,如"蚂蚁搬家""小鸡啄米""妈妈洗衣服"。

表 2 《松鼠》提高性作业

层次	作 业	评 价
提高	1. 仿照课文第一段的写法,仔细观察自己喜欢的一种小动物,介绍它的外形 2. 作者把课文第四段松鼠搭窝的过程写得很具体,请你划出表示先后顺序的词,感悟言之有序,并用上"先……再……然后……"写一段话	★★★

提高性作业,侧重于语言文字的积累和运用,在练习过程中,提高学生对文本的感悟能力和语言组织能力,使他们充分挖掘自我潜能,从而迈向 A 层次学生的行列。

3. 拓展性作业

A 层次学生对教材中的知识,领会掌握的速度很快,他们解答相应的基础性和提高性题目的能力绰绰有余。因此,要适当给他们练习拓展性题目。教师设计的作业如表 3 所示。作业 1 是让学生运用多种说明方法,把一种事物(动物、植物、物品、美食等)的几个方面介绍清楚,并配上图片,这样的作业,在学生写作业时、教师批改时就能借助图片知道所写内容是否介绍清楚了;作业 2 是让学生把学过的散文改写成说明文,学生利用网络或书籍等学习工具,查找有关白鹭的资料,运用学到的说明方法,把白鹭的特征介绍清楚,体会到说明文与散文的不同之处。

表 3 《松鼠》拓展性作业

层次	作 业	评 价
拓展	1. 仿照课文的写法,选择身边的一种事物,试着运用多种方法说明它的特征,并配上相应的图片 2. 如果将一篇充满诗情画意的散文改写成说明性文章,会变得怎样呢?查找资料,试着将课文《白鹭》改写成说明性文章,体会它们的不同	★★★

拓展性作业不但满足了这类学生渴求知识的心理,锻炼了他们的写作能力,还较好地培养了 A 层次学生的自主精神和创造精神,使他们不断超越

自我。

　　教师根据学生的学习能力,站在学生的角度布置不同数量、不同难度的作业,学生在完成适合自己能力的作业的同时,也得到了相应的评价。这种有层次的作业是尊重学生差异性的表现,解决了学生"吃不了""吃不饱"的问题,杜绝了因"一刀切"而完不成作业和没兴趣完成作业的现象,树立了学生的自信,培养了他们的挑战精神,使他们各方面能力稳步提升。

四、小学语文作业优化设计策略研究的成效与思考

　　(一) 小学语文作业优化设计策略研究的成效

　　优化设计小学语文作业能使学生在课堂上主动跟上教师的节奏和步伐,课后主动完成相应的作业,巩固课堂中所学习的知识。在完成作业的过程中,学生善于观察,勤于思考,乐于探究,把知识转化为实力,提高了他们的学习能力和学习效率,培养了他们的自主精神和探究精神。

　　优化设计小学语文作业有利于提高教师的理论素养和教学实践阅历,使教师对小学语文作业的设计有了全新的认识。教师在探究的过程中能总结小学语文作业优化设计的教学策略、操作方法,以达到运用语言、发展思维、培育情趣、提高实力的目的,并营造一种有利于语文学习的氛围。

　　(二) 小学语文作业优化设计策略研究的思考

　　很多小学语文教师都意识到作业是课程改革的重要载体,但在具体设计作业的过程中仍存在不少问题。

　　在作业优化设计中,教师可以探讨语文作业的渗透性和交叉性,可以把语文学科与其他学科整合起来,使语文作业有机渗透其他学科的内容,这样有利于陶冶学生的思想情操,拓宽学生的学问视野,培育学生的知识迁移能力,提高学生的综合素养。

　　在作业优化设计中,教师除了注重作业内容的设计,还要注意作业评价的设计。教师除了仔细查看学生作答情况,及时与学生进行交流外,还要注意评价的多元化。制定评价标准来评估作业的完善度、质量和准确率等,可以用"A、B、C"等级、打卡、评语、"五角星"、"大拇指"等来评价每个学生的作业,还可以充分运用学生自评、生生互评、家长参与、网络点评等多方互动评

价学生作业,让作业实现评价的多样化、趣味化,使学生在作业完成过程和评价过程中获得多种体验,提升多种能力。

总之,学生的学习是一个认知、探究、提高的过程,而完成作业就是这个过程中不可或缺的部分。教学本身就是一种探索,需要随时随地创新,小学语文作业的设计亦如此。只有通过不断地探索,语文作业设计的新思路、新方法才会层出不穷。小学语文作业优化设计对提高小学语文教学效果有重要影响,多元、有趣、分层的作业,激发了学生浓厚的学习兴趣和强烈的探索求知欲望,把他们从过多过滥的作业中解脱出来,达到事半功倍的效果,培养了学生各个方面的能力,促进了学生全方位的发展。

核心素养视域下小学体育教学评价研究

上海市浦东新区实验小学　乔　吉

【摘　要】　教学评价是确保课堂完整性的关键,小学体育课堂离不开恰当的教学评价,正是由于教学评价具有诊断、反馈和发展的作用,才促进了小学体育课堂的发展。为深入了解当前体育课堂教学评价开展的实际情况,本文以核心素养为切入点,就小学体育教学评价采用的方法展开论述,结合"以评促教"目标,提出多元评价对策,希望教学评价在提升学生素质等方面起到作用。

【关键词】　核心素养　小学体育　教学评价

2022年4月,教育部对外颁布《义务教育体育与健康课程标准(2022年版)》(简称"新课标"),首次明确提出体育核心素养,同时以核心素养为出发点明确体育课程总目标及不同学习阶段和内容的小目标。运动能力、健康行为和体育品德共同构成了体育核心素养,旨在通过体育课程的开展使学生在价值观、能力、品格方面获得一定提升。体育教学评价指的是结合以往学科前辈设计的特定标准,运用相应的方法手段对学生在体育课里的表现所进行的综合性评价。合理的体育教学评价不仅能够提高教师对学生学习情况的掌握程度,同时也便于教师结合掌握的情况及时有效地调整教学内容及进度,以便更好地提升学生的参与积极性。

一、核心素养视域下小学体育教学评价的意义

（一）发挥导向作用

教学评价能够有效发挥导向作用，一方面能够促进教学模式的创新，另一方面也能促进教师教学理念的发展，实现课堂教学优化的作用。教师通过教学评价能够及时了解学生对体育知识的学习及动作要领的掌握情况，以便结合学生的实际掌握情况采取相应的改善对策，可促进教学实效性的提升。

（二）发挥激励作用

小学生处于身心健康快速发展阶段，渴望能够得到教师公平的评价。师生互动既能够让小学生了解自己的实际情况，也能够在与教师的沟通中提高学习积极性，减少由于沟通不畅、自卑等因素导致的厌学、失落情绪。所以，在小学体育课堂上教师不仅要引入肯定性评价，同时也要采取相应的评价方式提升学生的学习兴趣。

（三）发挥信息反馈作用

评价离不开信息的支持，通常教师掌握的信息内容多少决定了教学评价效果，而教学评价效果又决定了评价结果，所以教学评价具有信息反馈的作用，以便教师能够结合具体评价情况采取更适合的教学策略。

二、核心素养视域下小学体育教学评价的方法

（一）总结性评价

总结性评价是小学阶段体育课堂评价中使用频率相对较高的一种评价方法，指在教学任务完成后教师以学生的课堂表现为依据进行的一种评价方式，在评价时要结合评价标准进行，通常在期中、期末的时候运用该评价方法，能够对学生的学习情况进行直观展示。

（二）形成性评价

形成性评价是能够有效评价学生学习状况的重要方法，可帮助学生在课堂上收获更大的成就感，从而提升参与的积极性。该方法在使用时需要结合单元内容，不同的学习单元具有不同的内容，对学生掌握情况的要求也不同。以单元为单位的评价可让教师及时了解学生的实际情况并及时作出

评价,以便结合学生的实际情况采取相应的干预措施从而提高学练结合程度。

（三）诊断性评价

诊断性评价指的是在课程正式进行前所运用的一种方法,通过对学生进行观察了解其具体情况,以便对不同基础的学生采取不同的教学方法,从而促成教学目标的实现。

（四）真实性评价

真实性评价是一种形成时间相对较短的评价方法,具有很强的创新性,旨在评价学生在真实情境下的表现,能够真实有效地了解学生对技能及知识的实际掌握情况。

三、核心素养视域下小学体育教学评价的内容

（一）结合实际制定标准,评价有章可循

评价标准是评价推进的参考及依据,评价标准制定情况对评价的有效性等产生重要影响。所以,标准的制定是教学评价开展的前提,要结合教学内容及学生的具体特点制定符合实际的标准,让评价做到有章可循。

笔者认为可以从以下三个角度制定"运球运动"课程评价标准。第一,从学生运动能力角度进行制定,标准要包括学生对足球运动的了解及其掌握的技能情况等,甚至还可以将学生对动作要领的讲解纳入其中。第二,从学生对课堂学习的态度角度进行制定,可以将出勤率、参与训练的积极性等纳入其中,以便教师了解学生对足球运动的态度。第三,从课堂情感表现角度制定。学生在练习中与其他同学的配合情况、体育精神等是否在练习中得到体现等。当标准形成后,教师在课堂上要进行运用,既要确保能够进行主观评价也要确保能够进行客观评价。同时,教师也要结合自身工作经验,不断对评价标准加以细化,这样才能提高标准的可执行性,同时也能够让课堂效果得到充分发挥。

（二）丰富评价方法,实现多元评价

传统的教学评价中存在学生主体缺失的现象。为改变这一现象,教师要在小学体育教学评价中引入更丰富的评价方法,实现多元评价,同时也要

注重凸显学生主体地位。

篮球是小学阶段重要的体育学习内容,以下以篮球教学评价为例。首先,在课堂上教师可以引入多元评价法。小组练习是篮球教学的重要练习方式,在练习结束后教师既可以对小组进行评价,也可以邀请同学对小组内各成员表现加以评价,学生能够从参与者的角度进行客观真实的评价。教师再结合学生的具体评价做补充,既能够解决练习中存在的各类问题,又能够让学生参与教学评价,从而更好地反思自己在练习中的表现。其次,结合学生的练习及表现教师也可以针对性地对某个学生进行评价。这种针对学生个人的评价更具有专业性,能够给学生提出建设性意见,从而使学生能够全面了解自己在学习中存在的问题并进行针对性的改进。通过教师评价小组、教师评价个人、小组间成员互评的方式能够全面发现学生在篮球运动中存在的各种缺陷与不足。最后,在教师的引导下,要让学生能够结合自身表现进行自我评价,这是更深层次的评价,让学生更全面地了解自己在运动中存在的长处与短处,从而有针对性地加强短板,弥补不足,获得更快提升。

(三)运用语言魅力,渗透教学评价

在传统体育课堂评价中,极少包含关于学生学习成就感的评价,这不利于学生学习兴趣的培养。所以,在评价设计时教师可以充分发挥语言魅力,让其渗透到教学评价中,这样才能有效提高教学评价给学生带来的成就感。

以"乒乓球运动"学习为例。教师要改变以往教学评价语言单一的问题,不再使用"优、良、中、差"的评价方法,要结合教学课程选择更丰富的语言。当某位学生的发球技术有了提升,教师可以说:"发球的水平有了很大的提升,如果对力度的掌握能够更到位就好了。"对于接发球水准相对较低的学生可以说:"身体移动的速度很到位,但准头还需要加强训练。"这些带有鼓励性质的语言既能够让学生认识到自己的不足,又能够提升学生参与训练的积极性,让学生在锻炼中收获成长与快乐。

四、核心素养视域下小学体育教学评价的策略

(一)多采用激励性评价

教师在小学生心中具有不同的地位,教师的肯定能够激发学生参与的

积极性,所以在小学体育教学评价中教师可以多采用激励性评价语言,比如"做最棒的自己需要勇于尝试""相信自信、勇敢的自己是最美丽的"。诸如此类语言可让学生在训练中感受到尊重和满足。

教学活动具有连贯性,教师要结合不同内容采取不同的教学方法,同时还需要具备一定的瞬间捕捉能力,通过对课堂瞬间的捕捉,适时给予学生激励性评价,通过巧妙的引导让学生自主思考。所以,教师要善于运用启发式语言,带动课堂氛围,提高学生学习的积极性。

(二) 营造适合的环境,引入多元评价

在小学体育课堂中教师可引入多元评价,通过为学生创造适合的互评环境,引导学生在学习及练习中发现问题,通过巧妙的构思让学生在互动氛围中实现对彼此的评价。比如,教师可带领学生观看相应的比赛,聆听专业解说员的点评与解说,引导学生在特定环境下发现问题,这种互动频率高的课堂氛围能有效激发学生的好奇心及求知欲,受到鼓舞的学生往往更能发现问题,在互评中共同成长。

(三) 营造真实课堂评价,鼓励学生积极表达

小学生普遍活泼好动,参与活动的积极性高,所以在小学体育课堂上教师可以为学生营造适合其成长的学习环境,为引导其大胆、自由地表达奠定基础。学习的过程实际上就是一种师生互动、生生互动的过程,需要真实有效的评价。所以,在教学中教师要转变观念,树立平等的思想,多关注学习存在困难的个体,多关注学生之间的差别。此外,学生能否畅所欲言地表达也是课堂评价是否真实有效的关键,教师要鼓励学生大胆表达,让学生结合现有的知识发现练习中的问题,还可以鼓励学生通过辩论等方式强化互动效果,实现自身全面发展。

(四) 丰富评价主体,提升评价效果

对于课堂评价而言,任课教师、家长、同学等都可以是评价主体。要鼓励学生参与评价,学生是运动的实际参与者,在评价的时候切入点往往更贴近学生的情况,此外,结合学生自身经验进行的评价,既能够给被评价者带来中肯的意见,同时也能够让评价者在反思中获得成长。不同的评价主体在评价时选择的切入点不同,对学生发挥的作用与效果也不同,所以要引入

多元评价主体，为促进学生综合发展提供多元的评价，这样才能有效提高评价的作用与效果。

综上所述，小学体育教学评价是一项综合性工作，既要从评价标准与主体展开研究，又要从评价语言进行探索，只有从综合角度进行分析才能全面促进评价效果的发挥。小学体育教师还要与时俱进学习现代化教育理论并将其运用到评价实践中，努力实现"以评促教"的效果，帮助学生养成正确的体育锻炼习惯，提升参与体育运动的积极性。

参考文献：

［1］ 方奕瑜,郭翔.学科核心素养视角下小学体育学习评价体系的构建［J］.体育视野,
　　　2022(19).

［2］ 刘文博.小学体育教育评价改革与创新研究［C］//廊坊市应用经济学会.对接京
　　　津——社会形态 基础教育论文集,2022.

［3］ 林永宏.基于核心素养的体育课堂教学评价策略探究［J］.成才之路,2023(06).

基于培养创造性思维的
小学低年级语文作业设计

上海市浦东新区实验小学 夏姝钰

【摘　要】 作业是课堂教学的补充和延伸,是巩固知识的重要手段。传统的语文作业设计往往是单一的学科设计,已无法满足新时代学生发展需求,这要求教师要以"减负提质"为根本目标,重视对作业内容和形式的优化与创新,既能让学生有效掌握基础知识,又可全面提升学生核心素养。因此,本文立足于"双减"背景,阐述在小学低年级语文作业中培养学生创造性思维的重要性以及探讨在语文作业设计中培养学生创造性思维的策略,以期为优化作业设计与发展学生的语文核心素养提供强有力的支撑。

【关键词】 小学语文　作业设计　创造性思维

中共中央办公厅、国务院办公厅于 2021 年 7 月 24 日印发《关于进一步减轻义务教育阶段学生作业负担和校外培训负担的意见》(简称"双减"),其最大的意义是减少学生的作业时间,发挥作业的最优化效用。同年,教育部印发的《关于加强义务教育学校作业管理的通知》(简称"通知")中明确规定,"小学一、二年级不布置书面家庭作业",明确提出把握作业育人功能、严控书面作业总量、提高作业设计质量等十条要求,切实发挥好作业的育人功能。如何有效设计作业,既能帮助低年级的学生巩固课上的知识,又能拓展提高,培养他们的创造性思维,激发学生的学习兴趣呢? 教师应对小学低年级语文作业进行优化、创新设计,把握好教学质量和教学效果,促进学生核心素养的培养。

一、小学低年级语文作业设计改革分析

（一）小学低年级语文作业设计改革的必要性

小学是奠定学生良好学习基础的关键阶段，作业在当中也扮演着重要的角色。然而，我们发现，小学语文作业存在内容单调、形式单一、与学生的生活相脱离、过于强调死记硬背等问题。不符合"双减"政策提出的"减轻学生过重作业负担，提高作业设计质量"的要求，也不利于培养和发展学生的语文学科核心素养。语文核心素养不仅要掌握基础知识，更多的是指向高阶目标下学生思维逻辑的培养。

（二）创新作业设计对学生个体发展的重要性

在小学低年级时，因学生年龄较小，尚未形成完整的知识体系，正是培养创造性思维能力的关键时期。有效的作业设计既可以帮助学生巩固所学知识，又可以在作业中培养他们的能力。

低年级是小学生基本学习能力和学习习惯养成的关键时期，但在这个阶段，很多教师在布置作业时，以抄写、默写和完成课后配套练习册为主。这样的作业看似合理，可弊端也很明显，一是低年级学生还未完全掌握书写方法，书写熟练度不够，书写速度较慢，给学生造成不少压力。二是作业形式单一，容易让低年级学生产生厌倦心理，甚至逃避完成作业，长此以往，容易产生厌学心理。因此，小学低年级语文教师进行作业创新显得迫切而重要——如何有效设计语文作业才能既不增加学生的作业负担，又能提高他们的语文核心素养，还能培养他们的创造性思维。

（三）小学低年级语文作业对教师提出更高的要求

新课改及素质教育理念强调从多方面培养学生的综合素养。这对于教师的专业能力是极大的考验，迫切要求教师能够基于学科特点进行个性化的作业设计，引导学生基于自身需求进行相应的选择，以最大程度发挥作业的育人功能。

二、基于培养创造性思维的小学低年级语文作业设计策略

通知明确指出要创新作业类型方式。学校要根据学段、学科特点及学

生实际需要和能力,合理布置书面作业、科学探究、体育锻炼、艺术欣赏、社会与劳动实践等不同类型作业。鼓励布置分层作业、弹性作业和个性化作业,科学设计探究性作业和实践性作业,探索跨学科综合性作业。通知表明低年级语文作业设计应以育人为导向,推进各学科融合。作业设计要类型多样,不仅走"新",更要用"心",在减负、保质、增效的基础上,培养学生的创造性思维,努力落实语文学科核心素养,真正体现"以生为本"教育理念。

为此,教师可以创新作业设计思路,丰富作业类型,让学生通过各种形式,如:演一演课文内容、画画课文内容、说说这个故事、讲讲课本中的道理、演课本剧等不同的形式,实现对语文基础知识、基本能力的掌握。

(一)设计表演类作业,提升语言表达能力

作业设计应具有艺术性和美感,让作业成为为学生提供感受美、审视美和创造美的学习活动。

以一年级上册《大小多少》这篇课文为例。这首儿歌有四个小节,每小节有两行。儿歌有四幅插图,形象地呈现了事物间"大小""多少"的关系,提示学生不同大小、不同数量、不同物品需要用恰当的量词来表示。让学生在学习韵文的过程中学会正确使用量词是本节课的难点,课后练习设计的也是量词的固定搭配。在此基础上,为了让学生掌握更多的量词,笔者推荐学生学唱了《量词歌》,轻快的音乐配上朗朗上口的歌词,学生边唱边学,在欢快轻松的旋律与氛围中积累了更多的量词。表演类作业设计,不仅解决了本课的难点——量词的使用,而且学生也不会觉得学习量词是枯燥乏味的。同时,将枯燥难懂的量词,转换为欢快有趣的音乐歌曲,调动和活跃了学生的各个感官,激发了他们学习的热情,语文学习的效果以及学生学习语文的效率大大提升。

再以一年级下册口语交际《听故事 讲故事》一课为例,课后笔者结合学校语文周的活动,给学生布置了这样一份作业:请你利用课堂上学到的讲故事的方法,试着自己说一说成语故事,要让别人喜欢听愿意听。笔者将班级学生分成多个小组,引导学生勇敢表现自己。在此过程中,当他们遇到困难时,笔者适时地提供帮助,并给予学生一定的鼓励与奖励。在展示的过程中,学生自己做起了动作,加深了对成语故事的记忆,并且把课堂上学到的讲故事的要点记得牢牢的。在此环境下,学生的兴趣马上就被激发出来,每一个学生都兴奋地参与到活动中,从根本上提升了自己的学习能力,在一定程度上达成了培养创造性思维能力的目标。

(二) 布置设计类作业,培养学生审美意识

语文学科和美术学科分属于不同学科,但二者有着相通之处,语文通过文字表情达意,美术通过画面来表达情意。

以一年级上册课文《大小多少》为例,课文所在单元旨在培养学生热爱大自然的情感。课后笔者设计让学生画画动物和水果,之后根据课文内容编一首儿歌。儿童画是儿童心语最贴切的表达,给学生一支画笔,他们就会将一个符号、几根线条、几种色彩、几个歪斜的形象在纸上画出来,表达内心的感受。这样的作业设计让语文学习不再是枯燥的文字,而是从文字直接通向艺术,带领学生走入丰富多彩的大自然,不经意间达到了教材想要培养学生热爱大自然的主旨。学生异彩纷呈的作品总是出人意料,创造性思维就这样被充分激活。

手抄报是一种很新颖的语文作业形式,让学生的语文学习变得生动活泼,能激发出学生的潜能。一张张看似稚嫩的手抄报背后,其实是他们能力的体现。制作手抄报不仅培养了学生的审美能力、记忆能力,还能培养学生的想象能力,对其创造性思维的发展起到了不可估量的促进作用。在教学一年级下册课文《端午粽》后,笔者请学生自己查找有关端午节的资料,了解端午节的习俗或读读有关端午的诗词,然后绘制一张有关端午节的手抄报。在完成作业的过程中,学生充分发挥自己的想象力,提升了语文综合素养,培养了他们的创造性思维。

(三) 增加实践类作业,提升学生动手能力

基于实践的开放式学习是让学生走出课堂,跳出文本,走进生活进行实践、学习的方式。识字是低年级学生学习的重点,但课堂上枯燥乏味的识字教学时常无法吸引学生的注意力,语文教师应引导学生在实践中学习和运用语文,让作业成为学生社会生活的一部分。例如,在教学一年级上册《语文园地六》"展示台:在路上认识的字"这一内容后,笔者给学生布置了如下作业:请你做个小小有心人,去公共场所(小区、公园、超市、广场、地铁站、公

交站等地方），抄写标牌、图示上的文字（至少 15 个），不会的字可以请教家长或老师，认识后给这些字注音。实践类的语文作业，不但能激发学生的学习兴趣，而且能培养学生语文学习的创新实践能力。

低年级学生的认知特点是以具体、形象思维为主，因此，低年级学生的实践性作业要根据学生年龄特点，设计富有创意，形式新颖，内容联系实际并有一定的趣味性，使学生沉淀在一种愉悦的环境中，体验到寻觅真知和增长才干的乐趣，让学生在做中学、做中感悟，最终提高他们的语文核心素养。

（四）设计探究类作业，拓宽学生学习视野

对于小学生来说，创造性思维的具体表现就是具有强烈的求知欲、有新颖的思路、能灵活运用所有学过的知识且具备独立解决问题的能力。作为一线语文教师，要善于抓住学生特点，精心设计探究型作业，培养学生观察身边的人和事以及观察生活的能力。在探究过程中，积累生活素材，提升语言综合能力，培养创造性思维。

如，二年级上册《植物妈妈有办法》一课中，经过学习，学生明白了蒲公英通过风力的作用，飞去有土壤的地方，在合适的环境进行生根发芽；豌豆通过在太阳底下晾晒，借助自身的力量将豌豆种子弹射出去。课后在布置作业时，笔者让学生留心观察一下自己的身边，仔细看看我们身边这些常见的植物都是怎么播种的，播种后又是怎么养护的，以此来培养学生观察生活的能力。此后，笔者还要求他们在认真观察后做好详细的记录，在上课的时候进行讨论交流和分享。这种探究性作业从课内延伸到课外，从课文拓展到生活，有利于学生全面发展。

三、小学低年级语文作业设计的反思

（一）关注个性化需求

在设计语文作业时，应充分考虑到每个学生的特点和需求。对于识字作业，可以让学生选择自己喜欢的颜色、形状和内容自己设计个性化的识字卡片，这样可以提高他们的学习兴趣。在阅读作业方面，可以推荐适合不同年级、不同兴趣爱好的学生阅读的书目，从而满足他们的个性化需求。

(二) 培养自主学习能力

在设计语文作业时,应注重培养学生的自主学习能力。例如,可以布置一些需要学生主动探究、合作的作业,如小组讨论、编写故事等。这些作业形式可以引导学生主动思考、发表观点,提高他们的自主学习能力。同时,教师还可以通过作业批改和课堂反馈,鼓励学生自主订正错误,提出疑问,从而培养他们自主学习的意识和方法。

著名教育家乌申斯基曾说:"没有丝毫兴趣的强制性学习,将会扼杀学生探求真理的欲望。"教育家们的实践也证明了"兴趣是最好的老师"。任何一门学科都应该以激发学生的兴趣,培养学生的创造性思维,提高学生的文化素养为最终目标。因此,在新课改的背景下,小学语文教师要创新作业设计,根据学生心理、生理等特点,从学生实际发展情况出发,优化作业形式,多维度提质增效,促进学生全方面发展。

参考文献:

［1］ 王霞."双减"之下如何命中语文作业设计的"靶心"——小学语文作业设计学理依据与样例[J].今传媒,2022,30(1).

［2］ 何军昌."双减"背景下小学低年级语文作业设计创新途径探究[J].甘肃教育研究,2022(11).

［3］ 范永丽.小学语文实践性作业的设计思路[J].考试周刊,2015(47).

［4］ 程云英.小学低年级语文作业优化设计探索[J].华夏教师,2023(9).

巧心慧思研作业 深耕躬行提品质

上海市浦东新区观澜小学 姚 燕

【摘 要】 小学英语学科教学中,优化单元作业是落实"双减"政策、提质增效的重要途径。基于素养导向、单元视角、兴趣为主的理念,研制英语学科高质量校本作业,发挥英语学科作业对帮助学生巩固语言知识、提升语言技能,发展学习策略、思维品质、文化意识,形成积极情感态度的育人价值,是当下英语教师的一项重点工作。教师要建构作业设计框架,细研作业设计内容,针对不同年段学生特点和需求,设计形式丰富的课后作业,有效提升作业质效。

【关键词】 作业框架 作业内容 作业设计

作业是教师依据一定目的所布置的,供学生在非教学时间完成的学习任务,是教学的延伸与补充。小学生通过完成英语作业能巩固语言知识、提升语言技能、提高语言综合运用能力,同时养成良好的学习习惯,形成一定的学习能力。

小学英语学科教学中,优化单元作业是落实"双减"政策、提质增效的重要途径。多年来,单元整体教学设计理念已经深入人心,其中也不乏作业设计板块,但是教师设计的作业形式往往比较单一,也没有对作业的水平层级、类型、时长、难易度等做细致的考量。

因此,基于素养导向、单元视角、兴趣为主的理念,研制小学英语学科高质量作业,发挥英语学科作业对帮助学生巩固语言知识、提升语言技能,发展学习策略、思维品质、文化意识,形成积极情感态度的育人价值,是当下英语教师的一项重点工作。

一、建构作业设计框架

《小学英语单元教学设计指南》一书为我们提供了作业设计操作路径。遵循这一路径教师可以进行单元作业设计。

笔者从《小学英语单元教学设计指南》第五章"单元作业设计"中选取了作业设计属性表,借助这些工具量表,构建了单元作业设计的基本框架。框架分为两部分:第一部分是单元作业目标,包括教学基本要求、教材内容和单元作业目标;第二部分单元作业内容,包括分课时作业内容、作业单和各课时作业分析表。

笔者将"作业品质分析"与学生作业情况、学生错题及讲评分析组合成"课时作业分析表",并将此表附在单元每一课时的作业单后面。此表可以帮助教师了解单元作业的质量,更加直观地了解学生作业完成情况,方便教师比照作业的预期结果和实际完成情况,发现差异,分析学生差异产生的可能原因,以此制定作业讲评的要点与策略,采取有针对性的集体或个别辅导。

有了这些工具的辅助,教师可以制定适切的作业目标,厘清设计思路,明确设计方向。

二、细研作业内容设计

(一) 分配单元目标,对标设计作业

笔者从重研单元教学目标入手,基于单元教学目标制定了涵盖语音、词汇、词法、句法、语篇五大知识单元内容,同时还兼顾能力、情感方面的单元作业目标,并将单元作业目标分解到各个课时作业目标中。

以单元为整体,关注各课时作业目标之间的关联性和递进性。期望通过每一课时的作业,帮助学生逐步达成语言知识与技能的巩固、思维品质的提升和各项学习能力的发展,从而确保单元作业目标的达成。

根据课时作业目标,教师需关注学生各项语言技能的提升,均衡选择作业形式,用心思考作业水平层级,努力使每一项作业成为通往作业目标的有效活动。

（二）链接课堂教学，设计作业内容

精心设计教学活动，努力提升课堂教学效率，并以此为基点设计课时作业内容。设计时注重课堂所学在作业中的巩固和延伸，形成课时作业基本范例，在每课时作业中，保证都有听读类作业、课时重点知识单元的巩固应用作业、口语或书面表达类的综合实践作业，课时之间各有侧重，既要保持课内外链接，又要体现课时作业之间的联系性和递进性。

（三）关注学生需求，丰富作业形式

笔者根据"双减"要求，针对不同年段学生的学习特点和需求，丰富作业形式，对作业内容作了初步设想。

一、二年级不布置书面家庭作业，口头作业以兴趣培养和习惯养成为着力点，在趣味性和方法指导方面下功夫。① 在听读作业后加上听读小贴士，提醒学生听一句按暂停，大声跟读，继续听；并且要求读到哪里点哪里。通过几句简短的话语，告诉学生跟着录音读课文的方法。② 为了养成学生每天学习英语的习惯，在没有课的日子里也能够温习一下，每份作业单上都会加上备注，例如"以上作业分两天完成，第一天完成前三题，第二天完成剩余题目"等字样。③ 设计趣味作业，帮助学生认读记忆，运用所学语言知识。例如：打开你的书包和铅笔盒，看一看有没有这些物品，并且数一数，在画板上画一画它们的样子，写下它们的数量。另外，单词卡片也是常用的词汇认读作业道具，"找伙伴""把单词宝宝送回家"等游戏形式的作业，可以让学生在玩玩乐乐中复习巩固所学。

三至五年级的作业设计分为口头与书面两方面，重点关注知识单元的巩固理解和运用，分为语音类、词汇类、语法类、阅读类、写作类等内容。① 语音作业分层设计。一星作业复习巩固课堂所学，二星作业挑战所学语音知识的运用。这样的分层作业设计，既帮助学生复习巩固了课堂所学，又给予他们学以致用的简单任务，还为后一课时的学习奠定了基础，体现了课时间的联系性。② 词汇作业趣味设计。改变机械的单词抄写作业形式，采用猜字谜、走迷宫、看图写单词、读语段猜单词、在语篇中填写单词等作业形式，使学生在经历了阅读理解、观察思维等活动过程之后书写词汇，使作业更有意义，学习更有深度。将单词抄写变成整理笔记，既实现了作业的复习巩固功能,又培养了学生良好学习习惯。③ 语法作业合理布置。教材配套练习册上提供了丰富多样的语法类作业,教师可以根据课时进度,合理布置教材配套练习册上的作业,并依据练习难易度,在课堂教学中合理铺垫,搭建学习支架,如简单的练习直接布置在课后作业中;有难度的练习,可以作为课堂作业,先在课堂上开展口头练习,再布置到课后作业中,从口头转化为书面,既降低了作业难度,也使有困难的学生得到了帮助和指导,减轻师生的负担。④ 语篇作业聚焦听读语用。聚焦"听读",是指教师可以将教材内容作为基础型听读语篇,同时以单元教学文本作为提高型朗读语篇,此项是各年级各课时必做作业;聚焦"语用"是指在作业中设计情境式说话写话练习,在单元各课时之间逐步推进,最后完成单元语用任务。

(四) 增强创新意识,多途径创新作业

除了单元整体教学中常规性的作业设计,教师还可以开展学科主题项目化学习活动,聚焦英语学科核心素养,关注学生的学习和实践,探索语言、文化和思维的多维度融合,创新作业方式。形式多样的有趣、有味、有料的作业,能引导学生在实践体验中进行深度探究。

三、指向核心素养的单元作业设计的特征

通过一年多的探索与实践,笔者认为指向核心素养的单元作业设计需要具备四个特征。

(一) 单元整体性特征

教师要有系统地思考教学与作业关系的意识,基于教学目标制定作业目标,从单元到单课,作业设计逐渐具备了单元整体性特征。

(二) 课标指向性特征

教师要聚焦核心素养,从语言能力、文化意识、思维品质和学习能力等方面制定作业目标,作业设计具备了课标指向性特征。

(三) 课堂延续性特征

教师在设计作业内容时,要关注各课时之间的关联性和递进性,同时也要充分地考虑课堂学习内容在课后作业中的复现、巩固和延伸,作业设计具备了课堂延续性特征。

（四）语言综合性特征

在各课时作业设计中，涵盖了听力作业、口语作业、词汇作业、语法作业和语篇作业类型，教师在提升作业趣味性的同时，还关注与学生生活的联系，如撰写书信、日记、制作海报等，借助真实的生活情境，实现语言知识与技能的巩固、强化和运用，作业设计关注语言综合性。

"双减"背景下，我们的课堂在不断优化，我们的作业在不断变化。"设计高质、有趣的单元作业"需要融入教师的日常教学工作中。随着对《义务教育英语课程标准（2022 年版）》的研读，笔者发现今后的作业设计还有许多需要改进和完善的地方。因此，设计主题性作业，加强目标与任务的关联、主题与话题的关联、课时之间的关联，落实常态化单元作业的实施将是今后努力的方向，力求将以此切实减轻学生作业负担，提升作业评价质效。

小学语文阅读策略单元
统整性作业设计

——以统编版语文教材四年级上册第二单元为例

上海市浦东新区盐仓小学　　杨　丽

【摘　要】　统编版语文教材四年级上册第二单元是围绕"提问"编排的阅读策略单元。其中包含《一个豆荚里的五粒豆》《夜间飞行的秘密》《呼风唤雨的世纪》和《蝴蝶的家》四篇课文。本单元学习目标是教学生提问方法，培养问题意识，提高阅读能力。因此，笔者将语言运用与思维能力融合在具有人文素养的情境中，探索单元统整性作业设计，着力体现新课标的核心素养导向。

【关键词】　阅读策略　提问角度　单元统整作业设计

一、语文单元作业统整性设计的概念及意义

新课程标准明确指出要进行指向"深度学习"的单元整体教学，而单元统整性作业作为语文教学的重要组成部分，承载着实现课堂教学与课后练习目标一体化的重要任务。

单元统整性作业，其实就是以课本单元为基础，进行整体规划、设计、执行和评价的作业整合。统整性单元作业的设计应以学生的认知规律和心理特征为出发点，以语文学科核心素养提升为主线，以单元主题学习目标为引领，以单元学习任务为主要载体。学生可以在单元"大情境"下，调动多元智能，独立、主动地探究学习性活动，对学科知识原有的框架进行空间拓展，主动迁移和运用知识，实现思维的进阶，从而完善情感导向，树立正确的价值

观,塑造必备品格和培养关键能力。

二、语文单元统整性作业设计的目标

以统编教材四年级上册第二单元为例,本单元是围绕"提问"编排的阅读策略单元,其中包含精读课文《一个豆荚里的五粒豆》《夜间飞行的秘密》《呼风唤雨的世纪》和略读课文《蝴蝶的家》四篇课文。本单元学习目标是培养学生在阅读时尝试从不同角度去思考,学会提问的策略,学会筛选对理解课文有帮助的问题。同时还要引导学生自主运用提问策略进行阅读,尝试解决提出的问题,从而进一步借助问题理解课文,养成积极思考的好习惯。

因此,笔者将语言运用与思维能力融合在具有人文素养的"小小记者营"作业情境中,设定了如下的单元统整性作业目标:

1. 在"小小记者营"情境任务驱动下,自主积累与运用本单元课文中的词语和句子。

2. 借助"小记者提问清单""星级提问清单"等任务,学习从多个角度提出自己的问题,并能筛选出对理解课文有帮助的问题。

3. 借助"五粒豆历险记""蝙蝠实验记录表"等综合性归纳练习,尝试解决提出的问题,借助问题理解课文,养成积极思考的好习惯。

4. 在小组合作学习中,逐步养成自主运用提问策略进行阅读的习惯。

三、语文阅读策略单元统整性作业设计的实践

根据以上目标,笔者设计了一份"小小记者营"情境下的单元统整性作业。由于本单元是围绕"提问"编排的阅读策略单元,从单元整体的横向联系看,精读课文所承载的提问策略目标是螺旋上升的,最后在略读课文的学习中得到综合的强化运用。因此,笔者将作业重点落在提问策略的习得上。首先,在前三个站点设计了三张目标层层推进的提问清单,从而落实提问策略的学习,并在第四个站点的提问清单中强化与运用习得的提问策略。其次,笔者围绕文本理解设计了以图表、书信、绘画、图文结合等形式呈现的综合性归纳练习和探究开放性的选做题。通过多样化的作业形式解决提问清单中筛选出来的问题,从而深入理解文本内容。最后,笔者在终点站设计了

"小小记者营评选会"的评价表,以单元作业过程性综合评价量表的方式帮助学生提高合作探究学习的积极性。

(一) 学习提问策略

1. 针对课文内容提问

记者营的第一站是访谈"五粒豆",围绕本课"针对课文内容角度提问"的篇目目标,笔者在本站设计了第一张提问清单。首先学生通过自主朗读课文《一个豆荚里的五粒豆》,写下自己的问题,再通过观察课后第二题提供的问题清单示例,借助泡泡图了解清单中的问题是针对课文整体还是部分提出。然后在各小组"记者营"中交流问题的类型并整理问题,最后把问题记录在"小记者提问清单"上。

在小组交流前,要先留给学生独立充分的阅读与思考时间,让他们适当地做些自己思考的批注,同时引导学生有效利用课后习题中的清单示例和泡泡图提示。这对学生在组内交流归纳问题类型,整理提问清单有很大的帮助。

在组内交流时,笔者发现学生针对全文提出的问题比较少,猜测他们可能对于针对全文提问的概念比较模糊,于是就以"掉到水沟里的那粒豌豆真的是最了不起的吗?"这个问题为例,让学生理解要回答这个问题必须将五粒豆的经历作比较,也就是要读完全文,这样针对全文内容提问的概念就清晰了。然后,笔者引导学生再次回顾课文内容,关注课题与内容间的差异,对比五粒豆前后经历的不同,从故事结尾入手,针对全文提问。经过点拨,学生打开思路,马上能从课文整体角度提出更多的问题了。

2. 从课文内容、写法及启示三个角度提问

记者营的第二站是揭开蝙蝠的秘密。本课的提问策略目标是"从课文内容、写法及启示三个角度提问",因此,笔者在本站设计了第二张提问清单。笔者先引导学生通过自主朗读课文《夜间飞行的秘密》,学着课文的示范性旁批,批注自己的问题,再借助课后第二题问题清单和泡泡图的提示,了解提问可以从课文内容、课文写法以及读文后的启示三个角度进行。接着,在各小组"记者营"中交流问题,按照不同角度整理分类并记录问题,完成最后的"小记者提问清单"。

在"记者营"交流活动中,笔者发现学生大多都能充分自由地提出自己的问题,但大部分问题都是针对课文内容提出的,从课文写法角度提的问题相对较少。经过了解,一部分学生不知道什么是课文写法的角度,另一部分学生则是知道概念却无从下手。因此,笔者以"为什么课文开头要写飞机夜航?可以删去吗?为什么第三自然段最后一句要用疑问句来表达?为什么不详细写后两次实验呢?"这些问题为引导,启发学生发现文本中特别的语言表达或标点等,深入揣摩作者的写法。经过指导与练习,学生对指向课文写法的提问有了一定的方法。

3. 筛选出对理解课文有帮助的问题

记者营的第三站是探秘科技力量。本课的重点是学会筛选出对理解课文有帮助的问题,因此,笔者引导学生先充分朗读课文《呼风唤雨的世纪》,从多个角度提出自己的问题,并在各小组"记者营"中交流问题。

再读一读课文旁批和课后第二题清单中的问题,然后思考课后清单中对这些问题的讨论,从而了解哪些问题是对理解课文有价值的。接着各小组一起筛选记录对理解课文帮助的问题,以问题的价值性评出对应的星级,完成"星级问题清单"。

在本次"记者营"的小组交流中发现,学生通过第二站提问清单的分类整理,已经可以从内容、写法及启示三个角度充分提问。但是在区分问题是否对理解课文有帮助上,仍然存在困难。因此,笔者引导学生试着回答"什么是'程控电话'?"这个问题。显然作者列举的这个新发明对他们来说是陌生的,但是这类问题暂时不理解它的意思,也不影响继续阅读,不影响体会作者表达的思想感情。

接着,笔者又以"发现和发明有什么区别?"这个问题为例,让学生先查词典辨析词义,再结合第四自然段内容和生活经验说说哪些事物或者规律可以称作"发现",哪些又可以称作"发明",由此理解人类对现代科技的充分利用。在解决这个问题的过程中,学生自然而然就明白了这个问题对理解课文内容有帮助,属于对理解课文有价值的核心问题。

(二)强化与运用提问策略

"记者营"的第四站是蝴蝶的家。本文为略读课文,学习重点在将前三站学到的提问策略进行综合的强化与运用。因此,笔者将作业重点落在星级问题清单的任务上。学生先带着学习提示默读课文《蝴蝶的家》,从多个角度提出问题。接着在各小组"记者营"中交流,并合作选出最有价值的几个问题,填入"星级提问清单"。

经过第二站"揭开蝙蝠的秘密"中对问题清单的引导,学生对指向课文写法角度的提问方法有了一定的基础。在第四站的星级问题清单活动中,学生已经能够积极自信地提出:"课文第三、第四自然段为什么都用自问自答的方式写?为什么第二、三、四自然段反复写'笔者真为蝴蝶着急'呢?"等指向写法的提问。

(三) 通过解决问题,深入理解文本内容

1. 以图表形式梳理课文内容

(1)"五粒豆历险记"表格

在记者营的第一站访谈"五粒豆"中,笔者设计了填写"五粒豆历险记"表格一题。学生带着完成的"小记者提问清单"上的问题,再次阅读课文《一个豆荚里的五粒豆》,然后以小记者的名义帮助"小豌豆们"完成"五粒豆历险记"表格,从而梳理出"五粒豆"最初的美好愿望与最终的不同结局。在解决问题的过程中,对故事内容有一个整体的归纳和更深透的理解。

(2)蝙蝠实验记录表

又如在记者营的第二站"揭开蝙蝠的秘密"中,笔者引导学生以小记者身份帮助科学家完成"实验记录表",并试着从中发现奥秘。通过直观的表格形式,学生能更清晰地了解科学家揭开蝙蝠飞行秘密的过程,把握课文的重要内容,从而逐一解决清单中的问题。

2. 以写信的形式解决问题

在记者营的第一站访谈"五粒豆"中,笔者设计了一道写感谢信的选做题,学生可以根据自己的实际能力有选择性地完成。内容是以小记者身份,帮助小女孩给第五粒豌豆写一封感谢信,表达她内心真诚的谢意。

选做题的设计是文本发散训练,学生倍感新意。学有余力的学生可以在理解课文内容的基础上帮助小女孩写感谢信。练习过程中,学生要将第五粒豌豆顽强生长的过程与小女孩日渐康复的变化联系起来,站在小女孩的角度对第五粒豌豆顽强的生命表示赞美,对它的鼓舞表示由衷的感谢。这题不仅帮助学生深入理解课文情感思想,为学生解决清单问题提供支架,同时也落实了语用实践。在书面表达的过程中,学生个体对生命价值的感悟也得到了提升。

3. 以图文结合的形式呈现对文本的把握

(1)雷达工作原理图

在"记者营"的第二站"揭开蝙蝠的秘密"中,笔者设计了选做题:以绘画和文字结合的方式绘制一张"雷达工作原理图"。

在本题中,学生先通过结合课文第八自然段的内容,理清现代飞机上安装的雷达的工作原理,同时解决了清单上的问题。再通过图文结合的方式,大胆绘制出自己心中与众不同的雷达工作原理。其中需要调动阅读理解、空间想象、创新思维、美术、科学等多元智能,拓宽了学生思维的深度与广度。学生对完成此类作业也表现得主动积极,乐在其中又学有所获。

(2)科技产品发布会

又如在"记者营"的第三站"探秘科技力量"中,笔者设计了选做题:在"记者营"中召开一次"科技产品发布会"。学生通过课本知识和自由合理的想象,利用图文结合的方式介绍 20 世纪和未来展望的科技产品,以及科技给人类生活带来的变化。

本题的设计不仅可以通过表格强化对课文重点内容的掌握,帮助解决清单中的问题,而且可以调动学生的综合能力,充分激活学生的创新思维。

(四)语文阅读策略单元统整性作业设计的评价

笔者在作业的最后设计了终点站"小小记者营评选会"评价环节,对学生完成整个单元作业进行综合评价。以能提出自己的问题、能从多个角度提出问题、能筛选出对理解课文有价值的问题、能试着去解决问题为评价指标,从学生自评、伙伴互评和教师评价等多个角度进行评价。对获得"能量星"最多的学生颁发"小记者成功之星"奖章,对获星有进步的学生颁发"小记者进步"奖章,对获得"能量星"较少的学生给予更多关注和鼓励。以此对学生的学习过程进行一个完整的量化评估总结。

表 1　小记者评价表

评 价 指 标	学生自评	伙伴互评	师　评	综合评价
能提出自己的问题	☆☆☆☆☆	☆☆☆☆☆	☆☆☆☆☆	☆☆☆☆☆
能从多角度提问	☆☆☆☆☆	☆☆☆☆☆	☆☆☆☆☆	☆☆☆☆☆
能筛选有价值的问题	☆☆☆☆☆	☆☆☆☆☆	☆☆☆☆☆	☆☆☆☆☆
能尝试解决问题	☆☆☆☆☆	☆☆☆☆☆	☆☆☆☆☆	☆☆☆☆☆

四、对小学语文阅读策略单元统整性作业实践的几点思考

（一）紧扣策略梯度,设计情境式任务

本单元的作业设计将人文主题与语文要素有机整合,紧扣提问策略目标层层推进的原则,设计情境式任务。学生在"小小记者营"的情境中,以自主阅读结合小组合作探究的学习方式,逐步掌握了提问的策略与筛选问题的方法,较好地完成了这份单元统整性长作业,大大提高了阅读的能力。

（二）重视合作学习,设计互动性作业

本单元的作业在"小记者"身份的驱动下,学生在活动情境中积极参与、合作探究,在合作中发挥能力特长,提升短板,从其他同学的提问中获得启迪,打开思路,提出更多的问题,着力体现新课标的核心素养导向。

（三）开发多元智能,设计趣味性作业

选做题的设计调动各学科的知识与能力,拓宽学习的场域。笔者在前三篇精读课文的站点中都设有选做题,设计时关注到了学生间学习能力的差异性,让学有余力的学生在理解文本的基础上,用有趣的方式把自己的学习和思考过程直观地呈现出来。这是趣味性的发散训练,结合丰富多样的作业形式,让学生倍感新意。

（四）关注学习过程,设计综合评价表

单元统整性作业评价主要以学生学习的过程为主,以单元语文要素的习得为量化评价指标,通过学生自评、伙伴互评和师评相结合的形式进行过

程性综合评价,通过获取"能量星"激励每一位学生不断进步。

参考文献:

［1］ 谢宇松.追求概念理解的项目化学习设计[J].上海教育科研,2021(10).

核心素养导向下小学探究性
数学作业的设计与实施

上海市浦东新区祝桥小学　　莫健华

【摘　要】　培养和发展学生数学核心素养,是小学数学教育的本质要求和终极目标,数学作业是课堂教学的巩固和延伸,也是培养学生核心素养的载体之一。如何在学生完成作业的过程中培养和提高他们的核心素养,是每一个数学教师必须重视的问题。本文从探究性作业的概念、意义、类型、实施策略几个方面阐述了教师如何在控制作业总量的同时,设计与布置适合学生天性的、更生活化的探究性作业。

【关键词】　作业设计　探究性　动手操作

动手实践、自主探索、合作交流是新课程背景下学生学习数学的重要方式。而在实际教学中,有的教师布置的作业功能单一,只考虑学业方面的功能,学生做作业只为了巩固知识技能、提高考试成绩,而非学业方面的功能往往被忽视,如提升独立解决实际问题的能力,增强探究欲等。长此以往,学生将逐渐丧失对学习的兴趣。为了更好地提高作业的有效性,培养学生学科核心素养,养成优良品质,让作业发挥其真正的育人价值,探究性数学作业便应运而生。

小学数学探究性作业是"学生在教师的启发下,以现行教材或学生对周围世界和生活实际中的问题为基本探究内容,以学生独立自主学习或合作讨论为学习形式,运用探究式的科学学习方法,从而提高学生数学素养"的一种作业。它能给学生主动探究的时间和空间,培养学生的科学精神,提升解决问题的能力。

一、探究性作业的意义

(一)学生能获得对数学良好的情感体验

新课标强调学生学习数学,要能积极地参与生动直观的数学活动,体验数学与生活的联系,对与数学有关的事物产生兴趣。教师要选取与生活密切联系的素材作为数学探究性作业的内容,让学生经历操作实践过程,通过合作交流,获得良好的情感体验,逐步形成用数学眼光观察事物的意识和兴趣。

(二)学生能加深对数学知识的体会和理解

数学学习是一个数学活动的过程,数学教学必须向学生提供充分从事数学活动的机会,通过一些探究活动,让学生在自主探索、合作交流的过程中理解基本的数学知识与技能,获得数学活动经验。

(三)学生能发展应用意识

数学在现实世界里有广泛的应用。数学教学就是要使学生通过数学学习活动,主动地从数学的角度去解决一些现实的问题,感受数学的价值与作用,形成应用数学的意识。

(四)学生能感受研究问题的策略和方法

数学教学活动,必须发展学生的数学思维能力,其中包括用数学的方式和方法去研究问题的策略,提高学生的数学策略水平。教师在教学中不仅要让学生学习和体会数学策略和数学方法,还要重视引导学生在实践活动中,应用所学的数学方法,探索和掌握一些研究问题的策略方法。

二、探究性作业的类型

(一)实际体验型

在一年级的数学教学中,由于缺少实际体验,使用人民币对学生来说比较陌生,学生较难掌握人民币的教学内容,但是这一内容在我们生活中又是常见的。面对这一现状,笔者设计了一个实际体验作业(一周内完成):平时和爸爸妈妈一起去小店购物,每一次购买不一样的商品(家里需要的),试着自己计算应找回的钱,录好购物小视频,并做好购买记录,在爸爸妈妈的帮助下做成数学小报,一周后和其他同学交流学习。

教育即生活,生活即教育,最好的教育就是回归生活,学以致用。学生通过购物实践,进一步理解了人民币相关知识,并在生活中能灵活使用人民币来购物。

（二）生活观察型

小数是四年级第二学期的学习重点之一。通过学习,学生已经初步认识了生活中小数的应用。为了让学生进一步感受小数在生活中的运用,感悟数学来源于生活,学会用数学的眼光观察世界,笔者设计了做一个"小小观察员"的作业:去超市收集有关小数的信息,并将收集到的信息制作成一张数学小报。通过收集、探究、总结,学生出色地完成了任务,收获满满。

（三）动手操作型

在学习质量单位时,学生虽然直接或间接地接触过质量问题,对表示物体轻重的质量单位也已经有所了解,但却缺乏对这些单位的具体感知。大部分学生对克与千克的质量观念比较淡薄,况且质量单位不像长度单位那样直观、具体,不能仅靠观察得到,需要依靠肌肉感觉来感知。为了让学生更准确地形成"克与千克"的量感,笔者布置了让学生"通过称一称、掂一掂、找一找 1 克与 1 千克的具体物品"的作业。

又如在学习"长方体的表面积"时,如果让学生单纯计算各种图形的表面积会显得比较枯燥,这时可以设计一个"包装小达人"的探究活动:小组合作为物品设计一个包装盒,分析需要多少材料、材料的多少和物体的什么有关、包装相同的几个物品怎样才能节约材料并兼顾美观等。

（四）社会调查型

在学习完质量相关知识后,笔者意识到学生光了解书本中的知识是远远不够的,为了让学生从课内拓展到课外,丰富对质量单位的感官认识,笔者布置了一个"找一找身边的千克与克"的作业,让学生去超市看看,寻找更多的商品的质量,感受它们的质量,并完成调查表和数学小报。

（五）课题研究型

教师在教学中不仅要让学生学习和体会数学策略和数学方法,还要重视引导学生在实践活动中,应用所学数学方法,探索和掌握一些研究问题的策略方法。因此布置一些课题研究型作业是必要的。

例如,在学习周长和面积的知识后,笔者布置了"怎样估测我校操场的周长和面积?"的这一课题探究活动。活动步骤如下:

(1) 自由组建小组,讨论并制定估测方案。

(2) 根据方案对操场进行实地测量。

(3) 以表格形式记录,并展示估测过程和估测结果。

(4) 同学交流,并评价哪一组的方案更科学,结果更符合实际。

通过这次活动,学生认识了不同的"身体尺",将课堂内的数学延伸到课外,应用到实际中。他们从问题出发,在合作交流、猜测估计、实际测量、推理论证、活动反思等多种形式的活动中开动了脑筋,提高了动手操作的能力。更重要的是感受到了数学就在我们身边,领略到了数学学习的真正价值,体会到了数学的魅力!

三、探究性作业的实施策略

作业要有效,指导很重要。尤其是探究性作业,要求教师进行组织、引导、推动、评价。

(一) 作业前启发动员

每当学完一个知识点,笔者都会启发学生把目光从课内转向课外,让学生思考生活中隐藏着我们所学的数学知识;采用小组评比的形式推出探究性作业,激发学生探究的兴趣。对于第一次接触的作业类型,教师会先明确作业内容与要求,提供以往的优秀作业供学生参考。

(二) 作业中评价展示

教师要跟进学生的完成过程,可以开展小型的、学生感兴趣的交流活动。例如,教师利用课前 2 分钟预备铃时间,轮流播放学生购物小视频,交流购物体验。又如,教师组织学生在教室布置展板,展示优秀的数学小报、调查表。在此过程中,教师开展互评集"赞"的活动,发挥评价的激励、导向作用,以此激励学生坚持完成作业。

(三) 作业后激励推动

除了过程性评价之外,在探究性作业完成后,学生可以数一数自己集的

"赞",领取相应的奖励,推动学生继续寻找生活中的哪些问题可以用课内的数学知识去解决,积极参与下一个探究性作业,使探究成为学生的一种习惯、一种生活方式。

总之,学生通过探究性作业,实现课内学法、课外用法,学以致用,学用统一;将动口、动笔与动手相结合,让探究性作业"活"了起来,最终提高学生的数学核心素养。

以案例为本位的教师专业
成长的实践探索

上海市浦东新区祝桥小学　倪伟平

【摘　要】　在教师的专业成长中,教师的教育研究能力是重要的组成部分,而案例研究是促进教师的反思,解决教学问题的重要手段。案例研究可以帮助教师迅速掌握对教学进行分析反思的方法,促进教师关注自己、关注课堂,自觉调整教与学的行为,提高课堂教学的效能。本文通过对案例本位的定义,归纳案例研究的特点,探讨案例研究的基本策略,引导教师关注案例研究,通过案例教学,将理论化培训导向实践性培训,提高教师专业成长的针对性和实效性。

【关键词】　案例研究　教师专业成长　实施策略

一、案例本位教师专业成长模式的设计理念与研究定位

(一) 什么是案例本位

案例,是指那些包含问题或者说疑难情境在内的真实发生的典型性事件。案例本位就是以案例为基础,促进教师科研与教学专业能力发展的一种教师成长培训模式。这种培训模式研究的出发点在课堂,立足点是案例,验证点还是回归课堂,旨在以案例为媒介,引导科研植根于课堂教学实践中,让教师在实践中提炼,在案例中反思,在反思中成长。

(二) 案例本位研究的特点

1. 立足课堂教学实践

案例的问题起源和解决策略既来自课堂教学实践,又回归课堂教学中,案

例与课堂是紧紧依存的关系。教师的培训只有立足于课堂教学实践,在实践中去发现问题,寻求问题的根源,思考解决的途径,教师的成长才是有效的。

2. 强调学习的过程

案例本位的研究过程其实是教学中的学习过程,它关注整个学习过程中的每个环节,以及随时生成的动态变化,是在过程进展中发现问题、分析问题、解决问题并检验问题。既强调教师的行为,也关注学生的反馈。

3. 关注个性的体验

案例本位的研究相对其他研究方式更具典型性、个体性。它源自教师在课堂教学过程中独具慧眼的捕捉和个性化的反思与感受,同时也关注学生在学习过程中知识技能、情感态度、价值观等方面个体化的体验与感悟。

4. 强调行为的监控

案例研究强调教学行为的实时监控,注意观察、搜集学生在知识掌握、方法习得、情感体验上的变化,分析思考出现的问题,不断改进策略,调整教学行为。

(三) 案例本位研究的设计

我们对案例本位的教师专业成长策略设计了如下操作模式。

1. 接触、形成案例

学习案例研究的基本原理与方法特点,了解案例的形成规律,初步掌握案例的写作方法,并尝试在实践中通过发现问题、解剖问题、确立假设、验证假设的四个环节撰写案例。

2. 分析、改进案例

对于形成的案例,开展集体与个体相结合的反思,寻找设计与现实的差距,预设成效与实际教学的背离程度,进而找出问题的症结,改进行动策略。

改进后的案例再运用于实际教学后,能够检验研究成效,不断改进教学行为。而在新的实践中出现的矛盾,又为新一轮的案例研究提供素材。

二、实施案例本位成长模式的重要意义

(一) 教师的成长呼唤实践与反思

在当前新课程标准引导下,教师的专业能力的提高面临着如何向课堂

教学要质量的问题,教师也开始意识到并能够自觉地审视自身的教育教学行为,这种课堂的回归,与其说是一种我们教育的觉醒,不如说是一次教育的新思路、新发展。

教师不仅仅是忠实的课程执行者,还被赋予课程的开发者、研究者、建设者的使命。教师要善于探讨育人的规律,反思自身的教育实践并不断改进完善自己的教育行为,还须具有在自身与他人实践经验的基础上进行反思、检验、归纳的能力,从而实现专业能力的自我发展。

(二) 教师的成长需要案例研究

案例是对教学行为的反思,也是对教学情景的再现,它是解决教学问题的源泉,能有效促进教师自觉调整教与学的行为。一个典型的案例有时也能反映我们实践中的真理,找到理论假设上的支点或反驳论点的依据,避免教育科研过程中的偏差。实践证明,教师培训采用"课程＋案例＋实践"的模式,是培养有经验教师和专家型教师的可行途径,其中,案例处于中枢和媒介的地位。

案例研究一般是研究教学实践中的典型案例,它以丰富的叙述形式,向人们展示了包含有教师和学生的典型行为、思想、情感在内的故事,因此它看得见、摸得着,直观形象、生动具体、浅显易懂、便于运用。它可以帮助教师快捷地掌握对教学进行分析反思的方法,缩短了教学行为与理论方法的距离,是一种行之有效、便于操作的研究模式。

三、以案例为本位的实施策略

(一) 接触案例

我们在开展研究时首先要引领教师认识案例,在概念上明确什么是案例,在实践上学习阅读案例,通过理论与实践相结合的方式让教师对案例有一个系统而又具体的认识。为达成这样的目的,课题组通过阅读《中小幼教师科研范式的研究》《教师学案例》《案例教学指南》《教师在教育行动中成长》等文献著作,邀请教研员作案例知识的讲解,通过集体讨论、教师自学等方法对我们所要进行研究的案例有了系统的认识。同时通过新课程理论的学习,参加课题的教师开始反思自己原有的教学行为,从而更新了教育教学理念。在本环节中教师明晰了作为案例的基本特征、形成方法等。

（二）形成案例

在案例认识的基础上，要求教师根据自己在教学实践中的经历撰写案例，从而形成独具个性化的教学案例。形成教师个人案例我们提出需要经历以下环节。

1. 发现问题

这是教师案例研究的起点，教师要有意识地关注教学中发现的特定问题，从学科要求、学生特点、自身能力等方面通过观察、访谈、调查、交流等渠道收集有关的资料。

在现实教学中发现，作文教学是令教师最头疼的，也是学生最头疼的。学生普遍反映出的问题是文章写不出什么内容，不是写成缺乏"血肉"的干瘪的躯壳，就是胡言乱语瞎编一通，重点不突出，主题不鲜明。倘若老师指导了范文，大家的文章就犹如机器加工的零件，模样如此相像，阅读起来索然无味，淹没了学生的灵气释放与个性张扬。不久，学生渐渐失去对新鲜事物的好奇，兴趣慢慢褪去，之后就开始讨厌作文，惧怕写作了。

2. 分析解剖

即教师通过分析所收集到的资料，通过审视自己的思想和行为，对问题予以界定，诊断其原因，确定问题的范围，以期对问题的本质有较为清晰的认识。

教研组对写作的问题进行分析论证，得出两个原因：一是我们缺乏有效的习作指导，学生没有习得表达交流的正确方法。在习作指导上常常凭自己的主观认识与工作经验各自为战，缺乏针对性的集体探讨交流，达不到资源的共享与相互借鉴学习。二是学生写作素材的陈旧、单调、枯竭。起因在于写作与生活的脱离。我们忽视了生活是学生写作的课堂，没有引导学生从自己生活中捕捉写作的元素，积累生活的情感，采取"面徒四壁"的课堂指导，对毫无生活积累的学生来讲，你很难指望学生能写出具有独特观察角度，表现思想灵动，展现其个性特点的文章来了。

3. 确立假设

明确问题以后，我们开始在已有的知识结构中搜寻与当前问题相似或相关的信息，通过请教同事、教研员或阅读专业书籍、文献资料等途径，建立解决问题的方案。

在分析反思中,我们认识到文章是学生情感的流露,生活是哺育学生情感的源泉,提出了引导学生关注自己的现实生活,从生活中获得情感体验的解决方案。在指导写作前,先来思考这么一个问题:"学生做好写作的准备没有?"通过这个问题的思考,来增加学生写作前的生活积累,引导他们开展写作前的实践与体验,等这个问题解决了,再来指导学生的写作。

4. 验证假设

考虑了案例研究行动方案的可能效果后,教师就着手依照假设试行这个解决方案,并在试行之后继续不断地搜集各种资料或证据,以验证假设,改进现状。在验证过程中,教师会遇到新的问题、新的经验,当这种行动过程再次被观察和分析时,就开始了新一轮的案例研究的循环。

三年级第一学期习作《吹泡泡》,是一篇富有儿童情趣、具有操作性的题材,在进行作文指导以前,为了让学生有生活的体验,提高作前准备的针对性,笔者设计了以下的作前准备作业:

(1) 自己做一次吹泡泡试验。

要求:记住吹泡泡的每一个步骤或动作,仔细观察泡泡的样子和颜色。

(2) 完成"吹泡泡观察记录表",用学过的好词、好句生动地记录下来。

表1 吹泡泡观察记录表

在什么时候	在哪里吹	怎么准备的	怎样吹的	泡泡的大小	泡泡的颜色	泡泡怎样变化的	我的联想

实践证明学生在操作实践后,文章描述形象逼真且能表达出个性的独特体验。

(三) 分析案例

在教师案例初步形成之后,我们把它拿到课题组活动中,在集体研讨中

317

引导教师讨论案例,着重对个别案例中的典型事件的描述以及所反映出的现象问题或案例中课前学习方法的设计进行理论分析、观点碰撞,将案例研究引入课题研究,结合课堂教学实际,对理论与观点作进一步的验证。

《问题探究、体验感悟》案例中,严老师采取带着问题进行课前阅读,让学生感悟体操运动员桑兰坚强不屈的精神的品格。课前进行了如下预习指导:阅读课题,提出以下几个问题:① 谁微笑着承受一切? ② 文中的"一切"是指什么? ③ 为什么要微笑着承受一切? ④ 怎样微笑着承受一切? 并设计了以下的教学环节:出示第三节内容并提问:"'得知桑兰的伤势后,前来探望她的队友们失声痛哭,但桑兰没有掉一滴眼泪'读到这里,你感受到了什么呢?"然后通过让学生谈谈自己在读文后的感受和体验。

课题组在研讨中认为,学生带着这些问题进行的课前学习,虽有所感,但不一定有所悟,在缺乏事件起因的分析与情感的铺垫直接进入重点部分,显得唐突,缺乏导入的层次性,不利于学生情感的体验与激发。严老师经过斟酌,设计了三个教学环节:

第一环节,出示一组有关桑兰的资料,介绍桑兰是我国体操队选手,然而就在她美好人生刚刚开始的时候,却遭遇了天大的不幸。在学生理解"这天大的不幸"后,进入第二环节的学习。桑兰要承受的"一切"是什么?这时屏幕出示填空题"① 当队友们失声痛哭时,桑兰_____ ② 当接受康复治疗时,桑兰_____ ③ 当自理生活时,桑兰_____"通过让学生完成填空练习,既随机检查学生预习的情况,又初步感知课文内容,然后进入课文的第三环节学习。

(四) 反思案例

教师在反思的基础上归纳整理案例中提出的理论分析、实施假设、改进措施等,再次反思自己的案例,改善自己的行为,寻找设计与现实的差距,为下一步的案例改进积累资料,奠定基础。

《预习后的课堂更精彩》中,黄老师针对学生喜欢直观形象思维,对游戏、儿歌、画画感兴趣的个性特征,并考虑到农村学生普遍胆小,上课不敢大声发言,尤其是在没有准备的情况下,怕说不好或说错的顾忌,分析反思了先前的案例一味模仿套用而不符合农村学生实际的做法,提出让学生作好知识准备和心理准备,在课堂上注重培养学生学习英语的兴趣,鼓励学生大胆说、积极做、勇敢演。

在教学 M3U3 Parks and playgrounds Look and say 时布置如下课前预习作业:

(1)听录音,读单词,做颜色单词卡片及准备几种颜色的纸片。

(2)用已学过的形容词,如 big, small, long, short,编一首儿歌或编一个游戏,并写在预习本上。可以独立完成,也可小组合作完成。

(3)用红色、黄色、蓝色中的任意两种颜色的颜料进行调色,仔细观察有什么变化?用英语单词说出来。

(4)用英语单词说说看:彩虹有哪几种颜色?

四个预习作业,既有设计的坡度,又层层紧扣教学环节,具有操作性。

(五)改进案例

我们强调教师在反思自己案例的基础上进一步在课堂教学实践中改进案例,促进教师在课堂教学中关注学生获得的行为调整,以求达到案例研究指导教师课堂教学水平提高与实践能力提升的目的。显然,实施后的改进案例又成为教师形成新案例的素材。

《数学教学与数学生活化》的作者小付是位新引进的青年数学教师,在进行乘法的应用案例研究中,设计了:根据题图中的信息提一个数学问题,然后找出 3 盏红灯、4 盏黄灯、8 盏蓝灯、12 盏绿灯数量关系,认识除了整数倍关系之外,还有几倍多几、几倍少几的关系。

付老师在教学实践后的作业中发现,学生对数量关系的理解尚不够清晰,解题方法的运用不够娴熟,在集体会诊后,大家觉得问题的关键不在于课前指导的方法上,而是在于知识和学生自己的生活体验上呈现较大的距离。为解决这一问题,她在任教的另一个班级中,改进了教学案例。

预习要求:让学生回家收集爷爷奶奶、爸爸妈妈的年龄,并且找一找谁和自己的年龄有倍数关系。目的是让儿童亲身经历,用心灵亲自感悟所获得的东西,使儿童通过直接经验来学习数学问题。

教学设计:首先请学生说一说自己的爷爷奶奶、爸爸妈妈的年龄,并且说一说谁与自己的年龄有倍数关系。然后设疑,说说其他人和自己的年龄是几倍多几,还是几倍少几。课堂教学中学生表现明显活跃,兴致充足,说明学生已经有效进行了课前准备,并在和家长的亲子学习中得到了情感的体验与方法的理解。

在案例本位的研究中,我校教师积极参与教学研究,积累了不少教学经验,收获了教师成长的典型案例和个性体验。如语文教学中"课前学习单""图文互换"的研究案例,数学教学中问题式案例研究,英语教学中"动手搜集、实践体验"方法等,在促进自身专业化成长过程中,取得了较为丰硕、生动的典型案例以及形成了具有自己特色的实践经验。这是一笔财富,也是宝贵的资源。

经过案例为本位的教师成长模式的实践,教师更新了教学理念,丰富了教学实践的途径与方法,培养了教师立足课堂、注重反思与经验提炼的意识和能力,促进教师专业成长。但我们并不满足于具体教学经验的获得,而将以此为基础,以自己的实践过程为思考对象,对做出的行动以及由此产生的结果进行深入审视,在思考分析中发现不足,革新教育观念,改进教学方法,提高教学能力。

"三星评价卡"在小学数学实践型作业中的探索与应用

上海市浦东新区观澜小学　郑婷婷

【摘　要】　小学数学的评价方式对学生的发展有着重要的作用。为了更好地针对小学数学实践型作业实施有效评价，更好地关注学生在实践过程中的核心素养的相应表现，在新课程改革的背景下，学校以新课程标准为指导，努力探索出适合学生发展、具有个性化特征的教学评价方式。本文依托"三星评价卡"的评价形式，展开针对沪教版数学三年级实践型作业的实践探索与应用。以数学素养作为主要评价内容，做到评价标准多元化、内容多样化、形式多样化。同时，还要注意对学生在学习过程中所表现出的情感、态度、能力等方面进行综合评价，以促进学生核心素养的发展。

【关键词】　小学数学评价方式　实践型作业　核心素养

一、"三星评价卡"的概述

数学学科是逻辑思维和实践探索相结合的学科。教学评价的主要目的是全面了解学生数学学习的过程和结果，激励学生学习和改进教师教学。评价应以课程目标和课程内容为依据，体现数学课程的基本理念，全面评价学生在知识技能、数学思考、问题解决和情感态度等方面的表现。教学评价应转向学生跨学科、跨领域的综合能力与素养。而核心素养无法直接量化观测，可以通过学生在完成实践型作业的具体任务中的过程表现与成果加以评价。

本文将以"三星评价卡"评价方式关注学生核心素养的形成与发展。针对每项实践型作业的探究目标,从中选取三项评价内容设计"三星评价卡"进行综合评价。在每项实践型作业的探究表中附"三星评价卡",评价时可采用师评、生评、自评、家长评等多元评价方式帮助学生认识真实世界、解决实际问题。设计每份"三星评价卡"时注重知识学习与价值的有机融合,评价标准以课堂教学目标为依据,对学生在完成实践型作业的过程中观察、思考、交流、创意、成果等方面的表现进行有效评价,发挥评价在实践型作业中的综合育人导向作用,关注学生核心素养的形成。

二、"三星评价卡"的评价准则

(一) 公平公正,以生为本

公平公正是教师在评价学生时必须要具备的一种品质。教师在教学过程中,如果对学生的表现不能做到公平公正,那么将会对学生的学习产生很大的影响。每个学生都有其自身的优缺点,教师要做到对不同类型学生进行具体分析,具体评价。"三星评价卡"作为一项创新型教育评价方式,其本身就是以生为本理念得以落实的最好证明。教师在设计"三星评价卡"时,要能够根据不同类型的学生设计出与他们实际水平相符的评价模式,以确保每一个学生都可以获得独属于自己"三星评价卡"。在实际评价过程中,为了更好发挥"三星评价卡"的作用,评价标准以学生的实际情况为主,真正做到全面、科学且因人而异。

(二) 激发兴趣,鼓励为主

新课标中指出要"坚持以评促学、以评促教"。评价结果的应用应有利于增强学生学习数学的自信心,提高学生学习数学的兴趣。在小学数学教学评价中,教师不仅要关注学生的学习能力,还要激发学生的数学学习兴趣。如果学生在数学探究互动中产生了一定的兴趣,那么将会促进学生更好地学习,增加探索的欲望。为了能够很好地提高学生的积极性和主动性,"三星评价卡"评价体系在对实践型作业进行评价时可以多采用鼓励方式,让学生拥有更好的学习体验。

(三) 多元评价,全面发展

学生是学习的主体,在学习过程中,学生是最好的评价者。小学生的成功欲望和表现欲望都比较强,并且非常在乎周围小伙伴的评论及对自己利好的评价。在教师的引导下,学生相互评价、相互欣赏、共同进步,既提高了学习自信,又培养学生彼此间的感情。家长是学生的第一任老师,也是终生的老师。在教育教学的过程中,家长的评价也能起到很大的作用。"三星评价卡"的家长评模式能加强家校合作,在家校共同协作下,使学生的学习素质得到全面提高。

三、"三星评价卡"具体实施案例分析

综合是一种思维方式,实践是一种探索精神。有效的评价方式可以促进学生动手实践能力、抽象思维能力、合作交流能力、创新意识和应用能力的养成。下面将以三年级上册的实践型作业为例,分析"三星评价卡"的具体实施策略。

(一)课堂内动手实践

"轴对称图形"是三年级上册第五单元《几何小实践》的教学内容。对称既是数学概念,也是美学常用的概念。在现实生活中,常常可以看到建筑、物品、图画中蕴含的对称美。因此在课堂教学时,教师可以组织学生收集日常生活中常见的对称图形,发现轴对称图形的对称轴。笔者鼓励学生在彩纸上,动手设计自己喜欢的轴对称图形,交流图形所表示的含义,并在黑板上进行交流展示后完成"三星评价卡"。

表1 "轴对称图形"三星评价卡

能成功剪出轴对称图形的方法	
说一说什么是轴对称图形	
我是否上台展示了自己的作品?说一说感受	
自我评价:☆☆☆	老师的话:

根据本次的探究型作业,笔者设计了三项评价内容。"能成功剪出轴对称图形的方法",这是在学生亲身体验后,发挥想象力,才能总结出的经验;

"说一说什么是轴对称图形",学生通过仔细观察,感受物体或图形的对称美;"我是否上台展示了自己的作品? 说一说感受",让学生大胆上台展示交流自己的设计作品,增强了"用数学语言表达现实世界"的能力。

通过"三星评价卡"引导学生观察和动手操作,使学生在实物图案或简单平面图形中识别出对称图形,进一步丰富对图形的认识,发展初步的形象思维和空间观念。在积极参与数学学习活动的过程中,学生对数学产生好奇心、求知欲,感受对称图形的对称美,激发对数学学习的积极情感。

(二) 跨学科小组合作

为了进一步巩固学生对年、月、日知识的掌握,促进其灵活运用,笔者设计了手工制作年历这一趣味综合实践小组活动。这是一个多学科融合的活动,学生在小组活动中动手、动脑,互帮互助,创意无限、乐趣无限。学生通过七彩的画笔和无限的创意描绘出心中的年历,表达自己对数学知识的理解和喜爱。

表 2　制作年历"三星评价卡"

在制作年历的时候需要知道哪些信息?	
每个月的第一天与哪一天有关系?	
说说制作过程,给组内制作的作品提点改进建议吧!	
自我评价:☆☆☆	组员、老师的话:

通过活动,学生体会到数学知识与实际生活的密切联系。在小组合作绘制年历的过程中,学生对年、月、日的知识掌握得更加熟练,激发了创新才能,锻炼了观察能力、动手实践能力,提升了思维有序性,同时更是让学生知道了要珍惜时间,做一个有时间观念的人。

在制作年历的过程中,学生学习到解决问题的方法,学会合作,学会展示与交流才是更重要的。因此,在制作活动完成之后应进行成果展示。在展示中,学生能体会到成功的喜悦和分享成果的快乐。最后,教师组织学生对自己的解决问题的方式和过程进行自评、组内互评、教师评价,在完成"三星评价卡"的同时有效提升了学生合作交流能力、审美情趣、探究能力和团队意识。

(三) 校外亲子活动

"亲身下河知深浅,亲口尝梨知酸甜。"无论什么知识都要用心体验才能学到精髓,深知其中奥秘。对于三年级的学生而言,"千米"是一个较大的计量单位,对于小学生来说"1千米"量感的建立会比较困难。那么"1千米"到底有多长? 利用双休日空闲时间,笔者为学生们布置了"千米的认识"这一数学实践作业,利用"三星评价卡"引导学生从课本走向生活,从真实的世界、真实的情境中获得量感体验。

"千米的认识"实践作业

小朋友们,你们知道吗? 从观澜小学沿着新川路向西走,再沿着川黄路向南走,最后沿着南桥路往西走就能到达人民医院啦! 原来从观澜小学到浦东新区人民医院大约有1千米路程。那么,如果从你家出发走大约1千米可以到达什么地方呢? 大概要走几步路? 需要多长时间呢? 请你和爸爸妈妈一起走一走,并把路线图画出来。

表3 "千米的认识"三星评价卡

从你家出发走"1千米"可以到达什么地方?	
行走"1千米"需要走几步,花费多长时间?	
你对"1千米"有什么全新的感受体验?	
自我评价：☆☆☆	家长的话：

从此次实践活动的"三星评价卡"的反馈中,笔者知道了学生去了许多他们熟悉的地方,比如金汇广场的操场、百联购物中心、绿地东海岸、少年宫、川沙公园、图书馆等。学生体验了1千米的长度,建立了合适的参照对象,以熟悉的参照物作为标准,对1千米有了更深刻的认识。通过"家长的话"评价一栏,不仅仅让学生收获了真实的体验,家长在陪同的过程中也能收获亲子互动的乐趣,增进亲子情感。

本次实践活动聚焦数学核心素养，让"千米"这一长度单位在学生的脑海中不再只是一个抽象的单位。学生在实践活动中，既体会到数学与生活的密切联系，真切感受1千米的实际距离，又锻炼了身体、愉悦了身心，真切地感受到了数学与生活的密切联系。

四、结语

评价是一门艺术，"三星评价卡"作为一种辅助性的评价工具在使用时要讲究方式方法。要从不同角度为学生提供有关自己学习发展状况的信息，帮助学生建立自信，激发学习兴趣，促进学生全面发展。要引导学生借助"拓展型作业"把在课堂内学到的数学知识灵活地进行跨学科应用，向生活中延伸拓展，从而解决身边的数学问题。

有效的评价方式能提升数学教学效果，培养学生合作意识、实践技能，促使学生在学习中体验知识的魅力，形成良好的数学综合素养。"三星评价卡"的有效应用可以帮助教师更好地掌握学生完成实践型作业的综合表现，提升教师评价素养。

参考文献：

［1］ 王敬云.小学数学个性化作业布置及评价策略分析［J］.学周刊,2020(12).
［2］ 王以勇.新课程背景下小学数学学业评价策略研究［J］.甘肃教育,2020(5).

图书在版编目（CIP）数据

核心素养导向的教与学：上海市浦东新区观澜教育联盟教育改革实践探索 / 金维萍主编. — 上海：上海教育出版社，2024.1
ISBN 978-7-5720-2526-6

Ⅰ.①核… Ⅱ.①金… Ⅲ.①小学教育 – 教育改革 – 研究 – 浦东新区 Ⅳ.①G629.21

中国国家版本馆CIP数据核字(2024)第024756号

责任编辑　张璟雯
封面设计　金一哲

核心素养导向的教与学
——上海市浦东新区观澜教育联盟教育改革实践探索
金维萍　主编

出版发行　上海教育出版社有限公司
官　　网　www.seph.com.cn
地　　址　上海市闵行区号景路159弄C座
邮　　编　201101
印　　刷　上海颛辉印刷厂有限公司
开　　本　700×1000　1/16　印张 21
字　　数　312 千字
版　　次　2024年3月第1版
印　　次　2024年3月第1次印刷
书　　号　ISBN 978-7-5720-2526-6/G·2254
定　　价　88.00 元

如发现质量问题，读者可向本社调换　电话：021-64373213